Sybil Gräfin Schönfeldt
Bei Großmutter ist es am schönsten

Zu diesem Buch

Unter den Großmüttern und Großvätern von heute ist der Typ
der emsig strickenden Oma mit dem silbergrauen Dutt im
Nacken und dem friedlich Pfeife schmauchenden Opa kaum
mehr zu finden. Die moderne Wirklichkeit sieht anders aus:
Hierzulande sind Großmütter und Großväter meist noch berufstätig, sie leben in ihrem Freundeskreis ihr eigenes Leben,
sie reisen, sie haben eine Menge Interessen – und haben meist
vergessen, was früher in der Familie weitergegeben wurde und
was es so schön macht, mit Enkelkindern zusammen zu sein:
die tausend kleinen Reime und Spiele, Texte und praktischen
Basteltips und all die anderen Anleitungen zum gemeinsamen
Spielen, Essen, Basteln und Feste Feiern. Sie sind in diesem
Handbuch für Großeltern übersichtlich und praktisch präsentiert und verführen uns mit ihrem uralten Klang wie »Backe,
backe Kuchen« und »Häschen in der Grube« und mit ihren vertrauten Ritualen zu spielerischer Muße.

Sybil Gräfin Schönfeldt gehört der Generation der Großmütter
an, erlebte den Krieg als junges Mädchen und die Nachkriegs-
zeit als Studentin der Germanistik und Kunstgeschichte, 1951
Promotion zum Dr. phil. Sie heiratete 1957 und bekam zwei
Söhne. Zahlreiche Bücher für Kinder und Erwachsene, zuletzt
1997 »Die Jahre, die uns bleiben«, und viele Auszeichnungen.
Sie lebt als freie Journalistin in Hamburg.

Sybil Gräfin Schönfeldt

Bei Großmutter ist es am schönsten

Ein Handbuch für Großeltern

Gemeinsam spielen, essen, lesen,
basteln, malen, Feste feiern

Illustriert von Steffen Butz

Piper München Zürich

Von Sybil Gräfin Schönfeldt liegt in der Serie Piper
außerdem vor:
Kinder brauchen Großmütter (2127)

Ungekürzte Taschenbuchausgabe
Piper Verlag GmbH, München
Dezember 1997
© 1996 Mary Hahn Verlag in der
F. A. Herbig Verlagsbuchhandlung GmbH, München
Umschlag: Büro Hamburg
Simone Leitenberger, Susanne Schmitt, Annette Hartwig
Foto Umschlagvorderseite: Paul Barton / Stock Market
Foto Umschlagrückseite: Stephan Gabriel
Gesamtherstellung: Clausen & Bosse, Leck
Printed in Germany   ISBN 3-492-22517-9

Inhalt

Vorwort

Enkel und Großeltern – das kann unübertrefflich sein. Ich bin bei Großeltern aufgewachsen, und da auch ihre Freunde, Vettern und Geschwister Großeltern waren oder in die Großelterngeneration gehörten, war ich von alten Menschen umgeben, die – das ist meine Haupterinnerung – Zeit hatten und oft noch in Häusern lebten, in denen schon ihre Eltern und Großeltern gewohnt hatten. Alte Häuser mit eiskalten Fluren und unbeleuchteten Kellerräumen, in die man mit einer Kerze oder Taschenlampe hinabstieg. Häuser mit Kachelöfen und Waschschüsseln und Aborten auf der halben Treppe. Aber auch mit Kommoden, in denen das Spielzeug von früher lag, Puzzles ohne Vorbilder, Halma mit verschiedenen Spielsteinen, Inflationsmünzen aus Leichtmetall als Spielgeld, Lokomotiven ohne Waggons und Porzellanpuppen mit blassen Lederbälgen. Häuser mit Dachböden voller Krimskrams, Truhen mit Kleidern und Hüten zum Verkleiden, und Gartenschuppen voll unbekannten Geräten.

Bei einem Urgroßonkel entdeckten wir auf dem Dachboden einen Kasten mit täuschend echt bemalten Früchten aus Gips, mit denen er seine Frau – und vermutlich seine Gäste – gefoppt hatte. Ein anderer hatte nichts als Fledermäuse auf dem Speicher, und eine Großmutter, deren Mann Plantagenbesitzer in Südostasien gewesen war, hütete eine lackierte Walnuß, deren oberen Deckel man aufklappen konnte und die die winzigsten Elfenbeinwürfel der Welt enthielt. Es besaß auch ein Mikadospiel mit hauchdünnen Stäbchen und Speeren und ein Dominospiel aus Ebenholz und Elfenbein in einem Kasten aus Kampferholz, der bis heute duftet, wenn man ihn aufklappt.

Nein, man kann die Gelassenheit einer Zeit nicht mehr zurückholen oder nachahmen, die ganz und gar vergangen ist.

7

Aber niemand zwingt die Menschen von heute, wie Maschinen zu klappern und zu hasten. Wir haben die Technik erfunden. Sie macht uns das Leben leichter. Aber deswegen muß man sich weder den Genuß der Langsamkeit noch den sogenannten gesunden Menschenverstand rauben lassen. Ehe ein Mensch Maschinen benutzt, sollte er wirklich ein Mensch geworden sein, sollte sich nicht von künstlichen Geräten die Arbeit und die Fähigkeit seiner Sinne und seines Verstandes abnehmen lassen, ehe sich beide nicht nach den Regeln entwickelt haben, die dem Menschengeschlecht eigen sind.

Spiel und Arbeit – das gehört zusammen, und Zeit für Spiel ist besser als Freizeit. Spielen ist so alt wie das Wissen, daß man sich beim schlichten Spielen, beim Spiel ohne Lernprogramm, ohne Altersbegrenzungen und komplizierte Geräte, in allen Fähigkeiten und Phantasiekräften entfalten kann. Was kann man beim Spiel mit Knöpfen für ästhetische Möglichkeiten und für mathematische Mengen begreifen? Wie sieht man plötzlich dreidimensional, wenn man aus zusammengefaltetem Papier Muster schneidet? Wie gut kann man sich beim Gesellschaftsspiel daran gewöhnen, mit anderen Menschen in Wettbewerb zu treten, mit solchen einen vergnügten Nachmittag zu verbringen, denen man eigentlich gar nichts zu sagen hat?

Die Welt ist voll von elektronischem Gezirpe und Gesumme, das auf die Kinder wartet. In dieser Zeit davor, in dieser kurzen Spanne Zeit, sollten sie erleben können, daß der Mensch aus eigener Kraft, mit eigenen Einfällen und mit eigenen Geräuschen existieren kann. Mit einem Daumen, der die Pflaumen schüttelt. Mit dem Abendlied vom »Schwälbchen hat nun ausgesungen, Täubchen sucht schon seine Jungen ...«, das eine alte Stimme vorm Schlafengehen singt. Mit einem Haus, das ein Kind mit eigenen Händen baut – aus einem Waschmaschinenkarton oder einem Tisch, einer Decke und ungezählten Kissen. Mit einem Spaziergang über die Wiese, und jemand weiß, wie jede Pflanze heißt und warum sie gerade an dieser Stelle wächst.

Das sei aber kein Spiel? Gerade darum geht es ja, um die

Zusammengehörigkeit von Leben und Spiel, von spielerischem Leben. Von Lebensfreude und Tätigkeit.

Ich habe vor zwei Jahren ein Buch voller Gedanken über Großeltern geschrieben. Danach haben so viele Leser praktische Fragen gestellt, daß ich mein Buch aus dem Jahre 1975, »Die Großmutter und ihr Enkelkind« neu bearbeitet und ergänzt habe. Ich möchte ein paar Vorschläge machen, wie man das Zusammenleben von Alten und Jungen, von Großeltern und geliebten Enkelkindern, gut, vergnügt und ersprießlich machen kann, mehr nicht. Möge es die Enkelkinder dazu bringen, eine Großmutter mehr zu lieben als einen Computer und sich das ganze Leben lang herzlicher an den Großvater zu erinnern als an die gerade modernen mechanischen Monster.

Ihre
Sybil Gräfin Schönfeldt

1. Kapitel

Die Großmutter heute

Großmutter zu werden ist für die meisten Frauen eine große Freude

Da spielt vieles mit, nicht zuletzt das Gefühl eines Neubeginns von schon einmal Erlebtem, das man nun, reich an Erfahrung und mit größeren Einsichten, viel besser genießen und verstehen kann.

Viele Großmütter lieben – zu ihrem eigenen Erstaunen – die Enkelkinder, wie sie die eigenen Kinder nicht geliebt haben. »Sicher«, sagen sie, »ich habe meine Kinder auch liebgehabt. Aber die Liebe zu den Enkelkindern – das ist etwas ganz Besonderes . . .«

Großmütter sind so begehrt wie wahrscheinlich nie zuvor. Wir sind eine verheiratete Gesellschaft. Während früher, im vorigen Jahrhundert und noch bis zum Ersten Weltkrieg, die Zahl unverheirateter Frauen oft genauso groß war wie die der Ehefrauen, sind jetzt im Durchschnitt 95 Prozent der Frauen zwischen zwanzig und vierzig verheiratet. Tanten und ledige Schwestern, die in den alten Großfamilien der Mutter zur Hand gingen, sind heute meist selbst berufstätig oder selbst mit den Problemen der fehlenden Hilfskräfte belastet. Es sind also Großmütter, die dann einspringen, wenn Wunsch oder Notwendigkeit die Tochter zum Mitverdienen treiben. Es ist also die Großmutter, die hier eine wichtige Rolle bei der Erziehung unserer Kinder spielt. Wie wird sie mit dieser Aufgabe fertig? Wer hilft ihr, wie läßt sie sich helfen?

Großmutter – das ist fast immer noch ein Klischee

Es gibt zwei Standardvorstellungen von der Großmutter. Zum einen ist es die gütige alte Frau, die mit dem Leben abgeschlossen hat, ohne eigene Wünsche ist, nie mehr verreist, immer Zeit (für andere) hat, den Enkeln Märchen vorliest und Puppenkleider näht, die in jedem Advent wie seit dreißig oder fünfzig Jahren Springerle und Spekulatius bäckt und niemals die Geduld und die liebevolle Opferbereitschaft verliert. Das ist das Bild, von dem die meisten Eltern träumen.

Vorstellung Nummer zwei ist neu und auch gefühlsbeladen: Es ist die Großmutter, die zusammenzuckt, wenn jemand »Oma« zu ihr sagt, die seit Jahren im Beruf steht und erfahren hat, daß jung bleiben muß, wer vorwärtskommen will, und auf die Ratschläge von Gerontologen und Psychologen hört, sie dürfe sich nie der Isolierung und Langeweile in die Arme werfen, sie müsse Interessen pflegen, Anschluß an andere finden, ein Hobby entwickeln, Reisen, Gespräche und Gesellschaft pflegen, denn nur dann entginge sie dem Älterwerden.

Kinder brauchen Großmütter

Tatsache ist: Enkelkinder freuen sich immer, wenn eine Großmutter ins Haus kommt oder die Erziehung mit übernimmt. In England hat eine Studie über modernes Familienleben ergeben, daß Großmütter noch nie so beliebt gewesen sind wie heute. Kinder wollen lieber als mit der Königin, Mick Jagger und Neil Armstrong mit ihrer eigenen Großmutter einen Monat lang zusammen sein. Und die Leiterin eines Kindertagesheims sagte: »Die schlechteste Großmutter ist immer noch besser als ein Kinderheim.«

Wie kann man nun die Chancen der Großmutter-Erziehung absichern? Kann man es lernen, eine gute Großmutter zu sein? Zuerst einmal muß man sich über die eigene Person und die eigene Fähigkeit zu dieser Aufgabe klarwerden. Liebe zum Enkelkind allein reicht nicht aus. Wenn sich Großmütter ein zweites Mal ans Erziehen machen, müssen sie lernen, manchmal zum ersten Mal. Und sie müssen so wandlungsfähig, kritisch und für das Neue aufgeschlossen sein wie ihre Kinder.

Doch eines ist gewiß: Wir brauchen Großmütter. Vor allem: Die Kinder brauchen sie. Keine wissenschaftliche Erkenntnis ist auf dem Gebiet der Kinderpsychologie so oft und so nachdrücklich bestätigt worden wie jene von der Abhängigkeit des Säuglings und Kleinkinds von einer Person, die immer für das Kind da ist, die es liebt und die ihm das Gefühl gibt, geborgen und behütet zu sein, zu der es sich retten kann, wenn es sich fürchtet oder sich verletzt oder etwas falsch gemacht hat, eine Person, die es nicht wegen einzelner Eigenschaften, Leistungen und Taten liebt und lobt, sondern die es in seiner ganzen Persönlichkeit so annimmt, wie es ist. Samt Fehlern und Unvollkommenheiten und obwohl es sich im Lauf der Entwicklung oft nicht so verhalten wird, wie es Familie und Gesellschaft von ihm erwarten. Erst auf diesem Urgrund der Sicherheit kann man mit allem beginnen, was man Erziehung nennt.

Die Großmutter und gegebenenfalls der Großvater sollten sich darüber klarwerden, wie sie sich ihre Mithilfe bei der Erziehung denken. Es gibt so viele Möglichkeiten, daß man sie fast jeder Familiensituation anpassen kann. Die Großmutter muß insgesamt über ihre neue Rolle nachdenken. Sie kann nicht in das Kostüm der alten lieben Großmutter von anno dazumal steigen, denn ein Kind braucht heute eine aktive Erzieherin, die willens ist, noch einmal an den Abenteuern und Mühen des Lebens teilzunehmen, und zwar möglichst mit Vergnügen und Interesse.

Die Großmutter für alle Fälle

Wenn die Mutter, die ihr Kind selber erzieht, krank wird oder verreist, wenn sie für einen Abend oder fürs Wochenende einen Babysitter braucht, wird sie sich über die Existenz einer

Großmutter freuen, die mit Selbstverständlichkeit bereit ist einzuspringen.

Die Tatsache, daß die Großmutter dem Kind nicht so vertraut ist wie eine Großmutter, die täglich auftaucht, kann zu Komplikationen führen.

Wenn das Kind noch ein Baby ist, so kann es die Großmutter von Mal zu Mal vergessen und muß sich immer wieder von neuem mit ihrem Gesicht, ihrem Geruch und ihrem Verhalten vertraut machen. Andererseits weiß auch die Großmutter nicht, wie sich das Kind unterdessen entwickelt hat, hält es noch für ein Lallkind, obgleich es längst die ersten Wörter kann, kocht ihm immer noch Pudding, obgleich es seit Tagen lieber Äpfel und Bananen ißt. Wie sich die Situation auch darstellt: Es ist die Aufgabe der Mutter, die einhütende Großmutter jedesmal darüber zu informieren, welche Fortschritte das Kind unterdessen gemacht hat, was sich in Pflege, Verhalten und Gewohnheiten geändert hat und wie die Ersatzmutter darauf reagieren sollte.

Eines der wichtigsten Kapitel ist immer das Einschlafen

Großmütter erinnern sich gewiß noch daran, daß die eigenen Kinder Perioden in der Babyzeit und in den Kleinkindjahren hatten, in denen das Einschlafen ein Familiendrama gewesen ist. Heute scheint das noch dramatischer zu sein, was sicher damit zusammenhängt, daß das Leben selbst der kleinen Kinder von mehr Unruhe geprägt und von mehr Zerstreuungen und Anregungen durchsetzt ist. Es wäre deshalb gut, wenn die Mutter besonders über diese Fragen mit der Großmutter spräche und ihr sagte, wie die Einschlafriten im Normalfall gehandhabt würden, oder aber – das ist vielleicht das beste – der Großmutter die Freiheit gäbe, die Situation nach eigenem Ermessen zu bewältigen.

Ich kann mich noch gut daran erinnern, wie meine Großmutter zum ersten Mal die Urenkel hütete und zu Bett bringen sollte: Sie hatten sich alle in Wolldecken gemummelt und saßen zusammen auf dem Sofa, die Kinder mit seligem Lächeln, halb im Traum, die Urgroßmutter heiser vom Nonstopvorlesen. Warum nicht alle im Bett seien? Ach – die Kinder hätten doch gesagt, sie bekämen jeden Abend vorgelesen. Der Schlaf war am nächsten Tag schon wieder eingeholt, dafür blieb den Kindern lange die Erinnerung an einen der schönsten Abende mit der Urgroßmutter.

Nun endet natürlich nicht jedes Einschlafproblem in einem solchen Idyll. Es gibt Babys, die nicht nur mit acht Monaten, wenn sie gern »fremdeln«, pausenlos brüllen, statt zu schlafen, ob die Großmutter nun das Licht anläßt, zudeckt, ganz ausmacht und die Tür zum Schlafzimmer halb offen läßt, ob sie singt oder das Kind wiegt, ob sie es auf den Arm nimmt oder ihm ein Fläschchen mit Fencheltee gibt, ob sie es ins Wohnzimmer holt oder ihm eine frische Windel gibt.

Da lautet die Frage an die Mutter: Schreit es immer, wenn es abends nicht die gewohnten Menschen und Geräusche um sich hat? Dann sollten die Eltern beschließen, eine Zeitlang allein für das Kind zu sorgen, damit diese empfindliche Periode ruhig zu Ende geht und die Abwehrhaltung des Kindes nicht zu einer Gewohnheit wird, die noch lange Zeit Schwierigkeiten nach sich zieht.

Kleinkinder brüllen seltener, wenn sie nicht schlafen wollen, sondern tauchen immer wieder auf und haben all die Klagen und Einwände, an die sich die Großmutter sicher noch erinnert: »Ich habe Durst«, »Es ist ein wildes Tier im Zimmer«, »Draußen weht's so«, »Meine Decke rutscht mir immer runter«, »Ich habe vergessen, die Zähne zu putzen«, »Ich hör das Radio so laut von nebenan«, »Weißt du schon, daß mich der Paul heute von der Schaukel geschubst hat?«, »Mami singt mir abends immer ein Lied vor ...« Endlos und immer neu. Und hinter all den Fragen und Redensarten steckt etwas ganz anderes. Das Kind ist vielleicht neugierig. Es hat die Großmutter gar nicht so oft, und es möchte sie jetzt kennenlernen, vielleicht auch sehen, ob und wie man sie ärgern kann, wo ihre Grenzen sind. Mag sein, daß die Mutter ihm erzählt hat, wie gut die Großmutter singen oder erzählen konnte. Das läßt das Kind wünschen, sie sänge und erzählte auch jetzt. Es kann aber auch sein, daß sich das Kind gestört fühlt, daß ihm seine übliche Ordnung fehlt, die immer gleiche Wiederkehr von Waschen, Zähneputzen, letztem Kuß und »Gute Nacht!« der Eltern. Es kann in der Dunkelheit von der Furcht befallen sein, die Eltern kämen nie wieder heim, und es müßte nun mit der fremden alten Frau leben.

In all diesen Situationen nützen Plan und Regel und Erziehungsprinzip ziemlich wenig. Die Großmutter sollte vielleicht wirklich das tun, was sie für richtig hält. Wenn sie ein paar Mal das Kind gehütet hat und seine Schlafrituale kennt, werden sich Kind und Großmutter schon aneinander anpassen. Und wenn es gar nicht klappt: siehe oben.

Hilfreiche Notizen

Es empfiehlt sich, für die Großmutter, die das Kind nur gelegentlich hütet, ein kurz und sachlich abgefaßtes Tagebuch zu führen, in dem alle wichtigen Entwicklungsschritte, Veränderungen in Kost, Pflege und Medikamenten, Kleidung und Spielprogrammen und so weiter notiert werden. Das ist eine Gedächtnishilfe für die Mutter, die dann weiß, was sie der Großmutter erklären muß, und es ist eine Hilfe für die Großmutter. Sie weiß, wo sie nachlesen muß, wenn sie das eine oder das andere vergessen haben sollte. Allen aushelfenden Großmüttern wird vorn ins Tagebuch oder auf einem großen Zettel an einem vereinbarten Platz notiert:

- Telefonnummern von Arzt, Kinderarzt, Facharzt, Klinik, Notrufzentrale für Vergiftungsfälle, Notrufe. Der Notruf für Feuerwehr und Rettungsdienst lautet in der ganzen Bundesrepublik Deutschland einheitlich 112.
- Die Adresse und Telefonnummer, unter denen die Eltern zu erreichen sind.
- Falls notwendig: Ernährungs-, Pflege- und Medikamentenvorschriften.
- Wenn das Enkelhüten ein paar Tage lang dauert: Anschriften von Geschäften, Lieferanten und Handwerkern, damit die Großmutter die richtigen Sachen kauft und bei Reparaturen und Notfällen weiß, wer zu bestellen ist.

Das größte Problem für die Großmutter hierbei ist das aller berufsmäßigen Babysitter, gleichgültig ob sie jung oder alt, verwandt oder als Erzieher ausgebildet sind: Sie müssen von einem Tag zum anderen ein Kind übernehmen, das sie kaum kennen und für das sie genauso fremd sind.

Babys können in dieser Situation nicht nur Einschlafschwierigkeiten haben, sondern vollkommen die Fassung verlieren, pausenlos schreien, nichts trinken, was die Großmutter natürlich besonders aufregt und unglücklich macht.

Bei Kleinkindern kann es zu vollkommen stummen Tagen kommen, an denen sie nur in der Ecke oder am Fenster stehen, sich kaum rühren, auf nichts reagieren und nur vor sich hin starren. Lebhafte Kinder können mit Aggressionen reagieren, bockig oder albern werden.

Anfangsschwierigkeiten können überbrückt werden

Auch wenn das nur Anfangsschwierigkeiten sein sollten, die nach dem zweiten oder dritten Mal von allein vergehen, so sind sie so unangenehm und können bei Großmutter und Kind so viele ungerechte Vorurteile schaffen, die das Verhältnis lange trüben können, daß man versuchen sollte, sie zu vermeiden. Das beste und einfachste Mittel kostet nur Zeit. Man sollte Großmutter und Kind nicht erst am Abend des Geschehens oder mitten im Trubel der Vorbereitungen zu einem Wochenendausflug der Eltern zusammenbringen. Säuglinge und kleine Kinder bis zu drei, vier Jahren leiden ohnehin unter der Trennung von der Mutter, weil sie noch nicht erfassen und begreifen können, ob es um einen Abschied für ein paar Stunden oder für immer und ewig geht. Sie empfinden es auf jeden Fall als Unglück und persönlichen Verlust, wenn die Mutter fortgeht, und sie ahnen schon an den leisesten Vorzeichen, daß sie sich anschickt, Abschied zu nehmen: Es gibt früher Abendbrot, es riecht nach Parfüm, die Mutter holt ein bestimmtes Kleidungsstück aus dem Schrank, der Vater kommt früher heim und verhält sich anders – das reicht schon, um das Kind in Spannung, Aufregung und Angst zu versetzen. Es fühlt, wie es aus dem Mittelpunkt seiner Welt gleitet, und der erste Hilfeschrei sammelt sich in seiner Seele.

Diese Angst, die immer dann entsteht, wenn sich der gewohnte Tagesablauf verändert, ist erklärbar: Kinder wissen mit ihrem ganzen kleinen Ich, daß sie von der Bezugsperson abhängig sind, mit Leib und Leben. Deshalb ist es gut, wenn man die Großmutter nicht übergangslos als Unbekannte im kritischsten

Moment einführt, sondern schon vorher dafür gesorgt hat, daß das Kind langsam begreift: ein Mensch mehr, der mich liebhat und für mich sorgt, ein Schutz mehr gegen alle möglichen Gefahren. Das heißt: Großmütter, die nur gelegentlich babysitten, müssen dem Kind vertraut sein, müssen manchmal im ganz normalen friedlichen Alltag auftauchen, mit dem Kind spielen, es füttern, mit ihm spazierengehen oder es im Wagen ausfahren, mit ihm zusammen bei der Mutter sein. Dann kennen sich beide, der Griff und die Gewohnheiten der Großmutter sind dem Kind nichts Neues und Bedrohliches mehr, und selbst ein Baby von acht Monaten, das gerade fremdelt, stimmt bei der Großmutter kein jammervolles Geheul mehr an. Im übrigen: Zu diesem Zeitpunkt, an dem das Kind zu begreifen beginnt, daß die Mutter nicht sein ausschließlicher Besitz ist, in dem es begreift, was Trennung bedeutet, sollten Mütter oder Eltern möglichst gar nicht verreisen.

Das offene Gespräch mit dem Kind

Es ist davor zu warnen, schon verständigeren Kindern die Situation zu vertuschen, indem die Mutter gar nichts davon sagt, daß sie und der Vater fortgehen, und sich heimlich davonstiehlt. Oder indem sie schummelt und dem Kind verspricht, »gleich« wieder da zu sein. Kinder merken doch, was los ist, oder sie wachen ausgerechnet an diesem Tag mitten am Abend auf, obgleich sie sonst fest wie ein Murmeltier schlafen, und dann ist der ganz berechtigte Jammer da.

Es ist besser, wenn man das Kind nicht nur durch Anpassung an die noch unbekannte Großmutter, sondern auch mit Worten auf eine kurze Trennung eines Abends oder auf eine lange Wochenend- oder Ferientrennung vorbereitet. Die Mutter erzählt dem Kind von der Großmutter, sie beschreibt ihre Wohnung, die Möbel, die Umwelt, sie zeigt ihm vielleicht ein Bild von den Großeltern und wiederholt immer wieder, wie gern sie selber früher bei der Großmutter gewesen ist, wie gut sie dies und jenes kann, wie gemütlich man es bei ihr hat – kurz, man macht dem Kind das Neue so bekannt und vertraut, wie es sich anbietet.

Die Großmutter kommt zu Besuch

Das sind entweder die berufstätigen Großmütter oder jene, die sich aus welchen Gründen auch immer zur Distanz zur jungen Familie entschlossen haben oder entschließen mußten. Wenn die Großmutter das Kind selten sieht und insgesamt nicht mehr weiß, wie Kinder sind, sollten die Sonntagsbesuche, die den Eltern und dem Kind gelten, gut geplant sein. Oft langweilt sich das Enkelkind, weil die Erwachsenen die ganze Zeit miteinander reden und es selbst nur stumm daneben sitzen darf, ständig gemahnt: »Sei brav! Zappel nicht herum! Frag nicht dazwischen!«

Die Großmutter kann sich unter Umständen die Zeit einteilen: Tee oder Kaffee mit der Mutter, dann ein gemeinsames Spiel (im Kinderzimmer) oder eine gemeinsame Unternehmung (Zoo, Ausstellung, Schwimmen, Spiel im Park, Basteln, Kasperlespiel, Einkaufen). Dabei lernt die Großmutter das Kind auch sehr viel besser kennen und gibt ihm die Chance, sich darzustellen und zu gemeinsamen Erlebnissen und Erinnerungen zu kommen.

»Großmutter, hast du mir etwas mitgebracht?«

Die klassische Frage an die Großmutter, wenn sie zu Besuch kommt. Selbstverständlich sollten Großmütter eine Überraschung für das Enkelkind haben, aber, wie ich meine, möglichst kein Geld, keine Süßigkeiten, keine Schokolade und Kekse oder gar teure Spielsachen.

Denn Liebe läßt sich nicht kaufen, und Süßigkeiten schaden nicht nur den Zähnen, sie sind auch kein Geschenk. Im Nu verschwunden, hinterlassen sie keine Erinnerung, dienen keiner Gemeinsamkeit, sind im Gegenteil fast ein Symbol für die Beziehungslosigkeit unserer heutigen Welt.

Mitbringsel: Vorschläge für persönliche Kleinigkeiten mit Herz

- Ein Spiel, das Großmutter und Enkel gleich ausprobieren können. Es muß nicht gekauft sein. Viele Spiele kann man selber malen, kleben, sägen, sich ausdenken!
- Spielkarten für Geduldspiele (Patiencen) und Zweierspiele, mit denen sich auch kranke Kinder im Bett beschäftigen können.
- Alte Fotos von der Familie und vom Kind selbst. Dann muß man auch gleich die Geschichten dazu schenken!
- Eine Schachtel mit ausgestanzten Klebepapierchen zum Bilderkleben. Ein Kasten mit bunten Plastikformen zum Musterlegen.
- Eine Dose Knöpfe für Spiele und Näharbeiten, Perlen einer alten Kette zum Auffädeln (aber nicht für kleine Kinder, die sich noch Perlen und Knöpfe in Nasenlöcher und Ohren stopfen!).
- Ein Buch zum Vorlesen, Kindertaschenbücher jeglicher Art.
- Ein Gegenstand, den die Großmutter noch aus Vaters oder Mutters Jugend aufgehoben hat (auch dazu gehört die Geschichte).
- Zwei oder drei frankierte Postkarten, die das Kind einem Ferienfreund oder Verwandten schreiben kann.
- Alufolie, Buntpapier, eine Bastelschere, Knete.
- Eine alte Gardine oder Großvaters alten Hut zum Verkleiden.
- Häkelnadeln und Wolle. Ein selbstgezeichnetes Strick- oder Stickmuster. Lederreste zum Basteln und Ledernadeln.
- Auf dem Weg gesammelte Kastanien oder Eicheln.
- Eine Schiefertafel von früher mit einem Kasten Kreide.
- Ein Magnet mit Büroklammern. Wundermuscheln (die im Wasser Papierblumen hervorzaubern). Pustefix (für Seifenblasen).
- Buntstifte, Kreide, Filzstifte.

- Eine Sammlung ganz alter Postkarten oder Reklamebildchen. Gesammelte Buttons (Anstecknadeln).

Kurz: Sachen, die zum gemeinsamen Erzählen, Malen, Basteln und Spielen herausfordern; Sachen, die eine Geschichte haben, die die Verbindung zwischen Großmutter und Kind und junger Familie fester knüpft; Sachen, die das Kind vielleicht Jahrzehnte später noch an die Großmutter erinnern können ...

Die Großmutter in der Ferne

Nicht alle Großmütter brauchen nur um die Ecke zu gehen oder ein kurzes Stück mit dem Bus zu fahren, um bei ihrem Enkelkind zu sein. Viele sind »Großmutter Lüneburg« oder »Großmutter München«, wie man in manchen Familien sagt, um dem kleinen Kind die ferne Großmutter und ihre Stadt zu einem Begriff zu machen.

Diese ferne Großmutter hat zuerst nur die Post mit all ihren Einrichtungen als Mittel, ihrem Enkel mehr als nur eine Kombination von Verwandtschaftsbezeichnung und Städtenamen zu sein: Sie kann Pakete und Päckchen schicken, kann Briefe schreiben und Telefongespräche führen. Wenn sie diese drei Möglichkeiten von Anfang an voll nutzt, kann das Kind eine feste Vorstellung von ihr gewinnen. Die Großmutter kann vor allem verhindern, daß sie von dem noch kleinen Enkelkind von einem Besuch zum anderen wieder vollkommen vergessen wird.

Großmütter müssen nur wie ein guter Pressechef denken, der nicht nur will, daß sein Produkt wahrgenommen, sondern daß es vor allem nicht mit anderen verwechselt wird. Die Großmutter sollte sich genau überlegen: Welche Nachrichten, Zeichen, Gaben kann ich senden, denen das Kind sofort ansieht: »Das ist von der Omi und für mich«?

Selbstverständlich hängen diese Überlegungen auch von der Haltung der Tochter oder Schwiegertochter ab. Sie ist die wichtigste Mittlerin, die jedes Lebenszeichen der Großmutter gebührend empfängt und erklärt, dabei gleichzeitig eine Geschichte erzählen oder eine Information einflechten kann, damit sich in der Vorstellung des Kindes um den Begriff Großmutter so viele Fakten und Bilder wie möglich kristallisieren können.

Wenn die Großmutter also das erste Paket schickt, so sollte der Inhalt nicht nur mit Liebe ausgesucht sein, sondern etwas ganz Besonderes darstellen, das zum Beispiel in die Vergangenheit oder in die Zukunft weist. Es könnte ein alter Teddybär sein, aus der Mottenkiste geholt, wo er seit den Kleinkindertagen der Mutter geruht hat. Nun ist wieder ein Kind für ihn da, und wenn die Mutter dem Kind von ihren Erlebnissen mit dem Teddybär erzählt, so wird dabei für das Kind auch eine Geschichte von der Großmutter erzählt. Es könnte die alte Kukkucksuhr sein, bei deren Schlägen schon die Mutter zählen gelernt hat. Es kann ein kleiner Becher sein, aus dem das Kind bei allen Mahlzeiten trinken darf. Oder ein Flauschteppich, den sich das Kind später vor die Badewanne legt oder vor sein Bett: Dinge also, mit denen das Kind täglich umgeht und die es an die Großmutter erinnern.

Persönliche Erkennungszeichen

Pakete, Päckchen und Briefe kann man so unverwechselbar machen, daß das Enkelkind schon mit zwei oder mit drei Jahren merkt, von wem sie stammen: ein bestimmtes Einwickelpapier, grasgrüne oder bonbonrosa Bindfäden, Aufkleber in der gleichen Farbe, grasgrüne Briefumschläge, rote Tinte oder Filzschreiber, aufgeklebte oder -gemalte Schmetterlinge oder Blumen: Das sind Signale. Und die Großmutter kann die ersten »Briefe« an das Enkelkind so kleben, malen und zusammenstellen, daß der Inhalt einem Zwei- oder Dreijährigen verständlich wird. Im Umschlag braucht nur ein Farbfoto zu stekken, das die Großmutter und den Großvater zeigt, vielleicht auf dem Balkon, vielleicht mit einem Kater, vielleicht im Garten beim Himbeerenpflücken. Aus vielen solcher Bilder ergibt sich eine ganze Geschichte. Im März kann ein Tütchen mit Blumen- oder Kressesamen im Briefumschlag stecken, und die Großmutter hat dazu aufgemalt, wie man den Blumentopf vorbereitet und den Samen in die Erde steckt. Oder die Großmutter hat ein großes Blatt Papier mit lauter roten Gegenständen vollgeklebt, und die Mutter muß vorlesen, was darunter steht: »All diese roten Sachen habe ich. Was hast du für rote Sachen?« Oder die Großmutter zeichnet einen halbfertigen Pullover, in dem noch die Stricknadeln stecken, und schreibt dazu: »So weit bin ich mit dem Pullover, den ich für dich stricke.« Von Zeit zu Zeit kommt eine neue, vollständigere Pulloverzeichnung und zum Schluß der richtige fertige Pullover. Wenn das Kind schon seinen Namen lesen kann, so schreibt man ihm den Namen ganz groß auf alle Briefumschläge. Oder es bekommt ein kleines Köfferchen, auf dessen Pappdeckel sein Name steht (Klebebuchstaben oder Filzstift), und im Koffer sind Waschlappen, Schwamm, Zahnbürste, Kamm und Taschentücher – alles, was man für eine Reise braucht, und möglichst alles mit dem Namen gezeichnet. Der Zettel im Koffer besagt: »Diesen Koffer sollst du benutzen, wenn du das erste Mal zu mir reist!«

Eine Großmutter kann sich ins Bewußtsein der Kinder einprägen, »weil sie so gut vorlesen kann«, »weil man mit ihr lauter Quatsch machen darf«, »weil sie Schnürstiefel an hat« oder »weil sie fahrradfahren und seilspringen kann«. Wichtig ist auch, daß diese Erinnerung lebendig bleibt, und das geht – nach dem ersten Besuch – besonders gut und leicht mit dem Telefon. Es gibt immer Tage oder Stunden, an denen das Telefonieren etwas billiger ist, und diese Zeiten sollte man ausnutzen. Das Kind kennt jetzt die Stimme der Großmutter, es hat schon etwas mit der Großmutter erlebt, es gibt also Gesprächsstoff genug.

Die Ferien-Großmutter

Früher reisten Kinder meist voll Wonne zu den Großeltern, die sonderbarerweise fast immer auf dem Land wohnten oder doch in einer netten kleinen Stadt, in der jeder jeden kannte, und die Ferien waren das reinste Paradies. Gewiß, es gibt Ferien auf dem Bauernhof und ausgebaute Fachwerkhäuser oder Bauernkaten, aber das ist kein Ersatz für Ferien bei den Großeltern, was so vieles bedeutet: Eine andere Dimension des Lebens. Ein Dachboden voll Gerümpel und Gerät, das Urgroßeltern und deren Eltern und Großeltern gehört hat, unter Umständen ein Garten voll Apfel- und Pflaumenbäumen, vielleicht Tiere, eine gesunde Art von Freiheit in einer Landschaft, in der die Kinder noch ungefährdet spielen konnten, angeln, den Bach stauen, im Wald Versteck und Räuber spielen. Und: wo sie andere Kinder vorfanden, altbekannt, aber jedes Jahr in neu zu erobernden Gruppen.

Das waren Ferien, die auch für die Großeltern ein Vergnügen sein konnten, weil die ihnen anvertrauten Kinder fast immer fröhlich und ausgeglichen waren. Sie hatten den ganzen Tag etwas zu entdecken und zu unternehmen. Langeweile kam nicht auf, und Arbeiten im Garten oder im Stall machten Spaß, weil sie einen Sinn besaßen und nicht als Pflicht betrachtet werden mußten. Hunger stellte sich von selbst ein, die Großmutter kochte außerdem immer »etwas Besonderes«, und das einzige Problem waren die Abschiede.

Heute sagen Kinder in der Schule mürrisch: »Ich muß zu meiner Großmutter in die Ferien, weil meine Eltern auf Mallorca Urlaub machen!«

Auch das sind zwei Extreme: So schön war es früher nicht immer und überall, und so trostlos ist es auch heute nicht bei jedem. Sicher ist aber, daß es heute für Großeltern schwerer ist, die Enkel in den Ferien zu übernehmen. Bei Säuglingen und Kleinkindern ist oft die Verantwortung zu groß, die Wohnung der Großmutter zu klein und zu vollgeräumt, und nur wenigen Eltern fällt ein, die Großmutter in ihre Wohnung einzuladen, wo das Kind den gewohnten Platz zur Verfügung hat. Gewiß, oft streikt der Großvater und will seine vertraute Umgebung nicht verlassen. Trotzdem sollte man die Alternative versuchen. Beim Kindergarten- und Schulkind fällt es Großeltern oft schwer, die richtigen Zerstreuungen oder Beschäftigungen anzubieten.

Deshalb sollten sich Eltern genau überlegen, ob die Idee »Ferien bei den Großeltern« nicht nur eine gedankenlos übernommene Erinnerung an die eigene Kindheit ist. Oder dem egoistischen Wunsch nach einem ungestörten Urlaub zu zweit entspringt. Gibt es nicht die Möglichkeit, dem Kind eigene Ferien anzubieten? Vielleicht kann es zusammen mit einer befreundeten Familie verreisen, deren Kinder es mag, und dafür nehmen die Eltern im nächsten Jahr das Kind dieser Familie mit? Viele Schulen, Sportklubs und soziale Institutionen bieten Gruppenferien für Kinder an, die preisgünstig sind und nach denen man sich nur rechtzeitig erkundigen muß. Und vielleicht ergibt sich auch die Möglichkeit, gemeinsam mit Kind und Großeltern zu verreisen.

Die Großmutter und das Einzelkind

In vielen Fällen sorgt die Großmutter für ein einzelnes Enkelkind. Wenn das zweite Kind geboren wird, hört die Mutter oft mit dem Arbeiten auf, wenigstens vorläufig, oder sie hat eine andere Lösung für die Kinder gefunden. Denn oft geht es über die Kräfte der Großmutter, für ein Baby und ein lebhaftes Krabbelkind gleichzeitig zu sorgen.

Großmutterkinder sind also oft Einzelkinder, wodurch sich positive wie negative Faktoren verdoppeln. Denn Einzelkinder sind oft »kleine Erwachsene«, worüber die Großmutter meist froh ist. Kleine Erwachsene: das bedeutet still, angepaßt, »vernünftig«, brav; sie machen kaum Lärm und selten die Mühe, die man mit anderen Kindern hat.

Andere Erwachsene nennen diese Kinder altklug. Sie wollen

damit sagen: Diesem Kind fehlt das eigentlich Kindliche, es hat eine Stufe übersprungen, es weiß gleich alles, ohne etwas gelernt und geübt und begriffen zu haben. Genau das ist der Fall. Einzelkinder übernehmen von den sie umgebenden Erwachsenen alle bereits vorgeformten Meinungen und Vorurteile. Spontaneität und Neugier brauchen gar nicht erst entwickelt zu werden, sie werden nicht benötigt. Die Großeltern haben ja Zeit, dem Kind alles zu erklären, vorzumachen, abzunehmen, vorzureden. Sie sagen nicht wie die Eltern mit leichter Ungeduld: »Schau doch selber nach! Mach doch alleine!« Sie freuen sich vielmehr, dem Kind alles vor die Füße zu breiten, was sie in ihrem langen Leben an Einsichten und Kenntnissen gewonnen und geerntet haben, und lassen das Kind in der besten Absicht der Welt nicht selber denken, machen und entscheiden.

Das finden viele Kinder ganz gemütlich. Aber es ist trotzdem so, daß sie einen Ansporn zum Selbermachen brauchen, damit sich ihre eigene Intelligenz entwickelt, damit sie ihre eigenen Fehler machen und aus ihnen lernen, damit sie ihre eigenen Schlüsse ziehen lernen.

Gerade an diesem Punkt erhellt sich so klar wie nirgendwo sonst, wie eng das Positive und das Negative der Großelternbeziehung verschwistert sind. »Großelternkinder erkennen wir Erzieher sofort«, sagte eine Tagesheimleiterin, »sie sind gehemmt, schüchtern, können nicht mit anderen Kindern umgehen, können keine Spiele entwickeln, überhaupt keine Entscheidungen treffen, sie haben nur einen beschränkten Sprachschatz und sind von der Autorität – in aller Liebe – vollkommen erdrückt, haben gar keine eigene Persönlichkeit.«

Andere Großelternkinder sind das genaue Gegenteil: Sie lernen ausgezeichnet, sind ruhig, munter und emotionell ausgeglichen, selbständig und beliebte Freunde und Vorbilder in ihrer Gruppe.

Das sind die Erziehungsergebnisse von zwei einander entgegengesetzten Haltungen: Eine Gruppe von Großeltern ist streng und auf Gehorsam und Ordnung im alten Sinne bedacht, pocht auf Rücksichtnahme, lebt aus der selbstverständlich beanspruchten Autorität und verwöhnt das aus Liebe oder Angst gehorsam gewordene Kind so, daß es von dieser Affenliebe vollkommen erdrückt und unselbständig gehalten wird.

Die andere Möglichkeit: Das Kind hat bei den Großeltern ein behütetes, aber nicht reglementiertes Leben und kann so alles genießen, was an der Großelternerziehung positiv für seine Entwicklung ist wie die Geduld der Großeltern, ihre Zeit zum Erzählen, Sprechen, Erklären. Ihre größere Abgeklärtheit, die das Kind nicht von einem Extrem ins andere reißt, ihre Behutsamkeit, mit der sie das Enkelkind wie ein Geschenk behandeln, von dem man nicht weiß, wie lange es einem noch gewährt wird. Bisweilen sind diese Großeltern schon nicht mehr so leistungsfähig, so daß das Kind seine Phantasie in den Dienst der Zuneigung stellen muß, um zu helfen und um mit seinen schwachen Kräften schon nützlich zu sein. Das heißt: Es kann planen und Verantwortung übernehmen.

Eben diese positiven Möglichkeiten sollten Großeltern nutzen und sollten die liebevolle, aber gefährliche Verwöhnung zur Passivität gar nicht erst einführen. Das fällt ihnen gewiß leichter, wenn sie sich vor Augen halten, daß ein frei und selbständig handelndes Kind in der Welt von heute mehr und besser lernen und leichter leben kann.

Auf jeden Fall ist es gut, wenn die Großeltern ganz bewußt dafür sorgen, daß ihr Einzelenkelkind viel mit anderen gleichaltrigen und älteren oder jüngeren Kindern zusammenkommt und spielt, damit sich alle problematischen Ansätze von allein ausgleichen. Die Tatsache, daß ein Kind die anderen Kinder für seine Entwicklung braucht, erklärt auch, warum eine Großmutter den Kindergarten keineswegs überflüssig macht.

Die Großmutter und zwei Kardinalfehler

Zwei Kardinalfehler sind es vor allem, die ihnen oft angekreidet werden. Der erste ist das ständige Einmischen, das Nörgeln, die heimliche Korrektur der »strengen« Erziehung der Mutter hinter deren Rücken, das – wenn auch nur versteckte – Schlechtmachen der Mutter vor dem Enkel.

Das ist eine Haltung, die unbereinigten Spannungen zwischen Eltern und Großeltern entspringt. Da wird ein Problem verschoben, wird vertuscht und auf der Enkelebene ausgetragen. Da dies eine für ein Kind wirklich schädliche Situation ist, sollte man sehen, daß man die Wurzel des Übels herausreißen kann. Denn nur wenn trotz noch so vieler sachlicher Meinungsverschiedenheiten zwischen Eltern und Großeltern eine prinzipielle Übereinstimmung herrscht, kann die gemeinsame Erziehung des Enkels gelingen.

Klappt es nicht, daß die Generationen zu dieser Übereinkunft kommen, so sollte man lieber eine andere Bezugsperson für das Kind suchen und eine andere Lösung anstreben. Selbst ein Kompromiß zwischen Großeltern und Eltern trüge nur den Charakter einer Zeitbombe. Kindergartenerzieher sagen, daß Kinder aus solchen unstimmigen Familien schwer verhaltensgestört seien, kaum kontaktfähig, aggressiv und zutiefst unglücklich.

Der zweite Vorwurf, den man der Großmutter macht: sie verwöhne das Enkelkind zu sehr. Dazu sagt die Psychologin und Erziehungswissenschaftlerin Ruth Dirx: »Ich habe durch meine Erfahrung gelernt, daß man das auch positiv sehen kann. Die Liebe und die Nachsicht der Großmutter hat den Kindern eigentlich immer nur gutgetan. Sie werden nach einigen Jahren den Großeltern und Eltern gegenüber genauso rücksichtsvoll und so nachsichtig, wie sie selbst behandelt worden sind.«

Dies alles ist natürlich nicht nur ein Problem der Großmutter, es sei denn, sie ist verwitwet oder geschieden. Im allgemeinen gibt es noch den Großvater, der sich manchmal lange Berufsjahre hindurch auf die Zeit des Pensionsalters gefreut hat und auch darauf, daß er nun endlich mit seiner Frau das unternehmen kann, wozu er und sie früher keine Zeit oder Gelegenheit hatten.

Oder: Er ist in keiner guten körperlichen Verfassung mehr. Er möchte seine Ruhe haben, braucht Pflege und mag es nicht, daß die Frau ihm neue Arbeit und Probleme ins Haus bringt, sich wieder auf Kinder konzentriert, wo er doch endlich einmal die wichtigste Rolle spielen wollte.

Wenn ich an meinen eigenen Großvater denke, dem ich ziemlich unerwartet und nicht durchaus willkommen ins Haus schneite, so hat sich dies Problem von allein dadurch gelöst, daß aus seiner Bärbeißigkeit die zärtlichste Großvaterliebe wurde. Aber ich glaube, auf einen solchen Sinneswandel darf man nicht unbedingt bauen. Man sollte die Möglichkeit einkalkulieren, erst eine Probezeit zu vereinbaren.

Die finanzielle Seite muß schließlich auch besprochen werden. Ein Kind kostet Geld. Wer soll welche Ausgaben übernehmen? Das kann nicht allgemein entschieden und geregelt werden, denn diese Entscheidung hängt so sehr von der persönlichen Situation und den finanziellen Verhältnissen und Großzügigkeiten oder Kleinlichkeiten ab, daß jeder selbst nach seiner Lösung suchen muß.

Man kann nur zu bedenken geben: Manche Psychologen leh-

nen es ab, Erziehungsleistungen in der eigenen Familie hono-
rieren zu lassen, weil dadurch die Freiheit der Entscheidung
durch materielle Abhängigkeiten litte. Andererseits lehrt die
Erfahrung, daß viele Großmütter über ihre Stellung als unbe-
zahlte Haushaltshilfe verbittert sind.

Wie man das Problem auch löst: Wer einem anderen hilft,
verdient Rücksicht und Dank.

Die ideale Großmutter

Freunde haben mich oft gefragt: »Hast du deine Mutter nie
vermißt?« Nein, in der Zeit der Kindheit habe ich sie nie vermißt, und ich glaube, für die Kinderjahre gelten die Worte der
Ärztin und Schriftstellerin Rahel Straus: »Ein Kind nimmt hin,
was es findet.«

Das Gefühl der Leere und der Wunsch, jemanden zu haben,
der nicht zwei Generationen entfernt ist, wacht erst später auf,
wenn Kinder jemanden brauchen, den sie nach dem Leben
selbst fragen können. Denn Großelternerziehung, das bedeutet zumeist auch: ein Leben bei zwei alten oder fast alten Menschen, bei denen die Aufregungen und Auseinandersetzungen
der ersten Ehejahre vorbei und vergessen sind, kein Kampf der
Geschlechter mehr, Abgeklärtheit statt Anpassungsspannun-
gen, Zuneigung statt Sex. Dafür Gefühle, die wärmer, differenzierter, beständiger sind als bei jungen Eltern, denn die Jahre
mehr bringen nicht nur das Alter, sondern auch so etwas wie
Reife. Großeltern wandeln sich nicht mehr, sie sind, was sie
sind, und es fällt dem Kind leicht, ihre ruhigen Gestalten in
seine Welt einzubauen, weil es weiß, daß es sich auf sie verlassen kann.

Eben aus diesem größeren Lebensreichtum, dieser Ruhe in
sich selbst läßt sich wohl alles ableiten, was eine Großmutter
zur Ideal-Großmutter macht: Die Gelassenheit, mit der sie
manche Krisen einfach abwartet, weil sie das Leben immer wieder gelehrt hat, daß sich vieles von allein klärt und löst. Die

Ruhe, mit der sie dem Kind und seinen Versuchen zuschaut und dieses Zuschauen voll genießt, weil sie jetzt weiß, daß all die scheinbar sinnlosen und komischen Handlungen des Kindes noch eine andere tiefere Bedeutung auf seinem Weg zu sich selbst besitzen. Die Geduld, mit der sie dem Kind lernen hilft, weil sie sich daran erinnert, wie neu einem Kind alles ist und wie schwer ihm alles fällt, der erste Schritt und die ersten Buchstaben. Die Heiterkeit, in die sich auch Dank mischt, daß sie alles noch einmal miterleben kann. Der Abstand, den sie zu allem hat und der sie nicht vorschnell reagieren und urteilen läßt, weil sie weiß, wieviel immer unerklärbar bleibt, wie vieles sich im Leben wiederholt, wie unsicher es ist, ob wir mit all unserer Leidenschaft etwas bewirken oder verändern können – auch bei dem Kind oder den Kindern, die uns anvertraut sind.

2. Kapitel

Spiele mit Kindern

Kinder spielen nicht, um sich die Zeit zu vertreiben. Für sie existiert überhaupt noch kein Unterschied zwischen Spiel und Nichtspiel. Bis in die Schulzeit hinein hat jede Tätigkeit der Kinder den überaus ernsten Sinn, geistige Fähigkeiten zu entwickeln, Handfertigkeiten zu üben und Techniken zu erlernen, die ein Mensch zum Leben braucht.

Als Spiel erscheinen diese Handlungen und selbstgestellten Aufgaben, weil sie noch nicht zu den Regeln gefunden haben, in die sich der Erwachsene im Lauf seiner Entwicklung zu schicken gelernt hat. Noch setzt sich das Kind eigene Ziele und versucht sie außerhalb der Konvention seiner Kultur und seiner Familie auf die Weise zu erreichen, die ihm am praktischsten erscheint und die es schon verwirklichen kann. Daß diese Beschäftigungen dennoch nach bestimmten Regeln verlaufen, liegt an der körperlichen und geistigen Entwicklung des Kindes, in deren Rahmen seine Fähigkeiten immer mehr wachsen und damit seine »Spiel«-Möglichkeiten erweitern.

Diese Entwicklung hängt auch von der Spielfreiheit und der Selbständigkeit des Kindes beim Spielen ab. Ein Kind, das nach Herzenslust spielen darf und genug – aber beileibe nicht zuviel! – Material, auch Platz genug zum Spielen hat, kann Geist, Glieder, Grips und Geschicklichkeit eher üben und stärken als ein Kind, das über diese Möglichkeiten nicht verfügt. Durch ausreichendes Spiel festigen sich nicht nur selbst gemachte Erfahrungen, es entwickelt sich auch das, was man kreative Intelligenz nennt: die Voraussetzung für Einfall, eigene Idee, Entdeckung neuer Wege und eigener Möglichkeiten.

In bezug auf das Kind und sein Spiel muß der Erwachsene zweierlei bedenken. Erstens: Wenn man weiß, daß Spiel mehr ist als Zeitvertreib, sollte man das kindliche Spiel nicht auf Spielzeug allein beschränken. Das Kind braucht zum Spielen viel mehr, was ich auf diesen Seiten nur andeuten kann. Es braucht heute besonders viel über das reine Spielzeug hinaus, weil sein Lebensraum durch Technik und Perfektionismus im Haushalt und in den Städten mehr eingeschränkt ist als je zuvor. Je besser und leichter es die Erwachsenen haben, desto karger sind die Welt und die Spielmöglichkeiten für das Kind.

Deshalb ist es so wichtig, auch oder gerade in der Zeit, in der man Kinder total von elektronischen Geräten unterhalten lassen könnte, an diese Kinder selbst zu denken.

Eigene Erfahrungen machen

In den ersten zehn Jahren muß ein Mensch aktiv leben und sich nicht passiv leben lassen. Denn was er in dieser Zeit nicht selbst gemacht hat, mit Kopf und Finger, Fuß und Gliedern, das kann er nie. Er kann das Riechen nicht lernen, wenn er im Fernsehen eine Rose oder einen Kothaufen sieht. Er kann nicht klettern, wenn er die Extremsportler an der Steilwand pendeln sieht. Er kann nicht einmal wissen, was für genaue und feinste Bewegungen seine Finger vollführen, was seine Gedanken von alleine denken könnten, wenn er nicht Finger und Geist immer wieder, immer unter anderen Bedingungen und Erschwernissen und Widerständen geübt hat. Das allein schafft Lebenskraft und Selbstbewußtsein und Selbstsicherheit.

Der Mensch muß leben lernen, und dazu braucht er viel mehr und viel weniger als ein volles Spielzimmer, das mit dem gesamten technischen Gerätepark wie ein Einkaufscenter im Ausverkauf aussieht. Selber singen, selber klimpern, selber tanzen, selber dichten, selber basteln – das reicht vollauf.

Aber gerade Großmütter wissen, wieviel das von ihr, von allen Erziehenden, von allen liebenden Erwachsenen um das Kind herum fordert. Es verlangt ihre volle Gegenwart, ihre ständige Anwesenheit, auch wenn sie sich eigentlich überhaupt nicht um das Kind zu kümmern scheint. Sie muß wie das Firmament über der Erde schweben, muß alles im Blick haben, was geschieht, muß es regnen und die Sonne scheinen lassen, Gewitter nicht zu vergessen!

Großmütter sind nun manchmal noch in Erinnerung an die eigene Kindheit oder die eigenen Kinder geneigt zu sagen: Jedes Kind kann spielen! Und denken, sie trauten ihren Ohren nicht, wenn ihnen ihr Enkelkind zu Füßen sitzt und heult und jammert: »Mir ist so langweilig!« oder »Ich habe nichts zu spielen!« – natürlich inmitten dieses üblichen Spielzeugbergs.

Verzweifeln? Aber nein! Für solche Situationen gibt es doch keine bessere Hilfe als die Großmutter! Erstens weiß sie genau, daß dieses Gezeter nichts als eine Herausforderung an sie ist: Woll'n mal sehen, was die nun macht – was die zu bieten hat!

Also los! Denn zweitens weiß besonders eine Großmutter ganz genau: Sie darf sich jetzt nicht zum Hampelmann des Enkels machen! Sie darf nicht versuchen, das Fernsehen an Unterhaltungswert zu übertreffen. Sie muß das ganz andere tun. Sie muß sich wie ein Mensch verhalten und nicht wie ein Gerät. Vielleicht wird sie dieses Enkelkind klug und weise auf sich selbst zurückführen und es gleichzeitig aus dieser unseligen Beschränkung auf seinen Spielzeugbesitz und sein passives Herumgehocke erlösen. Was sind denn zirpende Computer und plappernde Puppen? Draußen wartet das Unbekannte, die Ferne, die Vielfalt.

Drittens: Ein Kind braucht zum Spielen nicht nur Platz und Spielsachen, es braucht auch Ruhe und Freiheit. Es sollte viel selber spielen und entscheiden, was es spielen möchte.

Praktisch bedeutet das: Nicht die Hand des Kindes in allem sofort leiten. Zuerst einmal abwarten, ob ihm zu diesen Spielsachen, zu Domino, Baustein und Buntpapier nicht selber etwas einfällt. Es kann ruhig »nicht richtig« sein. Warum sollen Dominosteine nicht zuerst einmal fürs Häuserbauen verwendet werden? Erwachsene sollten dann nicht gerührt über diese »niedliche Dummheit« der Kinder lachen. Es ist keine Dummheit. Es ist schon sehr viel, daß dem Kind zu Dominosteinen von sich aus etwas einfällt. Wenn ein Kind gern und gut »spielen« kann, wird es von alleine Spaß am Miteinanderspielen gewinnen. Dann ist die richtige Zeit für die Großmutter gekommen, selbst etwas vorzuschlagen, zum Beispiel darauf hinzuweisen, daß Dominosteine Punkte haben und daß man versuchen könnte, gleiche Punkte aneinander zu legen, so daß eine lange Kette entsteht.

Förderung der Intelligenz durch das Spiel heißt also nicht: ständige Bevormundung und Lerndrill, sondern: Gewährenlassen und nur Anspielen, wenn dem Kind im Moment tatsächlich nichts einfällt oder wenn es sich um ein Spiel oder Spielsachen handelt, die man nur dann sinnvoll und befriedigend verwenden kann, wenn man den geheimen Trick oder die Spielregeln kennt.

Spielerisches Aufräumen

Je besser ein Kind spielen kann, desto weniger ist übrigens das Aufräumen ein Problem. Ein gutes Spiel hat seine Logik und auch sein Ende. Und wenn man das Kind nicht überfordert, indem man jeden Mittag oder jeden Abend preußische Ordnungsbeweise erwartet, sondern wenn man mithilft, bis alles wieder an seinem Platz ist, so wird das Kind von allein merken, wie hilfreich Ordnung sein kann.

Auch Sinn für Ordnung entwickelt sich, ist dem Kind nicht angeboren noch blüht er über Nacht auf. Zwei- bis Dreijährige haben eine Phase, in der Ordnung eine sehr große Rolle spielt. Das ist die Zeit, in der das Kind die Umgebung genau beobachtet und allmählich weiß, was wohin gehört.

Diese Ordnung hat sich das Kind aus dem Chaos der ersten Eindrücke seiner Umwelt selbst geschaffen. Sie hilft dem Kind, sich täglich wieder zu orientieren, und mit dieser vertrauten Kombination der Dinge als Rückhalt kann es weiter Unbekanntes erforschen. Deshalb sein Ordnungsfimmel, der sich sogar auf die Lage der Schlaftiere im Bett und den Platz der Haus-

schuhe erstreckt. Deshalb die Neigung zu allen Spielen, die auf Zuordnen, Einordnen und Gruppierungen beruhen.

Dieses elementare Gefühl darf jedoch nicht mit dem verwechselt werden, was Ordnung für den Erwachsenen bedeutet. Man darf nicht erwarten, daß jenes automatisch in dieses übergeht. Freilich, so wie es geborene appetitliche Esser gibt, so gibt es Kinder, die mehr Sinn als andere für die allgemeine Ordnung besitzen. Das ist kein Verdienst, es ist nur – in den meistens zu kleinen Wohnungen – für die Erwachsenen praktisch.

Fehlt einem Kind diese Ordnungsliebe, so sollte man vielleicht die Zahl der Spielsachen beschränken. Oft hat ein Kind gar nicht die Übersicht über all das unnötige Zeug, das ihm die Familie schenkt. Denn wenn ein Kampf um die Ordnung beginnt, so kann er ein ganzes Kinderleben hindurch geführt werden. Man muß sich überlegen, ob dieser Gefühlsaufwand für ein doch unerreichbares Ziel überhaupt lohnt.

Neue Anforderungen an das Spiel

Wichtig ist, bei allen Spielen zu bedenken: Die Kinder, die jetzt heranwachsen, werden noch mobiler sein müssen, als ihre Eltern waren. Sie werden noch weniger als diese ein für allemal festgelegte Berufswege einschlagen, und was für Veränderungen sonst auf sie zukommen werden, weiß niemand. Deshalb sollte kein Spiel nur bestimmte Fähigkeiten fördern und andere ausschließen. Es gibt keine standes- oder geschlechtsgebundenen Fertigkeiten oder Eigenschaften mehr. Es ist nicht nur längst üblich, daß Jungen mit Puppen und Mädchen mit technischen Baukästen spielen, wenn es ihnen Spaß macht, es gibt darüber hinaus auch keine typisch weiblichen Eigenschaften oder Tätigkeiten, die nur die Mädchen im Spiel einüben und sich zu eigen machen sollten.

Genausowenig gibt es »typisch Männliches«, das ein Junge schon im Spiel beweisen müßte: Jungen können also backen und nähen, weben und stille Spiele spielen, Mädchen können konstruieren und werken, Segelboote bauen und Fußball spielen.

Allerdings sollte man aus dieser Möglichkeit kein neues Programm machen. Es gibt über diese kulturbedingten Tätigkeiten hinaus Dinge, die Mädchen anders sehen, erleben und machen als Jungen. Zur Emanzipation, zur Befreiung, gehört vor allem die Freiheit in beide Richtungen. Wenn Mädchen partout lieber mit Puppen spielen wollen, so dürfen sie nicht gezwungen werden, auch oder statt dessen Lastwagen rollen zu lassen.

Sollte die Großmutter jedoch merken, daß die Puppenliebe der Enkelin nicht spontan ist, sondern daß sich das Kind damit zum erstenmal dem moralischen oder gesellschaftlichen Zwang einer Gruppe beugt – auch wenn es nur andere Kinder in der Sandkiste sind, die höhnisch kreischen, wenn sich das Mädchen »jungenhaft« verhält –, so sollte sie eingreifen.

Wie? Gute Wege sind immer etwas mühsam, und der beste sähe vielleicht so aus: das provokativ wirkende Spiel erst mal ruhen lassen, sich näher mit den bereits rollenfixierten Kindern befreunden. Mit ihnen zusammen neutrale Dinge unternehmen und allmählich in diesen Kindern das Verständnis dafür wecken, daß die Welt mehr Freiheiten birgt, als es den Anschein hat.

Am besten geschieht dies mit den anderen Müttern und Großmüttern zusammen, denn nur wenn sich das Erziehungsklima wandelt, hat es eigentlich Sinn, fremden Kindern Erfahrungen oder Erkenntnisse zu vermitteln. Sonst besteht die Gefahr, daß sie in Gegensatz zur eigenen Familie geraten.

Das Spiel wächst und ändert sich mit dem Kind. Großmütter, die noch die Armut oder Beschränktheit der Kriegs- und Nachkriegsjahre genau in Erinnerung haben, geraten oft in Versuchung, den Enkeln all das zu schenken, was sie den Kindern damals nicht kaufen konnten. Sie wissen aber sicher auch, daß gerade in dieser Überfülle eine gewisse Gefahr liegt.

Ein Kind kann nur mit einer Sache auf einmal spielen. Ein Kind kann sich ohnehin schwer konzentrieren, und man sollte es nicht dadurch überfordern, daß man ihm mehr schenkt und aus unkontrollierter Liebe gibt, als es bewältigen kann. Besitzt ein Kind zu viele Spielsachen, so wird es von einer durch die andere abgelenkt. Im besten Fall spielt es nur mit zwei oder drei Lieblingsdingen und vergißt den Rest. Im schlimmsten Fall gelingt es ihm nie, sich mit irgend etwas richtig zu beschäftigen. Es wird ein oberflächlicher, unbefriedigter und nervöser Konsument.

Die besten Spielsachen sind jene, die die Phantasie oder das Gefühl des Kindes ansprechen und ihm die Gelegenheit geben, sich damit alles vorzustellen, was ihm gerade einfällt.

Deshalb halten Psychologen eine Puppe mit einem nur angedeuteten Gesicht, zum Beispiel eine selbstgemachte Flickenpuppe, für viel besser als eine »lebensechte« Puppe mit ausgeprägten und naturalistischen oder gar karikierten Zügen. Denn in das nur angedeutete Puppengesicht kann das Kind alles hineindenken: Freude, Trauer, Schmerz, Enttäuschung, Gelächter. Beim ausgeprägten Puppengesicht ist das Kind festgelegt. Es muß die Puppe schon sehr lieben gelernt haben, muß sich über vieles hinwegsetzen, bevor es mit ihr das gleiche unternehmen und erleben kann wie mit einer Flickenpuppe.

Die Entwicklung des Kindes im Spiel

1. Jahr   Im ersten Lebensjahr lernen Kinder den eigenen Körper und ihre engste Umgebung kennen. Sie üben alle Sinneskräfte und sammeln Erfahrungen, indem sie alles betasten und schmecken.

Zuerst braucht ein Baby also Dinge zum Anschauen (Luftballon, Mobile über dem Bettchen, Rasselkette über dem Bettchen), Dinge zum Anfassen und Greifen (Holz- und Plastikfiguren, farbecht, rund und glatt), Dinge zum Hören (Rasseln) und zum Knautschen (Frottierpuppen, kochbare Plüschtiere, kleine Gummibälle, Badetiere).

Alles muß gefahrlos in den Mund gesteckt werden können, nichts darf färben, splittern oder schneiden, und nichts darf so klein sein, daß es ins Nasen- oder Ohrloch gesteckt werden könnte. Alles sollte außerdem naturfarben sein oder klare leuchtende Farben haben, wobei Rot und Orange die Lieblingsfarben der meisten Kleinkinder sind.

Am Ende des ersten Jahres kann das Kind sitzen und krabbeln, hat noch die gleichen Tiere und Greifspielzeuge, die es hin und her werfen kann, ohne sich zu verletzen.

1 – 2 Jahre   Im zweiten Lebensjahr lernt das Kind sprechen, stehen und laufen, festhalten und loslassen. Es braucht nun viel Gerät, das die verschiedensten Anforderungen an die Geschicklichkeit seiner Hände stellt und das durch seine verschiedenen Materialien – Holz, Stoff, Plastik, Leder oder ähnlichem – dem Auge und der tastenden Hand das Gefühl für stoffliche Unterschiede vermittelt.

Das Kind braucht Dinge zum Bauen und Ineinanderstecken (Bauklötze und Steckbecher), Spielzeug, das sich mit ihm bewegt (Nachziehtiere, Ball), Bilderbücher und vor allem Liebhabetiere und Liebhabepuppen (immer noch wasch- oder kochbar).

Diese Knuddelwesen begleiten das Kind bis in die Schulzeit hinein. Sie sind sein Trost, weil sie noch ungeschickter als es selber sind, sie können nichts sagen, weil sie kleiner sind als das Kind, das täglich die eigene Kleinheit zu spüren bekommt, und sie verlassen das Kind nie, während der Erwachsene nachts oder zum Mittagsschlaf ins eigene Bett geht und das Kind allein läßt.

2–3 Jahre   Zwischen zwei und drei Jahren übt das Kind die Sprache und die feineren Handbewegungen und wird sich seines Ichs bewußt. Trotz und ein übertriebenes Ordnungsbewußtsein können auftauchen. Trotzperioden zeigen, daß sich das Kind klar als Person begreift, aber besonders am Anfang noch nicht weiß, was es mit dem neu entdeckten Willen anfangen soll und wie man diesen Willen in Worten kundtun kann. Diesem Sturm der widerstreitenden Gefühle ist das Kind hilflos ausgeliefert. Es muß einfach brüllen und weinen und sich auf den Fußboden werfen, sonst würde es platzen. Großmütter verstehen diese Situation meist gut, und weil sie diese Phase kennen, regen sie sich nicht darüber auf. Gerade das ist die beste Methode, sie zu verkürzen.

Ideal sind jetzt Kasperlepuppen und Handpuppenspiele, bei denen das Kind lernt, seine Gefühle darzustellen und sich dadurch von ihnen zu distanzieren und eventuell zu befreien.

Gerade jetzt ist es wichtig, daß das Kind viel allein ausprobieren kann und darf, daß es weder ausgelacht noch kritisiert wird, daß seine Spiele nicht nach Erwachsenenvorstellungen verbessert werden, sondern daß es eigene Lösungen ausprobieren kann. Macht es Fehler, kippt etwas um, geht etwas kaputt, so sollte das Kind lernen können, selbst mit diesen Problemen fertig zu werden. Das ist besonders in Hinsicht auf Schule und Beruf wichtig. Das Kind muß von Anfang an erfahren, daß man nicht ans Ziel kommt, indem man bei einer Schwierigkeit jammert, die Schuld auf andere oder auf das Material schiebt, sich aus der ganzen Sache zurückzieht oder jemand anders weitermachen läßt.

Jetzt muß und will das Kind Hand und Sprache auch üben. Es braucht Bausteine (nicht zu kleine, viele und strapazierfähige, ohne Aufdruck, naturfarben oder einfarbig bunt).

Das schönste Baumaterial kostet gar nichts: Schachteln, Kartons, Dosen, von denen möglichst die einen in die anderen hineinpassen. Es ist schön, wenn es viele Schachteln gibt, mit denen sich das Kind ganze Mauern und Zimmerchen bauen kann. Leere große Kartons von Wasch- und Spülmaschinen, Radio- und Fernsehapparaten sind die willkommensten »Häuser«, in die man auch Dosen- und Schachtelreichtum hineinräumen kann.

Das Kind braucht außerdem Erwachsene, die das endlose »Warum?« so genau und kurz wie möglich beantworten, weil nur eine kurze und auf das Kind bezogene Aussage für das Kind begreiflich ist.

Das beste Spiel: Spazierengehen. Bei allem zuschauen und darüber sprechen, ob das nun die Hunde sind, die ausgeführt werden, Autos, die tanken oder geputzt werden, Straßenbahnnen, Flüsse mit Schiffen oder Booten, Läden mit Lebensmitteln oder Gebrauchsgegenständen, Gärtnereien, Müllautos, Umzugswagen, Briefträger, Baustellen, Schulen, Sportplätze. Diese gemeinsamen Erlebnisse und Gespräche fördern nicht nur die Gemeinschaft zwischen Erwachsenem und Kind, sie vermitteln auch Wissen und üben den Wortschatz. Außerdem lernt ein Kind begreifen, wie sehr es auf das Zusammenspiel und die Zusammenarbeit vieler ankommt.

Das Kind braucht auch Bilderbücher, Steckspiele, Holzautos, einen Wagen oder einen Kasten auf Rädern oder einen Leiterwagen, um seine Schätze zu transportieren, Holzpuzzles, Bälle, Bewegungsgeräte (Dreirad, Schaukel, Schaukelpferd) und Großeltern, die alle Finger- und Reimspiele mit dem Kind spielen, die ihm vorlesen, erzählen, die mit ihm kochen und erlauben, daß es auspackt und einpackt, Dosen und Packungen öffnet, Gemüse und Obst wegräumt, Kartoffeln wäscht, den

Tisch deckt, wieder abräumt, Unzerbrechliches und Ungefährliches abtrocknet und wegräumt. Das Kind braucht auch schon große Bogen und Blöcke (aufgeschnittene große Kuverts oder Papiertragetaschen), Bleistifte und Ölkreide, Buntstifte, Fingerfarbe oder Kreide zum Malen. Noch kritzelt das Kind nur Kreise, übt dabei jedoch nicht nur Hand und Handgelenk, das Zusammenspiel von Hand und Fingerbewegung, sondern durch das Erkennen seiner Malgebilde auch schon das Urteil.

Mit Schulkreide können Kinder gut auf Pflastersteinen oder Balkonfliesen malen. Allerdings – es braucht zuweilen mehr als den nächsten Regenguß, um die Kreidebilder wieder zu löschen. Die Großeltern oder die Straßenmitbewohner müssen also großzügig sein und nichts gegen diese Gemälde auf Gartenweg oder Bürgersteig haben.

Bemaltes Papier und Zeitschriften, Buntpapierreste, Kataloge und sauberes Einwickelpapier sind gut zum Zerreißen. Die Papierschnitzel kann man mit Spucke oder Wasser zu Bildern an Badezimmerkacheln oder auf den Badezimmerfußboden kleben. Das Kind kann auch auf einem großen Bogen Papier aus den Papierschnitzeln ein Bild kleben. Es braucht das Papier (Zeitungen, Seidenpapier, Alufolie) auch zum Knüllen. Auch das übt Hand und Phantasie.

Geräusche und Töne hervorzubringen ist für das Kind auch Spiel. Es entlockt sie Dosen und Töpfen und sollte damit so viel Krach machen, wie es mag. Das Kind hört auch gern zu, wenn Musik aus dem Radio ertönt. Noch besser, wenn sich einer der Großeltern ans Klavier setzt und selbst Musik macht. Wichtig sind alle Bewegungsspiele: hüpfen, über Hindernisse klettern, mit dem Ball spielen, was sich in diesem Alter noch darauf beschränkt, den Ball mit den Händen und Füßen zu stoßen und zu üben, wie man ihn fängt. Zu den Spielen im Freien braucht das Kind vor allem geeignete Kleidung, denn es spielt am liebsten mit Wasser, Sand und Matsch und sollte das nach Herzenslust tun dürfen. Zubehör: Schaufel, Eimer und Förmchen, möglichst aus Plastik.

Das Kind beginnt noch nicht, im Sinn der Erwachsenen mit

anderen Kindern zu spielen, aber es nimmt sie wahr und konzentriert sich eine kleine Weile auf ihre Person oder auf eine gemeinsame Tätigkeit. Diese ersten Versuche sollten gefördert werden, denn die Entwicklung, besonders des Einzelkindes, wird durch diese Kontakte mit etwa Gleichaltrigen auf sprachlichem und sozialem Gebiet mehr gefördert als durch noch so liebevolle Fürsorge der Eltern oder Großeltern.

Richtige Gruppenspiele können noch nicht arrangiert werden. Das Kind nimmt lieber noch bindungslos am Spiel der anderen – besonders der Gleichaltrigen – teil. Das Spiel mit älteren Kindern wird leicht kritisch, weil ein Zwei- bis Dreijähriges sein eigenes Ich noch nicht im Griff hat und deshalb auf die Lebensroutine der auch nur um ein Jahr älteren oft mit Heftigkeit oder Streitlust reagiert.

3–4 Jahre Zwischen drei und vier Jahren übt das Kind, in allem perfekt zu werden, was es bisher gelernt hat. Es spricht gern, es beginnt, seine Sätze grammatikalisch richtig zu formulieren, es versteht vieles aus seiner Umgebung besser und hat noch mehr Genuß und Gewinn von Spaziergängen und Ausflügen in die nahe und weitere Umwelt. Dabei kann es schon eingehendere und sachlichere Erklärungen verkraften.

Es schaut sich gern an, wie andere arbeiten, und wenn es Handwerker (Tischler, Schuster, Gärtner, Töpfer, Maler), einen Bauernhof oder ähnliches in der Umgebung gibt, sind das die besten Ziele. Zu Hause braucht es Spielzeug und Material, um alle Erlebnisse, alle Rollen nachbauen und nachspielen zu können. Es baut sich Landschaften, rollt also nicht nur seine Holzeisenbahn durch Zimmer oder Flur, sondern stellt Häuser drumherum, baut Brücken und Wege und Straßen mit Tieren und Menschen. Wenn es eine fremde und bisher noch unbekannte Arbeitswelt kennengelernt kann, so vertieft sich diese Erfahrung, wenn es daheim noch einmal alles nachbauen und sich dabei klarmachen kann, wie was warum zusammenhängt. Dazu braucht es natürlich Hilfe und Erläuterungen.

Das Kind braucht außerdem das, was man eine Plunderkiste nennt: einen Karton oder einen alten Koffer mit Verkleidungssachen, auch für seine Spielkameraden. Es spielt alles, Vater und Mutter, Oma und Opa, Taufe, Hochzeit, Postbote, Feuerwehrmann – was es erlebt hat oder was es beschäftigt. Das Spiel verhilft ihm zu reicheren Ausdrucksmöglichkeiten, und wenn die Großmutter Reime, Rätsel, Kasperlegeschichten und Märchen weiß, wenn sie mit dem Kind Gedichte sammelt und Bücher und Bilderbücher anschaut, so wirkt das alles befruchtend und fördernd.

Vielleicht beginnt das Kind, aus seinen Kartons, Dosen und Schachteln und anderen Spiel- und Möbelvorräten den ersten Kaufmannsladen aufzubauen. Es braucht insgesamt viele Kisten und Kartons zum Räumen und Bauen, auch alte Tisch- und Wolldecken, Matten oder Steppdecken für Zelte und Höhlen, die es sich im Zimmer, auf dem Balkon oder im Garten baut und in denen es am liebsten hausen möchte.

Kinder kommen in dieser Zeit in den Kindergarten, wo sie meist viele neue Dinge und Tätigkeiten lernen: Falten, Malen, Reißbilder kleben, Spiele zu zweit oder zu mehreren spielen, neue Gedichte, Lieder und Laufspiele. Wenn sich das Kind wünscht, dieses oder jenes auch daheim zu spielen oder zu tun, so sollte es dazu die Gelegenheit bekommen.

Es braucht auf jeden Fall Malstifte und große Papierblöcke, Knete jeglicher Art (der Schnee im Winter ist das beste Knetmaterial), es braucht Buntpapier, Haftfolie, eine Schere mit abgerundeten Spitzen.

Immer noch braucht es Bauklötze, Leiterwagen, Ball und Schaukel, Puppen und Liebhabetiere, dazu die ersten Legebilder (Didacta-Puzzles), Holzfiguren (Menschen, Tiere, Bäume, Häuser) oder eine Puppenstube mit einfachen Möbeln und Biegepüppchen. Handpuppen werden meist besonders geliebt, wenn sie selbstgemacht sind. Puppen oder bekleidete Tiere (Hasen, Bären, Kater usw.) sind auch aus folgendem Grund wichtig: Wenn die Puppe aus- und angezogen wird, übt das Kind Schleifen binden, Knöpfe auf- und zumachen, Reißverschlüsse öffnen und schließen, Druckknöpfe, Haken und Ösen und Schnallen öffnen und schließen. Bei einem anderen geht das viel besser als am eigenen Körper, und man lernt es dann schneller.

Wenn die Erwachsenen Papiertragetüten sammeln, kann sie das Kind umdrehen und auf die unbedruckte Seite Gesichter malen. Dann werden Augen und Mund ausgeschnitten. Diese Masken kann man gut für den ersten Kindergeburtstag gebrauchen, den das Kind mit seinen Freunden feiert.

Jetzt haben Kinder Lust und genug Handfertigkeiten für Faltspiele und brauchen alte Wecker oder Stoppuhren, Radios, Kugellager und ähnliches. Wenn es die Großeltern nicht graust, können sie beim Sperrmüll die schönsten »Spiel«-Sachen entdecken.

Wenn die Großmutter das Kind hat selbständig genug aufwachsen lassen, kann es jetzt auch unter entsprechender Anleitung mit diesen Dingen spielen und arbeiten: Nagelbrett, Nägel und Hammer, Schrauben und Schraubenzieher, Kneifzange, Engländer und Sachen, aus denen es Nägel herausziehen oder an denen es Ventile zuschrauben kann.

Es ist ideal, wenn es einen Garten mit einer alten Bretterbude oder kleinem Spielhaus, einen Abenteuerspielplatz mit Holzgeräten oder einen Balkon mit einer Kramecke gibt, wo das Kind hämmern und klopfen und Holzteile schmirgeln und glätten kann (die eigenen Holzbauklötze, die es vielleicht wirklich nötig haben), wo es kleben und anpinseln und schrauben kann.

Alle Musik- und Bewegungsspiele sind wichtig. Ab jetzt werden auch alle Spiele wichtig, die sich um Farben, Unterschiede und Mengen drehen. Hierbei spielen das Einkaufen und Beschäftigungen in der Küche eine große Rolle.

4–5 Jahre   Zwischen vier und fünf Jahren sind Kinder alles auf einmal: bockig und charmant, anschmiegsam und große Angeber, geschwätzig und ganz versunken in eine einzige Tätigkeit, albern und voll so tiefen Verständnisses, daß es die Erwachsenen ans Herz greift, geschickt und tolpatschig, Nervensägen und wahre Schätze – alles, aber nie langweilig. Spiel als Freude an Bewegung, Können und Begreifen ist jetzt das wahre Element der Kinder. Sie brauchen viel Bewegung und deshalb Roller, Rollschuhe, sie können auch schon Stelzen mit ganz niedrigen Fußstützen ausprobieren, Springseile, Bälle, im Winter Schlitten und Schlittschuhe.

Sie können einfache Gesellschaftsspiele spielen, sollten aber nicht gleich »Mensch ärgere dich nicht« und »Schwarzer Peter« und ähnliche Schadenfreude-Spiele geschenkt bekommen, sondern Schnipp-Schnapp, das Angelspiel, Würfelspiel und »Fang den Hut«. Das sind Spiele, die die Aufmerksamkeit und die Beobachtungsgabe fördern, bei denen es um rasche Reaktion und um erste Zusammenarbeit geht.

Weiter wird gebaut, gemalt, gewerkt, geknetet und Theater gespielt.

Gibt es alte Theatergläser? Ein Fernrohr? Zollstöcke? Ein Zentimetermaß, bei dem ruhig die letzten zehn Zentimeter abgerissen sein können? Damit kann das Kind viel spielen und sehen, zählen, messen und abschätzen lernen.

5–6 Jahre Zwischen fünf und sechs ist das Kind das typische Vorschulkind, und eine ganze Industrie stürmt auf Eltern und Großeltern ein, um ihre Lern- und Lehrspiele zu empfehlen.

Wer bisher das Kind mit den Materialien des Alltags hat arbeiten und leben und spielen lassen und dabei immer die notwendigen Erklärungen und Hilfen gegeben hat, ohne dem Kind die eigenen Ideen aus dem Kopf zu drillen, der sollte jetzt unverändert fortfahren, dem Kind so die Welt zu erklären. Gut sind alle Vorschulspiele, die die Konzentrationsfähigkeit der Kinder einüben, aber das tun auch Spiele wie Puzzles, Memory oder Mal- und Klebearbeiten, jegliche Bastelaufgaben, alle Bauvorhaben, das Backen und das Tischdecken und ähnliches.

Nicht gut, weil einseitig und zu schulähnlich, sind jene Vorschulspiele, die nur auf Lesen und Rechnen programmiert sind. Da sind die Lese- und Mengenspiele besser, die sich beim Vorlesen, beim Entziffern der Schriften auf Reklametafeln und Plakaten, beim Legospiel und anderem ergeben.

Im übrigen braucht das Kind alle Spiele, die in der vorangegangenen Altersstufe genannt wurden. Manche Kinder fangen jetzt an, wie wild kleine Modellautos, Steine, Bildchen, Muscheln oder Knöpfe zu sammeln. Das wird als Versuch gewertet, die unübersehbar große Welt zumindest auf einigen winzigen Teilgebieten in den Griff zu bekommen.

Das Kind braucht außerdem die komplizierteren Elemente für die Grundsammlung seiner Bausteine, Konstruktionskästen aus Holz und Kunststoff. Es kann jetzt gut mit Wasserfarben umgehen, spielt auch gern auf richtigen Instrumenten, Zimbel, Flöte, Triangel, Klavier oder Flügel, wenn es so etwas gibt, Xylophon und Trommel oder Tamburin.

6–7 Jahre Zwischen sechs und sieben Jahren kommen Kinder aus dem Kindergarten in die Schule, und das ist trotz aller Vorbereitungen ein Jahr voller Unruhe. Das Kind muß sich an eine neue Umgebung und, wenn es Pech hat, an einen neuen Erziehungsstil gewöhnen. Selbst wenn es aus dem Kindergarten kommt: Die Klassengemeinschaft ist etwas ganz anderes, ist meist viel größer, und der Rest der frühkindlichen Egozentrik wird abgelegt oder abgeschliffen.

Es bahnt sich eine neue Trotzphase an, weil erste Leistungsforderungen und abermals ein Erleben von Ohnmacht und Ungeschick inmitten von Älteren Spannungen hervorruft. Sie können dadurch verstärkt werden, daß sich das Kind einen Platz in der Gemeinschaft nur schwer erobert, daß es die Milchzähne in Mengen verliert, daß es vielleicht die erste Kinderkrankheit bekommt, daß es die eigene Unsicherheit mit Frechheit kompensiert, die von ahnungslosen Erwachsenen als Aufsässigkeit bestraft wird.

Wieder ist eine Großmutter gut, die sich an all die Nöte dieser Monate noch erinnern kann, die der Schule von heute, wenn nicht ganz, so doch auch etwas hilflos gegenübersteht und dem Enkel infolgedessen tröstend zur Seite steht.

Das bleibt oft in allen kommenden Schuljahren so: Großeltern ereifern sich meist nicht so sehr über Schule, Lehrer und Mitschüler, wie es manche Eltern tun. Sie sind eher erstaunt. Sie fragen nach: Wie ist das gewesen? Wer hat das gesagt? Was hast du dann gemacht? Diese Anteilnahme, gemischt mit tatsächlicher Verständnislosigkeit, läßt sie genau das Richtige tun.

Argumenten ist ein Kind in diesem und den nächsten Grundschuljahren ohnehin nicht gewachsen, wenn es müde oder aufgeregt und erschlagen nach Hause kommt. Die Fragen der Großmutter geben ihm dagegen die Chance, alles noch einmal zu erzählen und sich dadurch aus einer gewissen Distanz manches bewußt zu machen. Dabei ist es wichtig, daß sich der Erwachsene des abschließenden Urteils enthält, daß er nur das zusammenfaßt, was das Kind geäußert hat – darin liegt sehr oft schon die Lösung oder die Erklärung enthalten.

Ich weiß, das klingt gefährlich simpel. Aber wenn ich an die vielen Mittagessen denke, bei denen meine Kinder ihre Schulnöte aus sich herausgeschrien und geflucht und gezappelt haben, an die vielen ungelösten und unlösbaren Konflikte, die sie mit nach Hause brachten, so kann ich mir die Not der Kinder vorstellen, die das nicht wenigstens erzählen und abladen und sich bis zum nächsten Vormittag davon befreien können.

Kinder brauchen jetzt vor allem Gesprächspartner, aber sie müssen auch die Chance haben, allein zu sein. Sie brauchen Spielsachen, mit denen sie sich still beschäftigen können (Malsachen, Geduldsspiele, Bücher, Bastel- und Knetsachen, Ausschneide- und Klebebögen, Konstruktionsbaukästen) und Spielsachen, die einen Ausgleich zum langen Stillsitzen in der Schule und bei den Hausaufgaben erlauben (Ball, Fahrrad, Schaukel, Klettergerüst, Roller, Sprossenwand).

7–14 Jahre In den Schuljahren wächst das Interesse des Kindes nach allen Seiten. In den ersten zwei, drei Schuljahren genießen die Erwachsenen den zutage tretenden Verstand und sagen: »Jetzt kann man sich richtig mit dem Kind unterhalten.« Das wird ein, zwei Jahre später wieder in Frage gestellt. Wenn Kinder um die zwölf herum sind, bringt die nahe Pubertät manches wieder aus dem Gleichgewicht. Vor allem: Alles das, was die Gruppe, die Klasse macht und tut, kann eine wesentlich größere Rolle spielen als das, was zu Hause angeboten wird. Die Großmutter wird – vielleicht mit leiser Wehmut – konstatieren, daß sich da abermals eine neue Generation vom heimischen Nest zu lösen beginnt.

In den Grundschuljahren ist das Kind ein begeisterter Gesellschaftsspieler, wobei ihm Kameradschaft wichtiger als Wettkampf ist. Das sollte man nutzen, indem man dem Kind einen Fußball, ein richtiges Zelt, Kompaß, Handpuppen und eine selbstgebastelte Bühne, Verkleidungsutensilien, Klemmlampen für größere (selbstgeschriebene) Aufführungen im Zimmer oder ein buntes großes Tuch als Theatervorhang im Türrahmen oder für das Spiel im Garten zwischen zwei Bäumen schenkt. Mit breitem Saum oder Ringen auf straff gespanntem Gummiband funktioniert er prächtig. Ein Abonnement für ein Kindertheater oder die Marionettenbühne der Stadt gibt zusätzlich Anregungen.

Im allgemeinen spielen Kinder immer weiter mit dem, was sie schon besitzen. Es kommen mehr Gesellschaftsspiele hinzu, die sich dem wachsenden Wissen der Kinder anpassen: schwierigere Puzzles, alte klassische Brettspiele von Dame und Mühle bis Schach, Quartette mit geographischen und naturkundlichen Themen, weiteres Handwerkszeug, Näh- und Bastelmaterial. Wer Platz hat, kann eine kleine Werkbank aufstellen, an der der Großvater oder die Großmutter und Enkel gemeinsam arbeiten können. Kleinigkeiten im Haushalt gibt es immer zu reparieren, so daß das Kind für seine Basteleien und handwerklichen Versuche gleich ein richtiges Ziel hat. Eine alte Schreibmaschine, ein Fotoapparat oder die ausrangierte Nähmaschine können dem Kind vererbt werden. Ich würde jedoch davon abraten, Kindern Puppenherde zu schenken. Sie sind oft nicht sicher genug, noch öfter zu klein und mit zu kleinem Geschirr und zu kleinen Töpfen ausgestattet. Es ist besser, das Kind auf einer Kochplatte oder auch im oder auf dem Herd backen und kochen zu lassen. Ist das Kind ein Sammler, so braucht es Kästen, Mappen oder Alben samt Literatur für seine Sammlungen. Für naturwissenschaftlich interessierte Kinder gibt es Experimentierkästen. Für Eisenbahnfans die Modelleisenbahn. Für musikalische Kinder kommen die Instrumente in Frage, die sie gern spielen möchten.

Sportgeräte sollten nie vergessen werden, denn je älter die Kinder werden, desto wichtiger ist die Bewegung und der Kontakt mit anderen, der in einem Sportverein oft leichter als in der Schulgemeinschaft entsteht.

Spiele mit Wörtern und Buchstaben

Früher sind die sogenannten Schreibspiele eine so selbstverständliche Zutat bei Kindergeburtstagen gewesen, daß viele Großmütter noch mehr solcher Spiele kennen, als wir Platz haben aufzuführen. Schreibspiele sind praktisch, weil man sie in jeder Situation spielen kann, nicht nur am festen sicheren Tisch zu Hause, sondern genauso im Urlaub, im Zug, in Wartestunden welcher Art auch immer. Man braucht nur einen Bleistift oder einen Kugelschreiber und einen Block Papier – Gegenstände, die eine kluge Großmutter eigentlich immer in der Tasche haben sollte, weil man sie für unendlich vieles gebrauchen kann.

Schreibspiele müssen nicht unbedingt bedeuten, daß ein Kind schon alles das tatsächlich schreiben kann, was im Spiel vorkommt. Die Großmutter kann entweder einspringen oder sogar die Rolle des Schreibers übernehmen, wobei es gut ist, wenn sie so schreibt, daß das Kind zuschauen kann, und möglichst auch in Druckbuchstaben, damit das Kind seine Wörter wachsen sieht und vielleicht sogar schon ganz und gar oder einzelne Buchstaben erkennt.

Buchstabenraten

Das ist eins der Spiele, bei dem das Kind nur selber Wörter nennen, aber nicht unbedingt selbst aufschreiben muß. Man schlägt eine Zeitung oder das Telefonbuch auf und läßt das Kind mit einem Bleistift einen Buchstaben stechen. Streng genommen sollte es dabei nicht hinschauen oder die Augen verbunden bekommen, aber wenn es noch nicht so gut lesen kann, ist diese Vorsichtsmaßnahme gegen das Mogeln überflüssig.

Sticht das Kind nun den Buchstaben M, so muß es schnell alle Wörter sagen, die mit einem M anfangen und die ihm gerade einfallen, also Mutter, Marmelade, Mond, Minieisenbahn, Märchen, Mark. Es hat genau eine Minute lang zum Wörtersuchen Zeit. Dann kommt der nächste dran, für den ein neuer Buchstabe gestochen wird, und zum Schluß wird verglichen, wem die meisten Wörter eingefallen sind. Sehr oft wird es so sein, daß das Kind dabei über den Erwachsenen den Sieg erringt.

Die ABC-Geschichte

Man kann sie auch schon mit einem Kind spielen, das erst dabei ist, schreiben zu lernen. Man braucht dazu nichts als ein geknotetes Taschentuch oder einen kleinen Ball. Man wirft das Taschentuch oder den Ball einem der zwei oder drei Mitspieler zu, und das bedeutet: Du mußt mit der Geschichte anfangen.

Der erste muß sich einen Satz ausdenken, in dem alle Hauptwörter mit A beginnen. Er sagt also zum Beispiel: »Anna aus Aachen ißt gerne Anisplätzchen.«

Dann wirft er den Ball dem nächsten zu, der nun einen Satz mit B-Hauptwörtern machen muß »Ihr Bruder brachte ihr jedoch immer Brote mit.« So geht es weiter, bis die Mitspieler erschöpft sind oder vor Lachen zusammenbrechen oder bis man tatsächlich das Z erreicht hat.

Wichtig bei diesem Spiel ist, daß nicht nur die Hauptwörter stimmen, sondern daß sich tatsächlich von Satz zu Satz so etwas wie eine Geschichte entwickelt.

Tiere verkaufen

Auch dieses Spiel hängt mit einer Geschichte zusammen. Die Großmutter erzählt vom Zoodirektor, der seinen zoologischen Garten vergrößern will und deshalb lauter neue Tiere kauft. Und sie beginnt: »Herr Hagenbeck hat als erstes eine Ente gekauft.«

Das Kind hört, daß das Wort Ente mit einem E endet. Es weiß also, das nächste Tier muß mit einem E beginnen. Fährt es also fort: »Dann hat er sich einen Esel gekauft!«, so muß der nächste Mitspieler – oder die Großmutter – ein Tier mit L auf den Markt bringen, ob das nun der Löwe, das Lama oder der Leopard ist.

Bei diesem Spiel geht es etwas um Schnelligkeit. Man kann langsam bis drei zählen, und wenn dem Mitspieler dann noch kein Tier eingefallen ist, muß er ein Pfand zahlen.

Oder – wenn dem Kind nichts mehr einfällt, weil es müde ist, so verkündet die Großmutter, daß Herr Hagenbeck nun genug Tiere habe.

Der Wörter-Bau

Das ist ein Spiel für Kinder, die schon etwas lesen und schreiben können. Jeder Mitspieler bekommt ein möglichst großes Blatt Papier, jeder schreibt in die oberste Zeile einen großen Buchstaben, klappt das Blatt um, so daß der Buchstabe verdeckt ist, und gibt seinen Zettel im Uhrzeigersinn weiter. Spielen nur die Großeltern und das Enkelkind zusammen, so muß der Zettel drei- oder viermal hin und her gehen. Hat man eine größere Spielrunde, so genügt es, ihn ein- oder zweimal kreisen zu lassen. Die Aufgabe besteht darin, daß jeder zum Schluß seinen Zettel wieder an sich nimmt, aufwickelt und aus all den Zufallsbuchstaben Wörter zu bilden versucht.

Gewonnen hat, wer die meisten Wörter zustande bekommen hat. Man muß sich aber vorher darüber einigen, ob man nur bei Hauptwörtern bleiben will oder ob jedes Wort gilt.

Die Wortschlange

Ein Spiel für Kinder, die schon wissen, was ein Hauptwort und was ein zusammengesetztes Hauptwort ist.

Einer beginnt das Spiel und sagt ein zusammengesetztes Hauptwort, zum Beispiel Schokoladenkuchen. Der benachbarte Spieler muß nun so schnell wie möglich ein Wort sagen, das aus dem letzten Begriff des zusammengesetzten Hauptwortes einen ersten macht, also zum Beispiel Kuchenkrümel oder Kuchenteig oder Kuchenrezept.

So geht es weiter, und man kann von dem, der zögert oder in einer bestimmten Zeit kein Wort gefunden hat, ein Pfand verlangen.

Zungenbrecher-Wettsprechen

Sicher kennen die Großeltern ein paar von den unsterblichen Zungenbrechern – »Fischers Fritze fischte frische Fische« oder »Ein krummer Krebs kroch über eine krumme Schraube« oder »Wir Wiener Waschweiber würden weiße Wäsche waschen, wenn wir wüßten, wo warmes weiches Wasser wär«. Oder »Die Katze tritt die Treppe krumm«.

Das Spiel ist einfach und endet meist in Gelächter: Jeder Spieler muß einen von den Zungenbrechern dreimal (bei größeren Kindern fünf- oder sechsmal) fehlerfrei aufsagen können.

Dafür hat er sich einen – selbstgemachten – Orden oder einen anderen Preis verdient.

Teekesselraten

Ein Spiel, das Kinder ungeheuer spannend finden und bei dem sie tatsächlich spielend lernen, was man alles mit der Sprache anfangen kann, zum Beispiel: einen Gegenstand zwar genau beschreiben und trotzdem mit Hilfe der Sprache zu verstecken.

Ein »Teekessel« ist ein Wort mit einer doppelten Bedeutung, wie zum Beispiel Hahn. Zwei Spieler tun sich zusammen, suchen sich, ohne daß die anderen zuhören können, den »Teekessel« aus und verteilen die Rollen. Einer übernimmt bei diesem Beispiel den Wasserhahn, der andere den Hahn, der zu den Hennen gehört.

Nun beschreibt jeder von den beiden Spielern abwechselnd seinen Teekessel. Der erste sagt: »Meinen Teekessel findet man im Haus und im Garten.« Der andere fährt fort: »Meinen Teekessel findet man nur im Garten und auf dem Hof.«

So geht es weiter und erst zuallerletzt, wenn die ratende Großmutter oder die anderen Mitspieler absolut nicht auf die Lösung kommen, sagt der eine Spieler: »Aus meinem Teekessel fließt Wasser«, und der andere: »Mein Teekessel kräht auf dem Mist.«

Der Schneider aus Paris

Hier geht es nicht nur um Sprache, sondern auch um Geistesgegenwart und um Selbstbeherrschung. Einer im Spielkreis ist der Schneider aus Paris. Er sagt:

> »Ich bin der Schneider aus Paris,
> hab wunderschöne Sachen.
> Verboten sind das Ja und Nein,
> das Weinen und das Lachen.
> Was wünschen Sie?«

Damit hat er die Spielregeln schon gesagt: Man darf auf keine seiner Fragen mit Ja oder Nein antworten. Der gefragte Spieler antwortet also zum Beispiel: »Ich möchte eine neue Jacke haben.« Der Schneider fragt dagegen: »Soll sie rot sein?« Es läge nahe, mit »Ja« oder mit »Nein« zu antworten. Man muß sich nun herauswinden und sagen: »Mir wäre eine grüne Jacke lieber.«

Der Trick des Schneiders ist es, so schnell zu fragen und seinen Kunden durch eine Geschichte, durch phantastische Angebote oder durch alberne Fragen so zu reizen, daß ihm schließlich doch ein Ja oder Nein entschlüpft oder daß er in Lachen ausbricht. Geweint hat bei diesem Spiel ohnehin noch keiner.

Reim-Spiele

Ein Spiel, das man bei jeder Gelegenheit spielen kann, auf dem Spaziergang, im Bus oder in der Straßenbahn, in einer Schlange am Postschalter.

Der erste sagt irgendein Wort, das ihm einfällt. Es kann auch etwas sein, das man gerade vor Augen hat. Sagt die Großmutter also: »Post!«, so muß der Mitspieler darauf blitzschnell das Reimwort finden: »Rost« zum Beispiel.

Schwieriger und anspruchsvoller für das Kind wird es dann, wenn man ein mehrsilbiges oder ein zusammengesetztes Wort nimmt, bei dem das Kind nicht nur auf Reim, sondern auch auf den Rhythmus der Silben achten muß. Dabei kann ruhig ein Unsinnwort herauskommen, auf »Spielzeugladen« kann sich also »Zuckerfladen« reimen oder auf »Fingerhut« »schmeckt so gut«.

Das führt zur nächsten Stufe des Reimspiels: Man sagt nicht nur ein Wort, sondern einen ganzen Satz, auf den der andere Spieler ebenfalls mit einem Satz erwidern muß. Dadurch bekommt das Kind ein Gefühl für Versmaß, und wenn es am Anfang auch Holper- und Stolperreime drechselt, so wird es mit der Zeit eine immer größere Sicherheit gewinnen und sicher bald die Großmutter oder den Großvater zu übertreffen suchen.

Die Großmutter wird merken, daß man gerade diese Reimspiele besonders gut beim Spaziergehen spielen kann, weil sich Versmaß und Schritte oder Hüpfer nicht nur vorzüglich ergänzen, sondern dem Kind klarmachen können, wie Bewegung und Sprache zusammengehören.

Stille Post

Auch daran werden sich die Großeltern erinnern. Es ist eins der Spiele, die nicht nur Spaß machen, sondern zum genauen Hinhören erziehen.

Man sitzt im Kreis, und einer flüstert seinem Nachbarn ein Wort oder einen ganzen Satz zu. Der wird im Kreise weitergeflüstert, und wenn der Großvater ein wenig schwerhörig ist oder wenn ein Kind nicht genau aufgepaßt hat oder gern einen Schabernack spielt, so kommt zum Schluß ein schöner Unsinn heraus.

Städteraten

Dabei muß man so viele Städte nennen oder aufschreiben, wie man mit einem aus einem Telefonbuch gestochenen Anfangsbuchstaben kennt. Statt Städten kann man alles andere wählen: Blumen, Vornamen, Tiere, Lebensmittel, Flüsse. Man kann warten, bis alle fertig sind, das heißt, bis jeder sagt: »Nun fällt mir nichts mehr ein.« Das ist gut und gemütlich für ein kleines Kind, das noch keinen Leistungsdruck zu spüren braucht. Ein größeres Kind fühlt sich gefordert und ernster genommen, wenn man eine Zeitspanne zum Raten und Suchen bestimmt und danach auszählt, wer die meisten Begriffe zusammenbekommen hat.

Dies Spiel schult die Erinnerung und das schnelle Denken. Dadurch, daß die Kinder durch die anderen Mitspieler neue Namen und Begriffe kennenlernen, erweitert es die allgemeinen Kenntnisse.

Wortsuche

Für dieses Spiel muß man schon schreiben können, wenn auch noch nicht sehr viel oder sehr gut. Man wählt ein möglichst langes Wort, das reich an vielen verschiedenen Buchstaben sein soll, zum Beispiel »Wortsuche«. Jeder Mitspieler schreibt sich dieses Wort in Großbuchstaben auf ein Blatt Papier und versucht, aus den Buchstaben dieses Wortes so viele verschiedene Wörter zusammenzubauen, wie es geht.

Wortsuche ergibt zum Beispiel folgende Wörter: Wort, Ort, Suche, Tuch, Tor, rot, wo, Wert, er, wer, Wehr, Schur, schwer, scheu, stur, Sorte, Ohr, Tour und so weiter.

Gewonnen hat, wer die meisten Wörter gefunden hat. Oder – das ist etwas komplizierter – alle Mitspieler streichen die Wörter durch, die einer oder mehrere andere auch haben. So gewinnt, wer zum Schluß die meisten orginellen Wörter übrig hat.

Dies Spiel übt den Umgang mit Wörtern und Buchstaben, macht ihn sicherer und selbstverständlicher, was besonders für ein Kind wichtig ist, das anfangs Schwierigkeiten beim Lesen und Schreiben hat.

»Gefüllte Kalbsbrust«

Wieder wird ein Wort gewählt, zum Beispiel »Kalb«. Dieses Wort wird auf der linken Seite eines Blattes von oben nach unten geschrieben und auf der rechten Seite von unten nach oben.

Nun gilt es, die Kalbsbrust zu füllen, das heißt: sich Wörter einfallen zu lassen, die mit dem ersten Buchstaben links beginnen und mit dem anderen rechts aufhören. Nehmen wir an, der Spieler hat sich so entschieden:

```
KARTOFFELKORB
A    P    F    E    L
L    I    L    A
B    A    N    K
```

Nun beginnt ein Spieler nach dem anderen, seine vier Wörter zu umschreiben, und die anderen Mitspieler müssen erraten, daß »ein Gefäß, in dem man Nahrungsmittel transportiert« der Kartoffelkorb ist. Haben sie richtig geraten, streicht der Spieler sein Wort durch. Gewonnen hat, wer die meisten Wörter so geheimnisvoll gewählt oder so listig beschrieben hat, daß sie nicht zu raten waren und nicht durchgestrichen werden mußten.

Hätte man bei diesem Beispiel statt der braven »Bank« »Bangkok«, statt des »Apfel« den »Appell« gewählt, so wäre das Spiel schon schwieriger gewesen. Dies Schreibspiel schult Wortschatz und sprachlichen Ausdruck, und es paßt sich allen Altersstufen an.

Rätselspiele

kann man in immer neuen Variationen und auch Schwierigkeitsgraden veranstalten.

Für Kinder, denen Reime durch Gedichte oder Reimspiele vertraut sind, bietet sich zuerst das Wörterraten an. Man denkt sich dazu möglichst einfache Hauptwörter mit wechselnden Anfangsbuchstaben aus, die sich reimen, und erklärt sie oder läßt sie raten. Man sagt zum Beispiel: »Mein Wort mit S braucht man auf jedem Spielplatz, und man findet es am Meer. Mein Wort mit L ist der Gegensatz zum Meer.« (Sand und Land)

Für Kinder schwieriger sind Rätselwörter mit Binnenreim: Burg und Berg, oder Stuhl und Stahl.

Papier und Bleistift und die ersten Lese- und Schreibkenntnisse braucht man zum Kreuzworträtselbasteln, das man alleine spielen (Krankheit, Bahn- oder Autofahrt) oder als Gemeinschaftsarbeit oder als Wettspiel veranstalten kann. Dann gewinnt, wer zuerst ein oder zwei Rätsel fertig hat. Man kann dabei frei Rätsel basteln lassen, man kann aber auch ein einziges Wort nennen, das in das Rätsel eingebaut sein muß.

Drei-Buchstaben-Rätsel nach diesem Schema sind der beste Anfang:

```
TOR        GUT        TAL
OPA        UTA        AUE
RAD        TAU        LEO
```

Hat das Kind Spaß an diesen Rätseln gefunden, kann man es mit Vier-Buchstaben-Rätseln versuchen.

Oder man löst ein Rätsel auf, gibt dem Kind nur die Wörter und fragt: »Wie passen die als Kreuzwörter zusammen?«

Satzsalat

Dies ist ein Spiel, das Großeltern und Enkelkinder zusammen herstellen können – vielleicht als Überraschung für ein Familienwochenende, für die Ferien oder für den nächsten Kindergeburtstag.

Man braucht dazu gleich große Pappkarten, möglichst in zwei Farben, etwa spielkartengroß, und einen Berg kurioser einfacher Aussagesätze. Deren erste Hälfte wird auf eine weiße Karte geschrieben, die zweite Satzhälfte auf eine rote oder gelbe Karte. Dann mischt man die Karten, jede Farbe für sich, möglichst gut und gründlich, und jeder Spieler hebt von jedem der beiden Stapel eine Karte ab. Dann liest er seinen »Satz« vor, der sicher zum Lachen reizt. Die Kinder lernen dabei, mit Sprache zielbewußt umzugehen, knapp zu formulieren und Wörter logisch einzusetzen.

Die Bratwurst – wird in der Pfanne gebraten.
Großvaters Brille – sitzt auf der Nase.
Mein neues Taschentuch – hat ein großes Loch.
Unsere Verkehrsampel – leuchtet schön rot und grün.
Eine Fledermaus – hat sich im Kamin verkrochen.
Eine dicke Fliege – schwimmt in der Milch.
Großmutters Strickstrumpf – ist schon einen Meter lang.

Das Ohne-Gedicht

spielt man mit einem kleinen Kind noch in Prosa, aber sicher kommt der Reim von ganz allein ins Spiel, weil man mit ihm die Aufgabe einfach besser lösen kann.

Sie besteht darin, daß einer aus der Runde einen Satz mit »ohne« sagt: »Kein Frühstück ohne Brot.« Der nächste muß das letzte Wort aufnehmen und mit »ohne« weiterverarbeiten: »Kein Brot ohne Butter.« – Schon ist man fast unwillkürlich bei einem Reim: »Kein Kind ohne Mutter.« Oder: »Kein Mantel (oder Esel) ohne Futter.«

Man kann das Spiel als endlose Sinn- und Satzkette spielen. Das ist gut in einer größeren Gruppe, in der das Kind auch leichter durch Zuhören lernen und kapieren kann, um was es geht und wie man es macht. Man kann auch nur Satzpaare als Ziel angeben, was besser ist, wenn man nur zu zweit spielt. Dann sagt einer den ersten Satz, und der andere erwidert und darf dafür dem anderen den nächsten ersten Satz sagen.

Ein Spiel, das Disziplin und Wortgefühl übt, auch Logik und Phantasie, denn gerade dieses Spiel kann durch selbstentwickelte Schwierigkeiten immer wieder variiert werden.

Wortversteck

Ein Spieler wird aus dem Zimmer geschickt, die anderen einigen sich auf ein Wort, zum Beispiel auf »schnell«. Sie rufen den ersten Spieler herein, und er beginnt, einen nach dem anderen zu fragen. Er sagt zum Beispiel: »Kannst du mir das Wort nicht gleich verraten?«

In dem Antwortsatz muß nun dieses Wort vorkommen. Der Gefragte antwortet also: »Das ist aber eine schnelle Frage!« Nun fragt der erste Spieler den nächsten: »Magst du gerne Pflaumenkuchen?« Antwort: »Was soll ich da so schnell sagen? Aprikosenkuchen ist mir, glaub ich, lieber.« Der erste Spieler: »Was hast du gestern gemacht?« Antwort: »Ich bin ganz schnell in die Stadt gelaufen und habe Ulrike besucht.«

Wenn der Spieler noch nicht in der ersten Runde herausbekommt, daß es sich um das Wort »schnell« handelt, so muß er ein Pfand zahlen. Ist die Runde nur klein, so vereinbart man, daß er zweimal oder dreimal in der Reihe herumfragen darf.

Ein vergnügtes Spiel. Das Kind lernt dabei, schnell zu denken und listig oder humorvoll zu formulieren. Es merkt sicher bald, daß es den Ratenden verwirrt, wenn man ein kompliziertes Wort des Vorgängers in der eigenen Antwort wiederholt. Es lernt außerdem, mit Nebensätzen zu jonglieren, um den Ratenden zu narren. Wenn es selber raten muß, so lernt es, wie man die Fragen stellen muß, wenn man ein bestimmtes Ziel erreichen will.

Ich sehe was, was du nicht siehst!

Das ist eins der bekanntesten Kinderspiele, bei dem einer oder mehrere raten müssen, was derjenige, der diesen Satz gesagt hat, im Sinn hat.

Man kann dies Spiel als reinen Zeitvertreib betrachten, hat jedoch gerade bei diesem Spiel die Chance, mit dem Kind sehr viel mehr zu üben und zu lernen, als diesem bewußt ist.

Wenn man nach Farben raten läßt, sollte man diese Farbe ganz präzise angeben, nicht nur: »Ich sehe was, was du nicht siehst, das ist grün«, sondern: moosgrün, flaschengrün, lindgrün und so weiter. Das schärft die Beobachtungsgabe und schult die Sprache, die nach ganz präzisen Beschreibungen durchsucht werden muß. Denn auch das Kind muß genau fragen, wenn es an der Reihe ist.

Lassen Sie nicht nur nach Farben raten, sondern auch nach Größen: »... das ist kirschrot und kleiner als ein Fingerhut.«

Oder nach Lage: »... das ist zitronengelb und oben – oder zwischen zwei anderen Sachen – oder auf dem Fußboden.«

Oder nach Mengen: »... das ist braun wie ein Baumstamm, und das gibt es zweimal hier im Zimmer.«

Oder nach persönlichen Prinzipien: »... das ist salatgrün, und das ißt du gerne.« – »... das ist weinrot, und das benutzt der Großvater immer.«

Kofferpacken

ist fast schon kein Wortspiel mehr, übt aber das Wortgedächtnis sehr gut. Der erste Spieler beginnt eine Geschichte von seinen zukünftigen Ferien und sagt: »Zuerst packe ich den Morgenrock in meinen Koffer.« Der nächste packt weiter: »Ich packe einen Morgenrock und meinen Badeanzug ein.« Der dritte: »Ich packe den Morgenrock und den Badeanzug und fünf Unterhemden ein.«

So geht das weiter, und je mehr Dinge in verschiedenen Mengen in den Koffer kommen, die man reihum immer wieder in der richtigen Reihenfolge aufzählen muß, desto eher kann man sich irren und muß dafür ein Pfand zahlen.

Die Scharade

Als Stegreifspiel und Pantomime geht die Scharade über ein reines Wortspiel weit hinaus: ein Wort, ein Begriff, ein Zitat oder ein Sprichwort wird im kleinen oder größeren Kreis von einer oder mehreren Personen so deutlich, drastisch und einleuchtend dargestellt, daß die Zuschauer es erraten können. Man kann es als Pantomime, also ohne Worte, oder aber als kleinen Sketch darbieten, wobei es in der Geschicklichkeit der Mitspieler liegt, das gesuchte Wort so in der Szene zu verstekken und zu tarnen, daß die Zuschauer es nicht allzu leicht erraten. Meist werden Scharaden nach der Regel gespielt: jeden Begriff, jedes Sprichwort in seine Einzelteile oder in die einzelnen Wörter zerlegen und darstellen.

Kleinere Kinder sollten jedoch ganz einfach anfangen. Als »Hänschen klein« zum Beispiel wandert ein Kind mit Stock und Hut in die weite Welt hinein über die wie auch immer improvisierte Bühne. Oder für »Das dicke Ende kommt nach« stapft ein mit lauter Kissen im Umfang verdoppeltes Kind hinter anderen Kindern her. Oder man zerlegt das Wort »Besenstiel« in »Besen« und »Stiel«: Für den ersten Wortteil fegt ein Kind stumm und intensiv mit einem großen Besen aus, für den zweiten Teil findet vielleicht mit vielen Worten ein Drama um einen zerbrochenen Stiel (vom Spielzeug oder Löffel oder sonst etwas) statt. Der Phantasie sind keine Grenzen gesetzt.

Später kann man den zu erratenden Satz zerlegen, stellt also »Morgenstund«, »hat Gold« und »im Mund« in drei Szenen dar. Ganz geübte Scharadenspieler zerlegen Wörter in verfremdete Teile: Aus »Briefmarkensammler« werden die drei Szenen »Brief«, »Mark« und »Sammler«. Oder aus »Resignation« wird »Reh«, »Sieg« und »Nation«. Oder umgekehrt: Aus beispielsweise »Denkmal« wird »denk mal!«

Scharaden machen besonders viel Spaß, wenn man sich dabei mit alten Sachen aus der Plunderkiste verkleiden kann!

Diese kurze Aufzählung hat sicher eine Reihe von Erinnerungen an andere oder ähnliche Spiele geweckt, die pädagogisch genauso wertvoll sind – man hat sich das früher nur noch nicht so klar gemacht.

Sicher wissen Sie noch, wie man »Drei Fragen hinter der Tür« spielt. Vielleicht fallen dem Großvater ein paar Schreibspiele oder Domino-Variationen ein, am Ende kann er etwas zaubern und weiß ein paar Kartentricks oder Streichholzaufgaben. Es gibt eine Reihe von Spielbüchern, die wahre Fundgruben sind, und außerdem gibt es neue Spiele, die so viel Spaß machen, daß man sie neben Mühle und Halma stellen kann.

Scrabble und Lingua sind gute Wortspiele, die Sie kaufen können.

Bei der Auswahl und beim Kauf von neuen Spielen sollte man immer folgendes berücksichtigen:

Gut sind alle Gesellschaftsspiele, die eine Fähigkeit oder die Phantasie des Kindes schulen, Spiele, die ihm bei seinem Sozialisationsprozeß helfen, die ihm Spaß machen und die Chance geben, sich über eine gelungene Lösung zu freuen.

Schlecht sind alle Spiele, die nur auf dem Glück basieren, die den allgemeinen Egoismus, die Gewinnsucht und damit die Vereinzelung fördern.

»Mensch ärgere dich nicht« ist in diesem Sinne ebenso wie »Monopoly« und viele andere Würfelspiele kein so gutes Spiel wie ein Quartett, bei dem es auf das Kombinieren und Aufpassen ankommt, oder »Memory«, in dem Auge, Gedächtnis und Geistesgegenwart herausgefordert werden.

Scherzspiele, Scherzfragen und Rätsel

Scherzspiele und kleine Tricks sind beim Kind besonders deshalb beliebt, weil es sie selber seinen Freunden oder seiner Kindergruppe vorführen und damit Erfolg haben kann, nachdem sie ihm gezeigt worden sind.

Lirum Larum Löffelstiel

Die Großmutter nimmt den Bleistift in die rechte Hand, fährt damit einmal geheimnisvoll in der Luft herum und spricht dabei: »Lirum Larum Löffelstiel, kleine Kinder fragen viel.« Dann nimmt sie den Bleistift in die linke Hand und wendet sich an das Kind. Sie sagt dabei: »So, gib ihn weiter, aber mach es genauso, wie ich es gemacht habe.«

Das Kind wird gewiß eine Zeitlang brauchen, bis es darauf kommt, daß die Großmutter den Bleistift von der rechten in die linke Hand genommen hat, eh sie ihn weitergegeben hat.

Ein Spiel, das das Kind sehr gut beim nächsten Kindergeburtstag oder morgen im Sandkasten oder beim nächsten Besuch bei anderen Kindern weitergeben kann.

Die Zauberjacke

Der Großvater sagt zum Kind: »Ich wette, du kannst dir nicht allein deine Jacke ausziehen.«

Natürlich ist das Kind entweder empört, oder es lacht, aber der Großvater hat die Wette trotzdem gewonnen, denn im gleichen Moment, in dem das Kind die Jacke auszieht, zieht der Großvater seine Jacke auch aus.

Ebenfalls ein Spiel, mit dem das Kind viel Spaß und Gelächter erregen kann, wenn es den Jackenzauber in seine Kindergruppe weiterträgt. Man kann statt der Jacke auch die Schuhe, den Pullover oder den Mantel als Zaubergegenstand benutzen.

Durch eine Postkarte kriechen

Die Großmutter fragt das Kind: »Kannst du durch eine Postkarte kriechen?«

Vielleicht wird das Kind versuchen, die Aufgabe zu lösen. Zum Schluß erklären Sie den Trick: Man faltet eine Postkarte einmal der Länge nach, schneidet die gefaltete Karte so, wie es auf der Zeichnung zu sehen ist, muß aber darauf achten, daß der erste und der letzte Schnitt vom Bruch aus zum Rand gehen. Dann schneidet man den Falz durch, läßt aber die äußeren Ränder heil. Jetzt kann man die ganze Geschichte wie eine Girlande auseinanderziehen, und das Kind kann durch die entstandene große Schlaufe hindurchklettern.

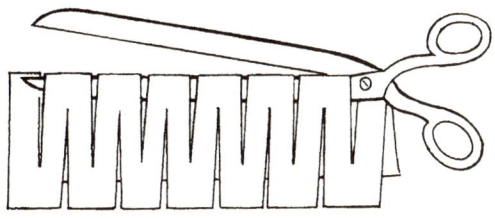

Scherzfragen

Den meisten Kindern gefallen Rätsel und Scherzfragen. Kinder denken noch sehr direkt, so daß ihnen manche der Lösungen selbstverständlich erscheinen, selbstverständlicher als den Erwachsenen.

Außerdem sprechen die Rätsel ihre bildhafte Phantasie an, weisen sie auf die Gesetzmäßigkeiten von Jahres- und Tageszeiten hin, besitzen Humor und jene Schalkhaftigkeit, die Kinder gut verstehen, weil sie sie oft selber anwenden, um hinter Unverständliches in der noch unerklärlichen Erwachsenenwelt zu kommen.

Zur Erinnerung ein paar Scherzfragen, die sicher bald an die Großeltern zurück gerichtet werden, die die Kinder in der Nachbarschaft vielleicht noch nicht kennen und die die eigene Mutter bestimmt schon längst wieder vergessen hat: Ein Kind kann also darauf vertrauen, daß es auch mit diesen Scherzfragen Erfolg hat.

F.: Welcher Lehrer gibt die meisten Noten?
A.: Der Musiklehrer.

F.: Ein Archäologe behauptet, eine Münze mit dem Prägedatum 16 v. Chr. gefunden zu haben. Glaubst du ihm?
A.: Nein, denn man konnte nicht wissen, daß Christus 16 Jahre später geboren werden würde.

F.: In welchem Fall ist $2 \times 2 = 6$?
A.: In keinem Fall.

F.: Was kann man von einem Dreieck alles verwenden?
A.: Das Ei, der Rest ist Dreck.

F.: Wie oft kann man von der Zahl 12 die Zahl 2 abziehen?
A.: Einmal, sonst zieht man sie von der Zahl 10 ab.

F.: Was kann jemand tun, der mit seinem Latein am Ende ist?
A.: Griechisch lernen.

F.: Was ist drei hoch eins?
A.: Ein Hund, der pinkelt.

F.: Was kann man mit 1000 Nullen machen?
A.: 500 Toilettentüren beschriften.

F.: Wo wird heute noch ein Kaiser gekrönt?
A.: Auf dem Kopf.

F.: Wen kann die Sonne nicht bescheinen?
A.: Den Schatten.

F.: Wenn auf einer Bank zehn Reiche sitzen, wieviel Arme haben dann darauf Platz?
A.: Zwanzig, denn jeder Reiche hat zwei Arme.

F.: Wer eilt im schnellen Lauf und bleibt doch stets im Bett?
A.: Der Fluß.

F.: Auf welche Frage kannst du nicht mit Ja antworten?
A.: »Schläfst du schon?«

F.: Welches Licht brennt länger, ein Wachslicht oder ein Stearinlicht?
A.: Keines – alle beide brennen kürzer.

F.: Wohin gehst du, wenn du elf Jahre alt geworden bist?
A.: Ins zwölfte Lebensjahr.

Rätsel

Rätsel werden aus vielen Gründen immer wieder überliefert. Manche von ihnen sind so klar als Frage gestellt, daß ein Kind sie erraten kann – vielleicht mit einem fast unmerklichen Hinweis der Großmutter, der dem Kind jedoch nicht die Freude des Selberdraufkommens nehmen darf. Andere Rätsel regen dazu an, ähnliche Sätze zu formulieren, in denen alles ganz offen ausgesprochen wird und trotzdem ein Geheimnis bleibt. Andere können sich mit unseren schönsten Gedichten messen und lernen sich fast von selber auswendig. Gründe genug, sich von Zeit zu Zeit ein Rätsel aufzugeben. Ein paar Beispiele:

Fliegt ein Vogel federlos
auf einen Baum blattlos.
Kommt die Frau mundlos
und frißt den Vogel federlos.

(Schnee und Sonne)

Der arme Tropf
hat einen Hut und keinen Kopf
und hat dazu ein einziges Bein
und keinen Schuh.

(Der Pilz)

Er geht umher im ganzen Land,
klopft überall an Tür und Tor,
doch hat er weder Fuß noch Hand.
Wer ist es? Sag mir's leis ins Ohr.

(Der Wind)

Ein stählernes Pferdchen,
ein flächsernes Schwänzchen,
je länger springt das Pferdchen,
je kürzer wird das Schwänzchen.

(Nähnadel und Faden)

Was ist das?
Wenn's regnet, ist es naß.
Wenn's schneit, ist es weiß,
wenn's friert, ist es Eis.

(Das Wasser)

Wenn du mich siehst,
so siehst du mich nicht.
Siehst du mich nicht,
so siehst du mich.

(Die Dunkelheit)

Loch an Loch
und hält doch.

(Das Netz und das Sieb)

Ich werde gestern sein,
und morgen bin ich gewesen.

(Heute)

Bin ich davor, dann bin ich drin.
Bin ich drin, dann bin ich davor.

(Der Spiegel)

Ich trage Lasten über die Seen,
vereine die Klüfte steiler Höhen
und bleibe dennoch stets stille stehen.

(Die Brücke)

Eines Vaters Kind,
einer Mutter Kind,
und doch keines Menschen Sohn.

(Die Tochter)

Zwei Väter und zwei Söhne
schossen drei Hasen schöne;
ein jeder hat einen ganzen
gesteckt in seinen Ranzen.

(Großvater, Vater und Enkel)

Wer ist das:
Deiner Eltern Kind und doch nicht deine
Schwester oder dein Bruder?

(Du selbst)

Du siehst es stets bei Sonnenschein,
am Mittag ist es kurz und klein
und wächst bei Sonnenuntergang
und wird dann wie ein Baum so lang.

(Der Schatten)

73

Ich habe zwei Flügel und kann nicht fliegen,
ich hab einen Rücken und kann nicht liegen.
Ich habe ein Bein und kann nicht stehen,
ich kann laufen und kann doch nicht gehen.

(Die Nase)

Je mehr man davon nimmt, desto größer wird's.
Je mehr man dazutut, desto kleiner wird's.

(Das Loch)

Ich bin am dunkelsten, wenn es am hellsten ist,
am wärmsten, wenn es am kältesten ist,
am kältesten, wenn es am wärmsten ist.

(Der Keller)

Ich bin nicht, ich war nicht, ich werde nicht sein.
Du meinst gar, ich scherze, ich sage dir, nein.
Ich stehe ja sichtbar vor deinem Gesicht,
und kannst du mich raten, so nennst du mich
nicht.

(nicht)

Falten und Kleben mit Papier

Spiele für schlechtes Wetter, Langeweile und bei Krankheit,
Spiele für eine größere Gruppe von Kindern, die sich zum
Beispiel eine ganze Stadt auf Papier falten und kleben. Spiele
für die Zeit vor Ostern oder vor Weihnachten, weil man mit
diesen Bastelaufgaben Fähigkeiten erlernt, die man dann gut
gebrauchen kann. Man kann Schachteln und Kästen kleben,
um Geschenke darin zu verpacken, diesmal nicht aus dünnem
Papier, sondern aus bunter Pappe oder aus Folie. Man kann
Weihnachtsschmuck basteln, Figurenketten und Sterne, man
kann die Weihnachtsbriefe an die Familie mit ausgeschnitte-

nen Sternen oder mit Buntpapierketten bekleben, was besonders hübsch aussieht, wenn man Glanzpapier oder Folie verwendet.

Ringelkette

Das ist etwas ganz Einfaches, wobei ein Kind schneiden üben kann und wobei es nicht so sehr darauf ankommt, ob diese Schnitte wirklich schön parallel und gerade sind. Kleine Kinder können noch keine gezielten präzisen Schnitte mit der Schere ausführen, können aber sehr wohl einen langen Papierstreifen in kurze und möglichst gleich lange Streifen zerschneiden. Am besten geben Sie ihm ein Muster, das es sich auf dem Tisch oder auf dem Fußboden hinlegen kann, und zeigen ihm, wie man an diesem Muster die Länge der anderen Papierstreifen messen kann. Man nimmt buntes Papier oder Blätter aus Zeitschriften, die beidseitig bunt bedruckt sind. Wenn man so ein Blatt in etwa daumendicke Streifen schneidet, ist die Wirkung kunterbunt.

Das Kind klebt aus dem ersten Streifen einen Kringel. Hält er nicht? Dann klemmt es die Klebestelle mit einer Plastikbüroklammer zusammen. Sie wird wieder abgezogen, wenn die ganze Kette fertig ist.

Durch den ersten Kringel wird der nächste Streifen gezogen und auch zum Kreis geschlossen. So geht es weiter, bis die Kette lang genug ist.

Aus ihr kann man folgendes machen: Schmuck für das Kinderzimmer, eine Girlande für einen Geburtstag, eine Girlande für den Balkon, eine Kette für den Weihnachtsbaum oder ein Mitbringsel zur Faschingseinladung.

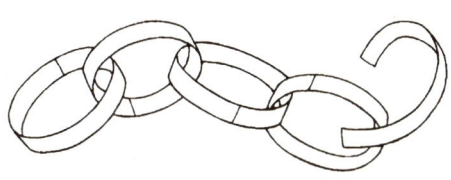

Faltspiele

Sie sollten mit ganz einfachen Themen beginnen, damit das Kind Fingerfertigkeit und Technik schrittweise üben kann.

Zuerst läßt man es einen DIN-A4-Bogen (Schreibmaschinenpapier) einmal in der Mitte falten. Das Kind schiebt drei oder vier gefaltete Bögen zusammen und hat ein Buch. Mit Perlgarn zweimal durch den Falz stechen und außen zuknoten: Das Buch ist geheftet.

In dieses Buch kann das Kind malen oder ausgeschnittene Bilder oder Fotos von der Familie, vom Haus und von seinen Freunden kleben.

Das ist übrigens auch ein gutes Weihnachtsgeschenk für entfernt wohnende Familienmitglieder.

Braucht das Kind Tüten für seinen Kaufmannsladen? Es schneidet sich aus Zeitungsbögen oder Papiertragetaschen Quadrate, faltet sie einmal diagonal und faltet oder klebt eine der offenen Seiten zu. Die fertigen Tüten kann es bemalen.

Muß ein Brief geschrieben werden? Oder eine Einladung verschickt? Dann faltet man den beschriebenen Bogen – Text oder Bild nach innen – zweimal der Länge nach, so daß ein langer Streifen entsteht. Dann faltet man jeweils ein Drittel des Streifens von außen nach innen, schiebt ein Ende ins andere und hat einen Brief, der sich selbst verschlossen hält. Man kann ihn aber auch mit einer bunten Verschlußmarke zukleben.

Figurenketten

Sie entstehen aus einem langen Papierstreifen, der erst wie eine Ziehharmonika gefaltet und dann mit einer halben Figur bemalt wird, wie man das auf der Abbildung sieht. Schneidet man die Figur aus und zieht die Falten auseinander, so hat man eine lange Kette von Leuten oder Tieren, die sich an der Hand halten.

Das Kind muß schon etwas geschickt im Entwerfen und Ausschneiden sein, wenn es Männer-, Kinder- oder Katzenketten schneidet. Man sollte mit nicht zu schmalen Streifen mit ganz einfachen Motiven beginnen: Sternenketten, Ballketten, Kringelketten, Bäume, Zäune, Dreiecke usw.

Die Ketten können nur aus Spaß und Lust am Schneide-Abenteuer gemacht werden. Sie sind jedoch auch verwendbar als Schmuckleiste an Türen, auf Briefbögen, Kästen und Schachteln, als Christbaumschmuck und Küchendekorationen.

Häuserketten

Die Häuserketten entstehen nach dem gleichen Prinzip, sind jedoch noch viel einfacher und erlauben, ganze bunte Straßenzüge aufzubauen, in denen man kleine Autos fahren lassen, Bäumchen und Figuren, einen Tierpark usw. arrangieren kann. Das Schneiden und Bemalen mit Fenstern, Türen, Dächern ist um so einfacher, je breiter man den Papierstreifen macht; etwas festeres Papier ist dann jedoch vorzuziehen.

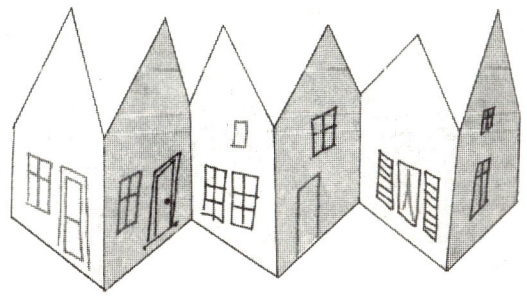

Papierhelm und Schiffchen

Vielleicht haben Sie noch nicht verlernt, beides zu falten. Dann nur zur Erinnerung: Eine Zeitungsseite rechteckig schneiden und zusammenfalten. Von beiden Seiten die Ecken der Falzseite so umklappen, daß sie sich in der Mitte berühren und daß unten noch Rand frei ist. Er wird auf jeder Seite nach oben gebogen, und die Ecken werden umgebogen oder festgeklebt. Fertig ist der Helm.

Aus dem Helm entsteht ein Schiff, indem man den Helm vor dem Umbiegen des Randes so zusammenlegt, daß Ecke auf Ecke zu liegen kommt und ein Quadrat entsteht. Ecken hochklappen, so daß sich ein Dreieck bildet. Dieses wie vorhin aufplustern und so knicken, daß die Ecken des Dreiecks aufeinanderliegen. Das ergibt wieder ein Quadrat. Nun zieht man oben die beiden Spitzen auseinander – das Schiff ist fertig.

Der Würfel

Zeichnen Sie sechs aneinanderhängende Quadrate als Grundflächen eines Würfels auf ein Stück Papier, so daß sie zu einem Würfel zusammengefügt werden könnten. Es gibt verschiedene Möglichkeiten, und wenn das Kind Spaß an diesen geometrischen Formen gewinnt, sollten Sie verschiedene Kombinationen für die sechs Quadrate ausdenken und aufzeichnen und das Kind raten oder schätzen lassen, ob sich dieses Gebilde zu einem Würfel falten läßt oder nicht. Das übt das räumliche Vorstellungsvermögen und die Logik. Den Würfel kann man zu folgendem verwenden: ein großer Pappwürfel mit Punkten, mit dem das Kind spielen kann. Ein aus sechs gleich groß geschnittenen Quadraten genähter Stoffwürfel aus Filz oder anderem festen Stoff, den man über passenden Schaumgummi oder Styropor zieht oder klebt und als Sitzgelegenheit benutzt. Schachteln mit Deckel für den Eigengebrauch oder als Geschenkkarton. Grundformen für Papphäuser.

Zelt und Pyramide

Sie beruhen genau wie der Würfel auf Grundflächen, in diesem Fall sind es Dreiecke mit gleichen Seitenlängen.

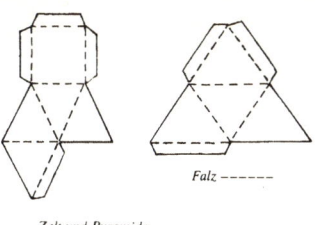

Falz ------

Zelt und Pyramide

Falttiere und andere Figuren

Sie entstehen auf einfachste Art je nach Größe aus etwas festerem Papier oder leichtem Karton, den man einmal scharf knifft, so daß er steht. Einfache Tierformen, Bäume, Zäune lassen sich dann ausschneiden, wie aus den Zeichnungen ersichtlich, und lustig bemalen oder bekleben: zum Beispiel mit Buntpapier, Wollfäden, Watte, Osterstroh.

Fächer und Pritsche

Ein längerer Papierstreifen gleichmäßig zur Harmonika gefalzt, wird zum Fächer. Zur Pritsche stärkeres Papier nehmen, einige Pappstreifen mit einkleben, damit sie knallt, und den Griff mit buntem Klebeband umwickeln.

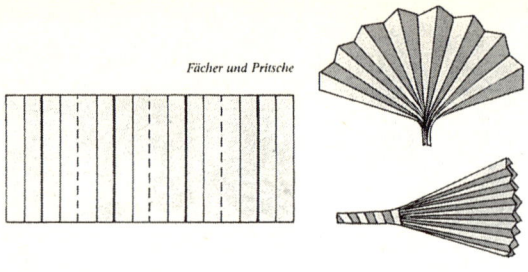

Fächer und Pritsche

Windmühle

Steifes Papierquadrat an den Ecken diagonal einschneiden, halbierte Ecken Punkt auf Punkt zur Mitte biegen und die Mühle mit Stecknadeln oder Nagel auf einen Stock pieksen. Zum besseren Funktionieren: Pappscheibchen oder Perlen dazwischen.

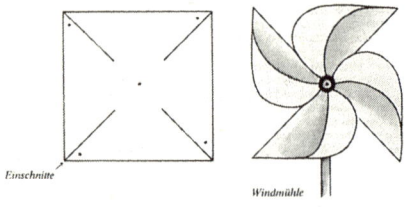

Einschnitte

Windmühle

Das Haus

Hier ist eine Grundform für Häuser, abzuwandeln für Hochhäuser, Kirchen, Schulen, Supermärkte usw.

Ein Papphaus kann mit Plätzchen und Zuckerguß beklebt zum Pfefferkuchenhaus werden. Ein Haus mit 24 Fenstern wird zum Adventshaus. Es kann – Schmalseite als Öffnung nicht zukleben – ein besonders schöner Geschenkkarton sein. Und vielleicht ist ein Papierhaus das Modell für ein Puppenhaus, das der Großvater und die Großmutter mit dem Kind zusammen sägen, anmalen und einrichten.

80

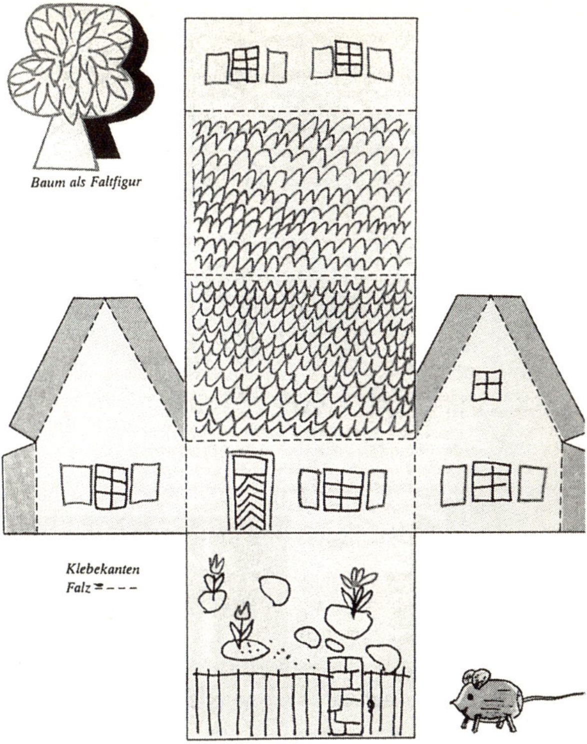

Baum als Faltfigur

Klebekanten
Falz = – – –

81

Man kann eine ganze Stadt bauen, kann aber dazu noch die verschiedensten anderen Materialien verwenden: Kartons, Streichholzschachteln, leere Blechdosen (ergeben erstklassige Silos), grünen Filz für Rasenflächen, Aluminiumfolie für Flüsse und Teiche, Dachpappenreste für Schulhöfe, kleine Zweige, Kiefernzapfen, Streichhölzer, Draht für Bäume, Sträucher und Zäune mit Knete als Sockel.

Zum Schluß hat man eine Landschaft, in der man Traumstädte konstruieren, Verkehrsregeln üben, Schulwege einstudieren, ganze Theaterstücke aufführen und zoologische Gärten einrichten kann.

Und der Stadtbau ist eine gute Gelegenheit für Gemeinschaftsarbeiten und kooperatives Verhalten.

Sterne

Man kann sie nach den unterschiedlichsten Methoden falten und ausschneiden.

Stern 1 ist nur eindimensional. Wenn er aus fester Goldfolie oder bunter Folie ausgeschnitten wird, schimmert er ganz prachtvoll. Der Vorteil: Das Kind lernt, daß sich komplizierte Figuren wie ein sechszackiger Stern aus der Summe ganz einfacher Formen entwickeln lassen.

Stern 2 besteht aus zwei Sternen aus fester Folie, in der Mitte durch eine Klammer zusammengehalten. Der Vorteil: Man kann die Zacken biegen, so daß der Stern dreidimensional erscheint. Auch hier ergeben einfache Grundformen eine große Wirkung.

Stern 3 besteht, wenn er fertig ist, aus mehreren Faltlagen, was ihm mehr Kraft zum Funkeln gibt. Man kann diesen Stern dadurch noch schöner gestalten, daß man einen zweiten Stern mit der glatten Rückseite daranlegt und beide Sterne mit einer Klammer verbindet. Aufhängefäden werden immer durch diese Klammer gezogen.

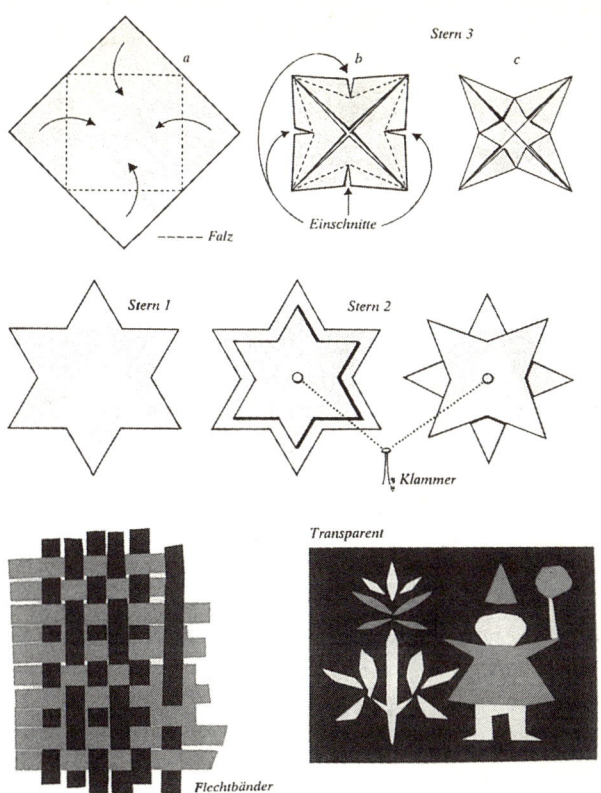

Stern 3

a

----- Falz

b

Einschnitte

c

Stern 1

Stern 2

Klammer

Flechtbänder

Transparent

83

Flechtbänder

Dabei fällt der Großmutter sicher wieder ein, wie gern sie selber früher mit schmalen, bunten Papierstreifen geflochten hat. Die Flechtbänder kann man sich selbst herstellen, indem man mit einer langen Papierschere bunte Zeitschriftenbilder in Streifen schneidet. Es sieht besonders wirkungsvoll aus, wenn man diese mit einfarbigen Streifen verarbeitet. Papiergeflechte ergeben schöne Bilder. Man kann sie aber auch praktisch verwenden: Man klebt sie auf Notiz- oder Anschreibbücher, gibt dem Tefonbuch ein etwas freundlicheres Gesicht, legt das Geflecht zwischen zwei gleich große Glasscheiben, faßt diese mit Klebeband ein und hat Untersetzer.

Transparente

Farbige oder schwarze Pappe oder fester Karton: das braucht man für Transparente. Dabei werden ausgeschnittene Formen mit farbigem Transparent- oder Seidenpapier hinterklebt. Kinder brauchen noch gar keine große Kunst dabei zu entwickeln. Wenn ihre ausgeschnittenen Löcher auch krumm und schief werden: durch das Seidenpapier wirkt das Ergebnis immer ein wenig wie ein kostbares Glasfenster.

Spiele, die nichts kosten

sind gerade jene, die im Kindergarten eine große Rolle spielen. Es sind Spiele mit alltäglichem Material, die das Kind davor bewahren sollen, schnell und gedankenlos über alles hinwegzuleben.

Als Spiel werden in diesem Sinne alle Tätigkeiten bezeichnet, an denen das Kind im Lauf des Alltags teilnehmen kann und bei denen es etwas lernt. Dazu gehören alle Tätigkeiten in der Küche.

Da erlebt das Kind zum Beispiel am Wasser, das fürs Nudelkochen auf den Herd gestellt worden ist, wie es allmählich ins Sprudeln, also zum Kochen kommt und sich in Dampf verwandelt. Das ist der Übergang von einem Aggregatzustand in den anderen (einer Erscheinungsform in die andere). Die Flüssigkeit wird gasförmig, in diesem Fall zu Wasserdampf. Schlägt sich dieser Dampf am Fenster nieder, so kann das Kind verfolgen, wie dieser wieder zu Wasser wird. Und wenn niemand das Wasser vom Fenster reibt, so ist es nach einiger Zeit verschwunden, verdunstet, abermals flüchtig und unsichtbar geworden. Wenn sich der Großvater abends für seinen Whisky oder Wermut einen Eiswürfel aus dem Kühlschrank holt, erlebt das Kind Wasser in seiner dritten Form, als festen Körper, und kann abermals verfolgen, wie rasch es auch im Getränk diese Form aufgibt und wieder flüssig wird.

Physikalische oder chemische Vorgänge dieser Art machen unser Kochen und Essen aus.

Ähnliche Veränderungen an Dingen lassen sich verfolgen, wenn man beobachtet, wie Farbe trocknet. Wie Druckfarbe vom Stempelkissen auf den Stempel wandert und von dort auf ein Stück Papier. Wie sich Papier verändert, wenn es verbrennt. Wie ein Magnet Nadeln und Nägel anzieht und deshalb als Zaubermittel benutzt werden kann, mit dem man sie scheinbar von allein über ein Stück Pappe wandern lassen kann, während man sie unter der Pappe heimlich mit dem Magneten dirigiert. Wie das durchsichtige Eiweiß im heißen Fett weiß wird. Wie es durch die Quirlumdrehung zu Schnee und um ein Vielfaches umfangreicher wird. Wie ein Löschblatt die Tinte aufsaugt. Wie Messing und Silber blank werden, wenn man sie putzt – all das sind für den Erwachsenen Selbstverständlichkeiten, er nimmt sie schon gar nicht mehr wahr.

Sie können neu von ihm entdeckt werden in ihrer Wichtigkeit für das Kind, indem er sich bei manchen seiner Tätigkeiten überlegt, wie sie auf ein Kind wirken und welchen Neuigkeitswert diese Tätigkeiten und ihre Folgen besitzen. Noch ist der Erwachsene derjenige, der mehr weiß und kann. Er sollte sich das Vergnügen nicht nehmen lassen, dem Kind zu erklären, was er zu erklären vermag.

Und wenn er nicht weiter weiß, gibt es Bücher, in denen man nachschlagen, und andere Menschen, die man fragen kann. Dadurch lernt das Kind etwas sehr Wichtiges, nämlich: diese Möglichkeiten der Information ganz selbstverständlich zu benutzen. Es wird außerdem darauf vorbereitet, daß der Wissensstoff heute in einem solchen Maße und einer solchen Geschwindigkeit wächst, daß Begriffe wie »abgeschlossene Ausbildung« oder »Allgemeinwissen« illusorisch oder ein Selbstbetrug sind.

Informations- und Bildungsbereitschaft, Offenheit für alle wichtigen Fragen und Probleme – darum geht es und um die Möglichkeiten, die Zugänge zu diesen sich ständig verändernden und vermehrenden Informationen zu finden. Bei allen Erklärungen sollte der Erwachsene auch berücksichten, daß das Kind oft noch nicht weiß, wie und wonach es fragen soll. Es fragt oft nur nach einem Detail, meint aber die ganze Sache. Es will nicht nur wissen: Warum ist das so?, sondern auch: Ist das immer so? Auch bei anderen Dingen? Wo gibt es Unterschiede? Was hab ich davon?

Keinen Pfennig braucht man auch für alle Spiele mit Naturmaterialien auszugeben. Sammeln Sie an schönen Herbstnachmittagen Eicheln oder Kastanien, buntes Herbstlaub und saubere Stecken und basteln Sie daraus Tiere und Ketten.

Besonders beliebt bei Kindern, die bereits einen Kaufmannsladen besitzen: Gratisproben jeglicher Art. An ihnen kann ein Kind auch Mengen und Materialunterschiede kennenlernen.

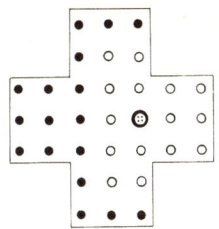

Drei Brettspiele

Drei Brettspiele, deren Plan man sich mit Kreide auf den Balkonfußboden, mit einem Stock in den Sand oder auf die Erde, mit Filzstiften auf ein Stück Pappe malen kann, sind Fuchs und Hendl (es wird in manchen Gegenden auch Fuchs und Schafe genannt), Hai und Hering (das manchmal als Wolf und Schafe bekannt ist) und das Springspiel.

Als Steine können Halmasteine, Knöpfe oder Kieselsteine verwendet werden. Wenn sie sich nicht von allein farblich unterscheiden, malt man den Hai, Fuchs oder Wolf mit Nagellack oder zum Beispiel Plakatfarbe knallrot oder gelb an.

Wolf und Schafe

Ein Spiel für zwei Personen, von denen der eine die 17 Schafe, der anderen den Wolf führt.

Die Schafe gewinnen, wenn sie den Wolf so eingekreist haben, daß er sich nicht mehr rühren kann.

Der Wolf gewinnt, wenn er alle Schafe geraubt hat.

Die Schafe dürfen nur ziehen, seitlich oder nach vorn, aber nicht zurück.

Der Wolf versucht, die Schafe zu fressen, indem er sie überspringt. Er darf immer nur ein einziges Schaf fressen.

Springspiel (Solitaire)

Dazu braucht man 22 Steine, die man entsprechend dem obigen Spielplan aufstellt. Ein Platz bleibt frei: Meist läßt man die Mitte frei. Man kann aber auch eine beliebige andere Stelle wählen. Nun beginnt der Spieler zu springen. Jeder übersprungene Stein wird vom Feld genommen. Das Springspiel ist gelöst, wenn nur ein einziger Stein übrig bleibt.

Das ist ein Einsiedlerspiel mit verschiedenen Lösungen, die man aber glücklicherweise immer wieder vergißt.

Fuchs und Hendl

Das Spiel wird zu zweit gespielt. Einer führt die 20 Hühner, der andere die beiden Füchse. Aufstellung siehe Zeichnung.

Die Hühner gewinnen, wenn 9 von ihnen im Fuchsbau sind oder wenn sie die Füchse so umzingelt haben, daß diese sich nicht mehr bewegen können.

Die Füchse gewinnen, wenn weniger als 9 Hühner übrig sind. Die Hühner dürfen nur entweichen, nicht aber aufflattern und springen. Sie dürfen also nur nach vorn und diagonal ziehen, aber nie zurück.

Die Füchse besitzen die Freiheit, vor- und rückwärts zu springen, immer auf den Strichen, also gerade ebensogut wie diagonal. Ein Fuchs hat ein Huhn gefangen, wenn er drüberspringt. Ein Fuchs kann mit einem Zug im Kettensprung mehrere Hühner fangen.

Falls ein Fuchs eine Sprung- und Fangchance übersieht, dürfen die Hühner den Fuchs nehmen.

Mosaik aus Kieseln und Steinen

Wenn man schon begonnen hat, für diese Spiele bunte Kiesel zu sammeln, werden entweder die Großmutter oder das Kind auf die Idee kommen, daß man mit allerlei Steinen großartige Mosaiken legen und auch – in Gips, der sehr billig ist – kleben kann.

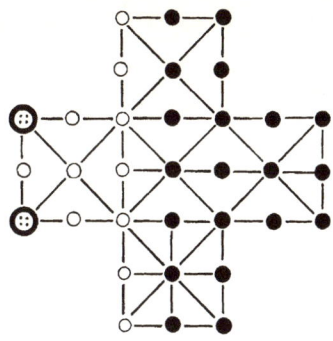

Knöpfe und Stoffreste

Damit kann man Kaufmann spielen. Man kann damit Bilder kleben. Später entwickelt sich das zu Applikationen, die sehr dekorativ sein können und als Wandbild das Kinderzimmer, den Flur oder die Küche schmücken, oder man macht aus der Applikation ein Kissen. Einen Puppenmantel. Einen Vorhang für das Kasperltheater (plus Kulissen! Sehr dauerhaft!), einen Vorhang für ein Bord oder ein kleines Fenster. Einen Teppich vorm Bett. Eine Weste oder ein Bolero. Ein Lesezeichen (ohne Knöpfe!). Wenn das Kind Zauberkunststücke kann: einen Mantel für den Auftritt. Und so weiter.

Aus Stoffresten kann man natürlich auch ganz simpel Kleider für den Teddybären oder die Puppe nähen. Oder man kann das Puppenhaus mit schimmernden Seidenstoffen tapezieren. Oder man klebt sich daraus ein Farbbilderbuch: ein grüner Teil, ein gelber Teil, ein blauer Teil, ein roter. Reichen die eigenen Flicken nicht aus? Vielleicht wohnt eine Schneiderin in der Nähe, die von Zeit zu Zeit ihre Stoffmusterbücher aussortiert. Oder ein Einrichtungsgeschäft räumt Gardinenmuster aus.

Knopfspiele

Manche Großmütter verfügen über sehenswerte Knopfsamm-
lungen. Da braucht man nur die großen und gefahrlosen (keine
scharfe Kante, nichts, was man leicht in Nase oder Ohr stopfen
könnte, und so weiter) und möglichst bunten oder aus den verschiedensten Werkstoffen hergestellten Knöpfe herauszusu-
chen und hat für ein Dutzend Knopfspiele das schönste Material. Da manche Knöpfe gar keine, andere zwei und wieder andere vier Löcher haben, kann man auch Mengenspiele mit ihnen spielen.

Man hat außerdem die Gelegenheit, mit Knöpfen aus Holz,
Permutter, Plastik, Leinen oder Metall andere Such-, Farb-
und Kombinationsspiele zu erfinden.

Man kann mit dem Kind ganze Geschichten mit Knöpfen
spielen, indem man einen großen Mantelknopf zum Vater,
einen anderen zur Mutter erklärt oder zu den Figuren der Geschichte, die man gerade vorliest, man kann das Kind selbst
eine Geschichte und seine Knopfhelden erfinden lassen. Man
kann das alles aus reinem Spaß und aus Spielfreude tun, man
kann aber das Kind dazu bringen, auch in diesem Spiel sein
Herz auszuschütten, noch Unsagbares darzustellen und Konflikte aus sich heraus in Geste, Wort und dramatische Handlung zu bringen.

Knopfgemälde entstehen nach Art der Collagen, indem man
möglichst viele Knöpfe verschiedener Größe und Farbe auf
einer stumpfen Unterlage (Filz, Fries oder Wolle) in Muster
oder Figuren legt.

Unterscheidungsspiele entstehen, indem man das Kind alle roten Knöpfe oder alle Knöpfe aus Holz oder alle Knöpfe mit 2
oder 4 Knopflöchern heraussuchen läßt.

Unterscheidungsspiele können sich auch innerhalb einer
Farbe abspielen. So kann dem Kind anhand von Knöpfen klarwerden, wie viele verschiedene Braun- oder Grautöne es gibt.

Mit Knöpfen lassen sich auch Fähigkeit und Sicherheit des Kindes üben, Mengen auf einen Blick zu erkennen.

Man legt zum Beispiel 2 Knöpfe unter jede flache Hand, hebt die Hände und fragt: »Sind das gleich viele?«

Schwerer wird die Frage – und damit gerade richtig für Kinder zwischen vier unf fünf Jahren –, wenn man 3 oder 4 oder 5 Knöpfe verschieden anordnet. Man legt zum Beispiel 3 Knöpfe in eine Reihe und 3 Knöpfe als Dreieck. Oder man arrangiert 5 Knöpfe in eine Reihe oder so, wie sie auf dem Würfel angeordnet sind, oder in 2 Reihen, eine Reihe à 2 Knöpfe und eine Reihe à 3 Knöpfe. Dann läßt man das Kind abermals raten oder sagen, ob sich die Mengen entsprechen. Solche Spiele lassen sich mit Knöpfen ausgezeichnet und aus dem Handgelenk spielen. Man legt zum Beispiel 5 bis 6 verschiedene Knöpfe auf den Tisch und sagt: »Schau sie dir genau an!« Dann muß sich das Kind umdrehen, man nimmt einen beliebigen Knopf fort und fragt: »Fehlt ein Knopf? Welcher?«

Natürlich kann man auch verschiedenfarbige Knöpfe mischen oder kann Murmeln und Steine zu den Knöpfen legen. Oder man spielt das Spiel umgekehrt, legt also einen Knopf zu denen, die sich das Kind merken sollte, und fragt: »Sind es mehr oder weniger?«

Knöpfe kann man auch als Spielgeld benutzen. Man kann sie im Kaufmannsladen verkauten. Man kann sich eine ganze Weste damit benähen (wie die englischen Knopfmänner). Man kann Mosaiken daraus legen oder nähen, dann am besten auf ein festes Stück Stoff. Mit flachen Knöpfen kann man das Froschspiel spielen, bei dem der gewinnt, der alle seine Frösche am ehesten in eine Schale hat springen lassen. Und man kann kleine Knöpfe in leere Walnußhälften legen, klebt eine zweite Walnuß darauf, wobei man ein Band oder einen Wollfaden mit festklebt, und bindet drei oder vier oder noch mehr Klappernüsse zusammen als Rassel oder als Rhythmus-Musikinstrument.

Strickliesel

Wenn dem Kind das gestrickte Spieltier Spaß macht, kann man ihm selbst eine Strickliesel fertigen. Man schlägt dazu 4 bis 6 rundköpfige und sanftkantige Nägelchen um das Loch einer möglichst großen Garnrolle und zeigt dem Kind, wie man mit einer Stopf- oder Häkelnadel Masche über Masche hebt. Zuerst macht es Kindern einfach nur Spaß, endlose bunte und geringelte Stricke zu machen, dann kommt die Frage: Was macht man damit? Sie können vorschlagen: ein Springseil. Dabei muß das Kind allerdings für eine Beschwerung in der Mitte des Seils sorgen, sonst entsteht beim Seilschlagen kein Schwung, alles vertüddelt sich, und das Kind ist enttäuscht. Ausweg: ein paar feste Knoten in den Strickschlauch schlingen. Oder ein paar trockene Erbsen in den Schlauch schieben – aber keine Steine! Das könnte Scherben oder Beulen geben! Man kann auch ein Stück Korken innen oder außen befestigen.

Andere Verwendungszwecke: Ein Zopf aus drei, vier Schläuchen ergibt einen Gürtel. Dazu kann man die Schläuche auch aneinandernähen. Wenn das Kind schon nähen kann oder dabei das Nähen lernt, kann es sich eine Wintermütze aus den Schläuchen nähen. Oder zwei in Form einer Schnecke entstandene Teller aus Schläuchen aneinandernähen: fertig ist die Tasche – mit langer Schlaufe wird sie eine Umhängetasche oder ein Beutel für das Schulfrühstück. Dann näht die Großmutter vielleicht sogar noch einen Reißverschluß ein, damit nichts herausfällt.

Garnrollen, Korken

Das ist ein Bastelmaterial, mit dem man sich endlos und immer wieder beschäftigen kann.

Aus Garnrollen kann man Bausteine machen: einfach bunt lackieren. Sie ergänzen jeden Baukasten mit Holzwürfeln auf das beste und werden als Säulen, Schornsteine, Mauern und Pfosten notwendig gebraucht.

Wenn das Kind genug Garnrollen-Bausteine hat, so werden aus den nächsten Garnrollen Tiere geschaffen. Zwei Garnrollen oder Korken hintereinander auf einen Strick gefädelt: Das ist schon fast ein Hund. Zehn oder zwölf kunterbunt und grauslich bemalte Rollen oder Korken sind eine Schlange oder ein Drachen. Drei oder vier Rollen mit möglichst hohem Rand parallel hintereinander durch Schlaufen verbinden: Das ist eine Egge, ein Gefährt, ein Schwertransporter, und das Kind zieht es genausogern durch Wohnung und Straße wie ein gekauftes Ziehspielzeug für viel Geld.

Mobiles

Kaum jemand kann sich dem Reiz dieser in jedem Lufthauch sich drehenden Gebilde entziehen. Sie sind leichter herzustellen, als man denkt. Dabei kommt es darauf an, daß man an die Enden von Querstangen (aus Stahldraht, Peddigrohr, Plastiktrinkhalmen) mit Fäden Figuren befestigt und dann die Querstangen ihrerseits so mit Fäden aneinanderhängt, daß alles im Gleichgewicht schwebt.

Als Anhängsel eignen sich Basteleien aus Papier, leichtem Karton, Holzspänen, Furnierabfällen, Federn, Filz, Stoff, Stroh, Wolle, Watte usw.: bunte Papierschiffchen oder -vögel zum Beispiel. Oder Sterne aus Stroh, Folie, Buntpapier. Weihnachtskugeln. Ausgeblasene bemalte Eier. Püppchen aus Draht und Kreppapier. Zwerge und Schneewittchen aus Kartonhalbkreisen mit Holzperle als Kopf, Wattebärten, Wollzöpfchen.

Ratsche und Frosch

Eine halbe Walnußschale ist heil geblieben? Dann braucht man nur ein Gummiband und ein Streichholz, um entweder eine Ratsche oder einen Frosch zu machen: Das Gummiband wird der Nußschale um die Mitte gewickelt, möglichst oft, damit das Gummi stramm ist. Dann steckt man das Streichholz durch die Gummiwindungen und wickelt es auf. Schnippt man nun das Hölzchen mit dem Finger hoch, so knallt es durch den Zug der Gummiwindungen schön laut auf die Nußschale. Wie ein Frosch hüpft die Schale, wenn man das Hölzchen um 180 Grad zurückbiegt, es gut am jenseitigen Rand der Nußschale festhält, auf den Tisch oder Boden legt und dann schnell losläßt.

Streichholzschachteln, Kartons, Dosen, Schachteln ...

Aus Streichholzschachteln kann man vieles bauen und kleben, was man braucht: Adventskalender und -ständer, Kommoden für die Puppenstube, Behälter für Reißzwecken, kleine Schrauben, Nägel, Büroklammern, Muttern, Stecknadeln. Meist reicht eine Verschlußklammer für Briefumschläge als »Schubladengriff«, oder man näht einen kleinen Knopf mit einem langen Stiel an die Schmalseite der Kästchen oder klebt einfach eine Holzperle an.

Alle anderen Schachteln, Dosen, Kartons und Wellpappen sind ebenfalls ideales Bau- und Spielmaterial. Nicht nur Häuser für Kinder, Spieltiere und Puppen kann man mit leeren Kartons basteln, kleine Schachteln und Kartons werden wie große Bausteine benutzt. Im Nu ist eine hohe Mauer fertig oder ein ganzes Haus. Große Wellpappen werden zu Dächern.

Aus kleinen Schachteln und Pappen baut man Häuser, Städte, Traumlandschaften, Schiffe, Türme. Man kann die Pappe zusätzlich bemalen oder bekleben, um zum Beispiel Aufdrucke unsichtbar zu machen, die einem nicht gefallen.

Praktisch sind Schachteln und Kartons, die man ineinanderschachteln kann. Das löst nicht nur die Raumfrage, es macht Kindern auch Spaß, eine Art lebensgroßes Materialpuzzle immer wieder anders lösen zu können.

Eierkartons haben eine Form, die die Phantasie sehr herausfordern kann. Die Großmutter muß eigentlich nur vormachen, wie man die Sechserkästen zu lauter Halbkugeln zerteilen kann. Schon können Kinder die Halbkugeln zu hohen Türmen stapeln, kleben die Kugeln hohl gegeneinander zu Pappeiern, können diese Pappeier wiederum zum Bauen verwenden oder mit einem kleinen Ball zum Kegelspiel benutzen. Man kann die Eier auch bemalen – als Köpfe von Handfiguren zum Beispiel.

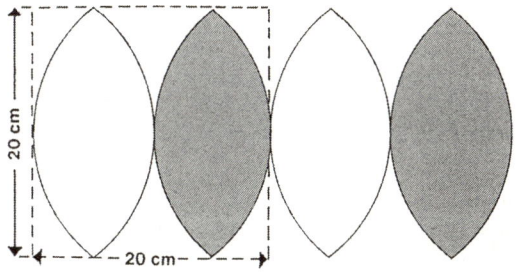

Genähter Ball

Nach obigem Schema aus bunten Stoffresten schnell genäht: der erste Ball fürs Baby oder Kleinkind, weich gefüllt mit Schaumstoff.

Tip: Fertigen Sie sich eine Schablone an, nach der Sie die Figuren ausschneiden können.

95

Genähte Tiere, Puppen, Teddybär

Sie lassen sich meist recht schnell fertigstellen und behalten die Form besonders gut, wenn man sie nicht nur ausstopft, sondern mit einem Stück Schaumgummi füllt, das man ebenfalls in die Grundform des betreffenden Tieres geschnitten hat. Noch einfacher ist das Füllen mit Schaumgummiresten, die man beutelweise im Kaufhaus erstehen kann.

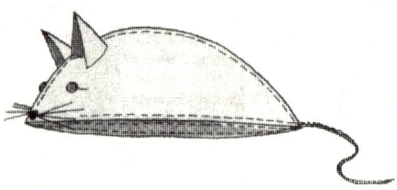

Maus

Das einfachste, auch für Kinder: Aus Filz oder festem Stoff zwei Halbkreise schneiden, in der Rundung aneinanderkleben oder -nähen, einen schmalen, an beiden Enden spitz zugeschnittenen Streifen unten als Bauch einfügen. Mit Watte füllen. Ein Farbtupfer als Schnäuzchen, zwei Stecknadelköpfe als Augen, kleine Dreiecke als Ohren angeklebt, und ein Schwanz aus mit buntem Wollfaden bewickelten Draht machen das Mäuschen fast lebensecht.

Lustige Kissen aus Stoffresten

Schnell genäht und heiß geliebt: mit aufgenähtem, -gesticktem oder -gebügeltem Gesicht und Schlappohren oder Fransenhaaren. Oder mit Katzenkopf und -schwanz.

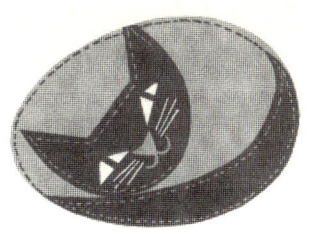

Hampelmann

Hierfür braucht man steifen Karton oder Pappe und nach Belieben Stoffreste, Wolle, Filz, Leder usw. oder auch einfach nur Buntpapier, dazu dünne Schnur und vier Verschlußklammern für die beweglichen Gelenke. Man schneidet die Arme und Beine und den Rumpf mit dem Kopf aus und beklebt sie mit bunten Stoffresten so hübsch wie möglich: kariertes Hemd, gestreifte Hose, rotes Halstuch, Tasche, Haare aus Wolle, Hütchen aus Filz mit Feder, Stiefel aus Lederresten – oder was die Puppenlappenkiste sonst hergeben mag. Das Gesicht kann das Kind selbst bemalen, die Hände antuschen, beim Aussuchen und Kleben helfen. Zum Schluß werden die Klammern an den angezeichneten Punkten durchgesteckt und hinten umgebogen, so daß die Glieder sich bewegen lassen. Auf der Rückseite befestigt man die Schnur, wie es die Abbildung deutlich macht.

Werfpuppe und Strickpuppen

Sehr einfach ist eine Werfpuppe aus Taschentuch oder buntem Lappen: In die Mitte kommt ein dicker Watte-, Schaumgummi- oder Flickenbausch als Kopf, den man mit buntem Perlgarn oder Band abbindet. Die herabhängenden vier Taschentuchzipfel werden, entsprechend abgebunden, zu Armen und Beinen. Das Gesicht kann man mit Filzstift bemalen oder mit

Einfache Strickpuppe

Kopf

Hals

abbinden

Strickpuppe

ein paar Stichen sticken. Dabei fällt Ihnen vielleicht wieder ein, wie man aus einem Taschentuch eine Stoffmaus rollt und wie man die Maus auf die flache Hand legt und mit einem Ruck der Finger scheinbar von selber davonhüpfen läßt. Die Strickpuppe ist schon ein komplizierteres Wesen. Wer zuerst einmal üben will, ob es mit dem Puppenmachen klappt, strickt einfach einen Schlauch aus einfarbiger Wolle oder aus lauter kleinen Wollresten, so daß eine geringelte Angelegenheit entsteht. Glatt rechts gestrickt lassen Gesichter sich besser besticken, ansonsten spielt es keine Rolle, ob man schlicht rechts oder links strickt oder zwei rechts, zwei links. Man strickt oder bindet den Schlauch am einen Ende zu, stopft ihn schön gleichmäßig mit Schaumstoff, Watte oder alten Strümpfen und näht oder strickt das andere Ende zu. Der Rest ist Stickarbeit und Phantasie. Mein erstes Geschöpf sollte eine Katze werden, aber es sah wie ein Nashorn aus und wurde auf jeden Fall heiß geliebt.

Gerät der Schlauch länger, so wird er notwendigerweise eine Schlange oder ein Krokodil oder ein Dackel und dient praktischen Zwecken: als Kissen, als Schal (wenn die Füllung zu dünn geraten ist), als Turban.

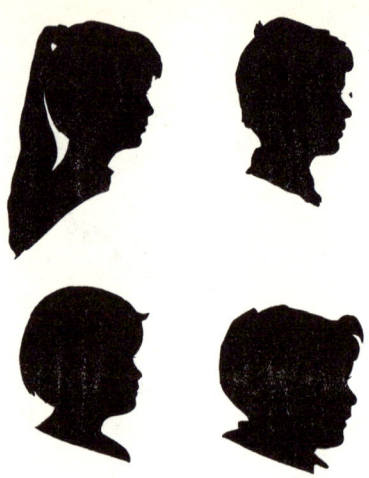

Schattenrisse

Eine für Kinder und Erwachsene seit der Goethezeit vergnügliche Beschäftigung.

Man setzt das Kind im Profil gegen eine Wand, an die man zuvor einen genügend großen Bogen Zeichenpapier geheftet hat.

Das Kind drückt den Kopf fest gegen die Wand (am besten mit einem ganz kleinen Kissen als Unterlage). Eine Handlampe oder auch eine Kerze bringt man etwa in Augenhöhe des Kindes in 80 cm Entfernung an und kann jetzt den Schatten des Köpfchens auf dem Zeichenpapier mit Bleistift nachziehen. Dann tuscht man den Kopf schwarz aus, wobei kleine Ungenauigkeiten geschickt korrigiert werden. Dieses Schattenbild läßt man vom Fotografen verkleinern und erhält so lebensgetreue »Porträts«.

3. Kapitel

Tiere und Pflanzen für Kinder

Kinderarbeit gibt es in den zivilisierten Nationen nicht mehr, und sie sind alle zu Recht stolz darauf.

Es ist jedoch ein großer Unterschied, ob man Ausnutzung meint oder Beschäftigung, denn das ist gerade der Unterschied zwischen Passivität und Aktivität. Es ist gut, daß unsere Kinder davor geschützt sind, von Erwachsenen ausgenutzt zu werden. Aber es ist schlecht, daß viele Großstadtkinder zu einer neuen Passivität verurteilt sind, die schwere Schäden nach sich zieht. Das Nichtstun, die Entfernung von aller Natur bedeuten Verarmung gerade in Entwicklungsphasen, in denen das Kind geradezu nach Tätigkeit und Bestätigung lechzt.

Nun kann man das Spiel nicht so ausweiten, daß es für alles das Ersatz leistet, was heute zu fehlen scheint. Erzieher, die wie Maria Montessori oder Ruth Dirx den Wert der Beschäftigung für Kinder erkannt und in ihre Erziehungsprogramme eingearbeitet haben, werden zudem immer selten bleiben. Man muß also selbst dafür sorgen, daß die Möglichkeiten genutzt werden, die sich auch den Stadtbewohnern bieten.

Tiere sind kein Spielzeug, aber Kinder wünschen sich einen Hund oder eine Katze oft sehnlicher als eine Puppe und eine Modelleisenbahn, weil Tiere lebendig sind und das Kind ganz unwillkürlich im Tier alles das sieht, was seit Urzeiten zum Leben eines Menschen dazugehört. Das Tier ist der Gefährte, ist ein Stück Natur, fordert das Verantwortungsgefühl, aber auch die Zärtlichkeit und Fürsorge heraus.

Großmütter haben alle Debatten um die Bitte »Ach, schenk mir doch einen Hund!« schon einmal durchgefochten und kennen sicher noch alle Argumente. Sie wissen, man kann kaum damit rechnen, daß ein Kind ganz und gar für ein Tier sorgt, auch wenn es das hoch und heilig verspricht. Sie wissen aber auch, daß es für das Kind gut ist, wenn es mit Tieren aufwachsen kann, weil es durch den Umgang mit ihnen sehr viel lernen kann, vor allem, daß jedes Lebewesen seine eigenen Gesetze hat. Auch dieses: daß die Tatsache »ich besitze ein Tier« nicht schon bedeutet, »ich darf alles mit ihm machen«. Daß die verschiedenen Tiere ganz verschieden auf Zuneigung reagieren und daß es gefährlich und töricht ist, tierisches Verhalten vom menschlichen Verhalten her zu beurteilen.

Großmütter wissen: Viel zu viele Tiere leiden darunter, daß ihre Besitzer sie nicht als Tier, sondern als Mensch und Liebesersatz halten. Daß es sie reizt, Tiere so zu beherrschen, wie sie Menschen eben nicht beherrschen können. Alles in allem werden Großmütter eher zögern, als noch einmal zum Beispiel einen Hund in einer Mietwohnung aufwachsen zu lassen, die ihm zu klein ist. Oder einen zu großen in einem Garten mit zu geringem Auslauf zum Dauerbeller werden zu lassen, von Ärgerem ganz zu schweigen.

Wie schön aber für das Enkelkind, wenn es eine Großmutter mit Dackel oder Kater in angemessener Umgebung hat, Tiere also, die freundlich und geduldig genug sind, um die Liebe eines Menschenkindes zu überstehen.

An diesen Tieren kann das Enkelkind lernen, was es bedeutet, ein Geschöpf im Haus zu haben, das gänzlich frei und dennoch vom Menschen abhängig ist. Welche Freude es macht, wenn sich einem der Dackel beim Mittagessen auf die Füße legt, wie man dann sein Fell spürt und mit seiner Körperwärme das ganze grenzenlose Vertrauen. Wie man mit Katzen endlos spielen kann, aber immer aufpassen muß, weil, wie die Erwachsenen sagen, die Katze ernst machen kann. Eigentlich ist es ihr immer ernst. Das spüren Kinder meist ganz genau, und ich kann mich noch lebhaft daran erinnern, wie es mir ganz warm ums Herz wurde, wenn mich die Katze meiner Großtante auf dem Weg zu den Weinbergen oder anderen ihrer Jagdgründe traf, mich gar nicht anschaute, aber einen Bogen schlug und dann neben mir herging, als gehörten wir immer und ewig zusammen. Es war diese Katze, die ihren ersten Wurf mittags in der Küche bekam, mitten im Sonnenschein, während meine Großtante gerade Himbeergelee und eine Suppe aus frischen grünen Bohnen kochte. Sie rief nur: »Bleib ihr vom Leibe! Sie kommt allein zurecht!«

Ich blieb ihr vom Leibe und schaute nur zu, und ein Kätzchen war im Nu trocken und hatte ein Fell wie Samt und Seide.

»Ach«, sagte meine Großtante, »immer vorneweg! Das ist ein Kerl.« Und sie hatte recht.

Ja, es war diese Katze, für die ich das erste Essen meines Lebens kochte – eigentlich war der Brei für die Puppen gedacht, aber die dummen Dinger glotzten nur darüber weg, während die Katze säuberlich alle Teller leer schleckte. Ich mußte sie ihr nur festhalten, und dabei fuhr sie mir mit der rauhen Zunge über die Finger. Was lernt man alles dabei!

Verantwortung und Fürsorge übernehmen lernen

Einen Hund wünschen sich die meisten Kinder am heftigsten. Kinder in der Pubertät brauchen oft geradezu einen Hund, weil sie in dieser Zeit, in der sie oft mit der ganzen Welt und allen Erwachsenen zerfallen und uneins sind, sich verkannt und von Ansprüchen schier erschlagen fühlen. Im Hund aber sehen sie den treuen Gefährten, der unverbrüchlich zu ihnen steht. Ob sie schlecht in der Schule sind, ob sie Pickel bekommen oder ob sie sich unbeliebt glauben: der Hund hält treu zu ihnen. Er hat darüber hinaus noch einen großen Nutzen – auch für die Großeltern. Wenn man einen Hund besitzt, muß man sich mehr bewegen. Man muß morgens mit ihm hinaus, abends noch einmal, muß möglichst lange Spaziergänge mit ihm machen, tollen, um die Wette laufen und rennen. Wie gut, wenn Sie Enkelkinder haben, die Ihnen dieses Laufen abnehmen, das ja nun allmählich zuviel wird. Wie gerne radeln Kinder für den Dackel quer durch die Stadt, um jene bestimmte Fleischmischung zu besorgen, die ein Schlachter extra für Hunde einfriert und verkauft. Wie bringt der Hund selber die Kinder dazu, lieber mit ihm eine Runde zu drehen, meinetwegen per Fahrrad oder auf Rollschuhen, statt sich auf die Couch zu werfen und fernzusehen.

Die Großmutter hat sicher keinen von diesen großen Hunden, die weder eine kleine alte Frau noch ein kleines schwaches Kind an der Leine führen können. Und die Großeltern würden ihren Hund nicht um alles in der Welt am nächsten Parkplatz aussetzen, um unbeschwert mit den Enkelkindern nach Spanien in den Urlaub reisen zu können.

Großmütter wissen, das können Enkel verfolgen, was Verantwortung bedeutet, Verantwortung einem Lebewesen gegenüber. So kann man von Hund und Katze zur Frage des Gewissens kommen, zu Begriffen wie Gut und Böse und wie sich diese beiden zu gut und schlecht verhalten oder zu nützlich und unnütz. Die Erwachsenen, die ja zum Tier im Haus sagen, sollten dem Kind klarmachen, daß man ein Tier nicht wegwerfen oder wegschenken kann, wenn man nach acht Tagen merkt: »So viel Spaß macht es mir doch nicht.«

Es ist gut, wenn das Kind sich nicht nur aus der Vorstellung heraus ein Tier wünscht, sondern wenn es bei anderen Leuten, Nachbarn oder Freunden, hat erleben oder verfolgen können, wie es sich mit einer Schildkröte oder mit einem Schäferhund lebt.

Dann kann man ihm auch leichter erklären, warum es zum Beispiel einem Schäferhund gegenüber nicht fair ist, ihn in eine enge Stadtwohnung zu verpflanzen. Oder warum Schildkröten auf die Dauer langweilig sind. Oder warum Hamster als typische Nachttiere immer schlafen, wenn man sie beobachten und mit ihnen spielen will, während nachts ein wildes Gepolter veranstaltet wird.

Kinder, die auf dem Land und in Straßen mit Gärten aufwachsen, können sich viel eher und ganz andere Tiere wünschen als Großstadtkinder. Aber da gerade diese sich besonders nach Tieren sehnen, sollte man ihrem Wunsch im Rahmen des Möglichen nachzukommen versuchen. Kleintiere wie Goldhamster, Meerschweinchen, Zwergkaninchen sind hier ein freundlicher Kompromiß bei vergleichsweise geringem Aufwand.

Vögel

Am fröhlichsten ist ein Vogel. Er macht auch verhältnismäßig wenig Arbeit. Nun ist es freilich nicht jedermanns Sache, mit einem so offensichtlich gefangenen Tier zusammenzuleben.

Wellensittiche und Kanarienvögel haben jedoch den Vorteil, tagsüber wach und unternehmungslustig zu sein, und wenn man sich voll Geduld mit ihnen beschäftigt, werden sie sehr zahm und lernen, Geräusche von sich zu geben, die für das Kind eine vollkommen verständliche »Sprache« sind.

Ein Vogel sollte auf jeden Fall einen möglichst großen Käfig bekommen, auch wenn große Käfige viel teurer sind als kleine.

Bei der Pflege eines Vogels kann auch schon ein sehr kleines Kind helfen, denn frisches Wasser oder frisches Futter in die Näpfe zu füllen und diese sauberzuhalten ist nicht so schwierig. Bei der Reinigung des Käfigs kann das Kind dann im Rahmen seiner Möglichkeiten allmählich immer mehr eingreifen und helfen.

Sicher macht es dem Kind auch Spaß, den Vogel über das Körnerfutter hinaus mit dem zu versorgen, was er sonst noch braucht: ein Blatt Salat, einen Apfelschnitz, einen kräftigen Ast zum Schnabelwetzen und ähnliches.

Aquarium

Fische sind ebenfalls Tiere, die nicht allzuviel Arbeit machen und sich tagsüber produzieren. Für ein kleines Kind sind sie vielleicht etwas langweilig, weil man ihnen nur beim Schwimmen zuschauen kann. Es ist nicht leicht, einen Goldfisch richtig liebzuhaben.

Andererseits übt das anmutige Hin-und-her-Schwimmen im Wasser auf viele unruhige oder nervöse Kinder eine ausgesprochen beruhigende Wirkung aus.

Terrarium

Terrarien werden ebenfalls gern empfohlen, weil sie lehrreich sind, weil das Kind Tiere beobachten kann, die sonst verborgen oder kaum beachtet in seiner nächsten Umgebung leben, weil Aufbau und Bevölkerung des Terrariums eine gewisse Beschäftigung mit der Zoologie notwendig machen und damit das Kind dazu bringen, sich für etwas zu interessieren und aktiv zu sein.

Das alles setzt freilich ein etwas höheres Alter und ein grundsätzliches naturwissenschaftliches Interesse des Kindes voraus.

Ein Stück Garten und Natur

Ein eigenes Beet oder auch nur ein Blumenkasten auf dem Balkon, ein Kräutertopf in der Küche oder ein Kaktus im Kinderzimmer lehren das Kind, genau wie ein Tier im Haus, Verantwortung, bringen ihm die Natur näher und erklären ihm Wachsen, Werden und Vergehen.

Ein Kind von sechs Jahren kann mit der Hilfe der Großeltern schon sein Beet versorgen, mit acht ist es meist imstande, dort allein und nach eigenem Gutdünken zu arbeiten.

Dieses Beet sollte keinesfalls zu groß sein, um das Kind nicht zu entmutigen. Es sollte nach Möglichkeit guten Boden, Sonne und etwas Halbschatten haben, denn die Arbeit des Kindes soll

Früchte tragen und nicht schon an der schlechten Lage des Beetes von vornherein scheitern.

Am Anfang braucht ein Kind nur solche Pflanzen und Blumen, die schnell wachsen, damit seine Geduld nicht zu sehr auf die Probe gestellt wird. Säen Sie mit ihm zusammen vorn auf dem Beet ein bis zwei Reihen Kresse oder Radieschen. Im Hintergrund des Beetes kann das Kind im frühen Frühjahr ein paar Primeln oder Stiefmütterchen – beides vom Markt – einpflanzen. Vielleicht will es zuerst Gänseblümchen aus dem Rasen oder Schlüsselblumen aus dem Wald in seinem Garten pflanzen. Dazu braucht es sicher noch Ihre Hilfe.

Im Sommer erntet es sicher gern von einer Erdbeerpflanze immer wieder neue Früchte. Vielleicht ist gerade das letzte Ende der Himbeerhecke oder ein kleiner Johannisbeerstrauch die Grenze seines Gartens, und es bekommt das Recht und die Erlaubnis, diesen Strauch ganz alleine abzuernten. Ob es die Früchte gleich aus der Hand ißt oder ob es sie als Nachtisch ins Haus trägt und allen davon abgibt, liegt ganz bei ihm.

Die ersten eigenen Pflanzen

Sie können dem Kind zeigen, wie man dem Beet mit ein paar mehrjährigen Pflanzen und Stauden ein gewisses Gesicht gibt und je nach Jahreszeit andere Blumen dazwischen sät. Manche Kinder haben Blumen am liebsten. Ihnen gefallen sicher die Ringelblumen, die Kapuzinerkresse, die so schnell und dankbar blühen.

Man kann dem Kind zeigen, wie man von Mai bis Oktober Ringelblumen blühen läßt, indem man alle vier Wochen eine Reihe nachsät. Schön und unkompliziert in der Pflege ist auch eine Geranie, die das Kind vielleicht vom Ableger zur Pflanze hat ziehen helfen. Gärtner, die ans Essen denken, sollten schnell wachsende Gemüse säen: Buschbohnen (auf dem Balkon: rankende Bohnen), Erbsen, Kresse, Radieschen, eine Gurke. Größere Kinder haben dann Erfahrung und Geduld genug, um Tomaten, einen Kürbis, ein paar Stauden Mais zu ziehen.

Die Großeltern müssen dem Kind anfangs zeigen, wie man sät, Unkraut rupft, wie man pikiert (ausdünnt) und woran man erkennt, ob Früchte und Gemüse reif sind, und wie man mit den Gartengeräten umgeht.

Das kleine Kind braucht kaum mehr als eine Schaufel, vielleicht eine Blumenharke und eine kleine Gießkanne mit Brause, die es auch gefüllt gut tragen kann. Gartengeräte mit langen Stielen kann ein Kind erst mit ungefähr zehn oder elf Jahren handhaben.

Hat ein Kind dann die Grundbegriffe der Gärtnerei erlernt, so soll es selbst mit seinem Beet verfahren, wie es möchte. Sicher wird niemand etwas dagegen haben, wenn es seinen Eifer auch auf andere Teile des Gartens erstreckt.

Balkongärtner haben mehr davon, wenn sie einen großen quadratischen Kasten oder einen Holzbottich statt eines länglichen Balkonkastens zum Bepflanzen bekommen, weil man die Quader besser für Stauden und Ausgesätes einteilen kann. Wenn der Sommer mit blühenden Erbsen, Petunien und Margeriten vorbei ist, kann das Kind Winterfestes – Zwergtannen oder ähnliches – in seinen Kasten pflanzen und einen stark verästelten Zweig für die Ringe mit Meisenfutter in die Mitte stecken.

In der Wohnung braucht das Kind nicht auf das Erlebnis von Säen und Wachsen zu verzichten. Es kann in einer Schüssel mit Erde oder feuchtem Vlies Weizenkörner, getrocknete Erbsen oder Sojabohnen keimen und spießen lassen.

Wenn der Weizen fingerhoch gewachsen ist, dient er als Versteck für selbstbemalte Ostereier.

Sojabohnensprossen kann man ernten und als Salat oder Gemüse essen. Erbsen kann man umtopfen und am Fenster emporranken lassen. Das heißt: Auch diese Versuche sind nicht nur Experimente und Spiel, sie haben einen Sinn und geben deshalb der Arbeit des Kindes Gewicht und eine ganz andere Bedeutung.

Das gilt auch für etwas ganz anderes: Ganz normale Zimmerpflanzen erlauben dem Kind, das Werden und Wachsen mitzuerleben. Vielleicht haben die Großeltern einen von diesen so herrlich rosarot blühenden Oleandern auf ihrem Balkon stehen und müssen sich in jedem Herbst den Kopf zerbrechen: Wohin damit?

Die kühle Antwort des Gärtners lautet: Stutzen. »Das kommt mir«, sagte eine meiner Freundinnen, »wie Mord vor.«

Als mein Oleander nun eines Sommers so gewachsen war, daß ich aus meinem Arbeitszimmer, sonst sein Winterquartier, hätte ausziehen müssen, fiel mir der Mord-Satz wieder ein, ich mußte meinen Mord jedoch trotzdem begehen. Weil die abgeschnittenen Zweige, obwohl abgeblüht, so kräftig und schön waren, packte ich sie allesamt in ein großes weites Glasgefäß. Und als ich nach einer Reise heimkam, war das Glas voll von dicht verfilzten weißen Wurzeln. »Wie Würmer«, sagten die Kinder, die mich besuchten, und während wir die Triebe sehr vorsichtig voneinander lösten, versuchte ich das Wunder der Wurzelvermehrung mit meinen kümmerlichen biologischen und physikalischen Kenntnissen zu erklären. Aber der Oleander erklärte uns selber, was es mit der Kraft des Lebens, des Weiterlebens unter härtesten Bedingungen auf sich hat. Wir Menschen gaben ihm das, was wir für das Beste hielten. Wir setzten jeden Trieb in seinen eigenen Topf in edelste Pflanzenerde, stellten die ganze Oleanderkinderstube je auf eine Treppenstufe, ohne Zug, leichtes Halblicht, gossen nicht zuviel, nicht zuwenig, lasen in Zierpflanzenbüchern, wie der Oleander zu ernähren wäre, und wirklich: Alle Oleanderkinder wurden was!

Unsere wuchsen am Treppenstufenrand im Glück, und heute bekomme ich jedes Weihnachten ein Foto von jenem, der nach Bayern auf einen anderen Balkon verschenkt worden ist, besuche ich Enkel und Urenkel der ersten Ableger, die nun die Treppenstufen eines Sohnes schmücken.

Gemeinsame Experimente

Solche Pflanzen sind, auch wenn sie nur mickerig werden, etwas anderes als jede noch so schöne, die man im Blumenladen kauft. Jede Sonnenblume, die aus dem Kern geschossen ist, den ein Kind zwischen die Fuchsien oder Rosen gedrückt hat, ist ein wahrer Geselle. Wie rasch sie wächst. Bald ist sie größer als du. Muß man sie nicht stützen, anbinden? Was für große pelzige Blätter sie bekommt – und dann, wenn sie die Blüte entfaltet: ein Signal für alle Hummeln der Gegend! Wie bohren sie den Kopf in die braunen Samenstände, manchmal sechs oder acht auf einmal! Wie gut kann man die Pollenpäckchen auf den Hummelbeinen erkennen! Was ist das? Wozu? Die Großmutter wird es erzählen. Vielleicht fällt ihr dabei auch eine Geschichte von ungebetenen Gästen ein, die am Reichtum der Sonnenblumenbesitzer teilnehmen wollen und Hungers sterben müßten, wenn das Kind die Sonnenblume ins Zimmer stellen wollte, um nichts von ihr abzugeben. Wem gehört die Sonnenblume? Wem gehört die Welt?

Und das alles aus einem einzigen winzigen Kern. Kann man im Herbst wieder einen reifen Sonnenblumenkern aussäen?

Werden und Wachsen, Zuversicht und Hoffnung. Und immer wieder das gemeinsame Experiment, oft nur aus der Liebe zu etwas Lebendigem geboren. Im vorigen Herbst hatte ich ein so wunderschönes Blumengesteck mit alten matten Rosen und etwas Blauem, von Efeu umrankt. Die Rosen verblühten, das Blaue wurde welk. Aber einige Efeuranken sahen noch so kräftig und glatt aus, daß ich sie in eine leere Olivenölflasche auf ein Regal in der Küche stellte. Schmücke dein Heim.

In diesem Sommer ranken zwei aus diesem Blumengesteck dicht belaubt an meinem Balkongeländer und lassen jedes Kind begreifen, welche Macht in seinen Händen liegt: Es kann alles gleichgültig auf den Müll werfen. Oder es kann etwas weiterverwenden. Kann etwas werden lassen, kann etwas beschützen.

Ist das wohl unsere, der Menschen Aufgabe auf diesem

Planeten? Lohnt es sich nicht außerdem immer, neugierig zu sein, etwas mit eigenen Händen zu versuchen, zu machen, nicht ewig nur an sich selber zu denken und sich einzubilden, man könne alles kaufen, was man will oder braucht?

Von einer meiner Großmütter habe ich zwei Broschen geerbt, zwei kleine goldene Spangen. Auf einer ist eine Efeuranke aus grünem Email, auf der anderen ein Eichenzweig. Das war, erzählte sie, als Sinnbild der Gattenliebe gedacht. Der Ehemann: die sturmfeste Eiche, die Ehefrau: der Efeu, der sich um die Eiche rankt. Selbst meine Großmutter lächelte, als sie diese Geschichte wiederholte, die von ihrer Mutter oder Großmutter stammte. Sie fiel mir aber wieder ein, weil in meinem Blumentrog auf dem Balkon neben den beiden Efeuranken ein Eichentrieb in die Höhe geschossen ist. Mal sehen, was aus Efeu und Eiche geworden ist, wenn meine Enkelkinder groß sind.

Wenn man mit dem gärtnert, was einem zuwächst, wenn man also die Eiche im Blumentopf zieht und abwartet, was daraus wird, wenn man entzückt ist, daß plötzlich Schmetterlinge am Lavendel saugen, deren Namen man gar nicht kennt – so hat man einen neuen Anlaß zum Pflanzen.

Kinder beobachten genau

Lassen wir sie merken, in welchen Gärten es flattert und wimmelt. Es gibt solche, in denen um die wunderbar pflegeleichten Büsche und Bodendecker selbst zur sommerlichen Blütezeit nur Grabesruhe herrscht. Kein Insekt findet dort sein angestammtes Futter. Kein Vogel hat dort etwas zu suchen.

Und wo tanzen Schmetterlinge? Wollen wir nicht auch so einen violetten Fuchsschwanz pflanzen? Und wie schnell wächst eine Hecke aus Himbeeren oder Brombeeren. Wie summt die Luft im Juni von den Bienen, die Honig und Pollen aus den Himbeerblüten ernten. Was für ein sinnliches Vergnügen, sonnenwarme, reife Beeren auf der Zunge zergehen zu lassen. Was für ein Stolz, aus eigenen selbstgepflückten Beeren einen Nachtisch zu servieren – für wen auch immer.

Es gibt noch etwas Wichtiges für das Enkelkind zu sehen und zu lernen: die Sache mit den Schädlingen.

Das hängt mit den stummen und leeren Gärten zusammen. Kinder pflanzen das in Beet und Topf, was ihnen gefällt und was keine Mühe macht. Sie vergessen oder sie wissen gar nicht, daß neben den sogenannten Kulturpflanzen noch viele andere Lebewesen im Garten und auch auf dem Balkon wohnen, daß es ganze Lebensgemeinschaften gibt, wie zum Beispiel Wurm und Ameise, Pilz und Käfer.

Eins ist in dieser Gemeinschaft vom anderen abhängig, eins lebt vom anderen, frißt auch das andere und schützt dadurch, wie wir es dann in unserer Eigensucht nennen, unsere schönen Blumen. Man braucht nur mit dem Enkelkind aufmerksam durch den Garten, an den Balkontöpfen vorbeizugehen, da einen Stein zu heben, dort ein Blatt beiseite zu biegen. »Siehst du die Ameisen, die sich am Stiel der Sonnenblume wie Kunden am ersten Ausverkaufstag um – ja, um was denn? – drängeln?«

Das muß man geduldig abwarten und erforschen. Muß die grüne durchsichtige Florfliege beobachten, die ebenso die Blattläuse mag wie die Larve des Marienkäfers: Wenn sie Hunger hat, sind ihr 600 gerade als Tagesration recht, und wenn aus der Larve ein Käferchen geworden ist, verputzt dieser bis zu 4000. Da kann man sich Schädlingsvertilgungsmittel sparen.

Außerdem: Werden auf dem Balkon die Rosen- oder Hibiskus-Knospen von den kleinen grünen gefräßigen Läusen umwimmelt, so hat ein Kind gerade die richtigen feinen, geschickten Finger, um die Störenfriede mit einem weichen Pinsel so vorsichtig abzufegen, daß den zarten Knospen nichts passiert. Einzelne Käfer und Raupen kann man absammeln, und vielleicht übertragen Sie dem Enkelkind die Aufgabe, jeden Morgen aufmerksam an den Pflanzen vorbeizugehen und zu prüfen, ob alles wie immer ist. Oder haben sich grüne Blätter verfleckt und verfärbt? Zusammengekringelt? Sind sie im

Hochsommer schon welk? Hat sich jemand dazwischen eingesponnen? Gemeinsam wird entschieden, was zu unternehmen ist. Oft reicht es, befallene Blätter abzuschneiden und wegzuwerfen, diesmal aber nur auf den Müll, nie, niemals auf den Kompost!

Mit Kindern anpflanzen

Für den kommenden Sommer lernt das Kind gemeinsam mit den Großeltern im Sinne dieses sogenannten integrierten Pflanzenschutzes nach fünf simplen Grundsätzen zu planen und zu handeln: Erstens sucht es unter den standortgerechten Pflanzen und Sorten diejenigen aus, die in Haus und in Garten, in Klima und Landschaft passen.

Zweitens müssen gesunde Pflanzen und Samen verwendet werden, sonst hat man von vornherein ein Blumenkrankenhaus.

Drittens müssen diese Pflanzen in den richtigen Boden kommen und brauchen dort viertens die richtige Nahrung, also Dünger und dazu fünftens immer genug Wasser.

Bei Punkt drei können viele Erwachsene nicht an sich halten, aber es gibt eben Pflanzen und Blumen, die zum Beispiel nur auf mageren Wiesen ihre volle Pracht entfalten. Wird eine Pflanze in den falschen Boden gepflanzt und überdüngt, geht sie ein.

Was kann man da dem Enkelkind, dem Mensch im Überfluß, für Geschichten erzählen! Und es sieht an der blühenden Wiese, daß es keinem pädagogischen Trick aufgesessen ist, sondern daß die Pflanzen wie ein Lob der Kargheit die Wahrheit beweisen.

Zu Punkt drei gehört noch etwas anderes: Der Boden, heißt es, muß richtig bearbeitet werden. Weiß ein Kind, woraus »der Boden« besteht? Hat es mal tief graben dürfen oder wollen? Dabei entdeckt man einen Engerling, einen Regenwurm, also: die wahren Bewohner des Bodens. Wovon leben sie? Ja, sie sind uns (oder unseren Pflanzen) nützlich. Was kann ich also, als Eindringling in die Pflanzen- und Tiergesellschaft, nun für sie tun?

Da sind Großmütter und Enkel bei einem wichtigen Punkt. Oft muß und soll man gar nichts tun. Oft sollte man das Getier nur in Ruhe lassen, sollte ihm nicht das Haus überm Kopf wegreißen, sprich: sollte das Laub friedlich unter den Stauden und Büschen liegen lassen, damit es verrotten und wieder neue Erde werden kann.

Das dauert aber lang? Na und? So entsteht seit Beginn der Welt und der Laubbäume die Erde. Und in der Wärme des vermodernden Laubs lebt es sich als Käfer oder Maus oder Igel im Winter schön gemütlich: Das ist die natürliche Lebensgemeinschaft, und wenn ein Kind für die Rechte und die Harmonie dieser kleinen Welt ein Gespür bekommt, wird es sich später, so hoffen Großmütter wenigstens, daran erinnern und wird sich seiner Verantwortung nicht unbedacht entledigen.

Noch einmal Punkt drei: Erwachsene wissen, was der Kompost für eine Bedeutung hat. Wie gut frische Komposterde dem Garten tut. Wie vernünftig man mit Kompost recycelt, wie es heute heißt. Wieviel preiswerter der selbstgemachte Kompost ist. Trotzdem brauchen sich die Enkelkinder mit den Großmüttern nur umzuschauen, sie sehen ringsherum, daß die Gartenbesitzer wie wild nach dem letzten Laubblatt jagen, ihren Maschinenpark vervollkommnen, als ob es um eine Weltausstellung ginge, dafür aber allen Gartenabfall in den Mülleimer stopfen. Eine ideale Großmutter tut das alles nicht.

Kompost stinke aber? Ja, das tut er, wenn man ihn falsch versorgt. Nein, er duftet, wenn man ihn, wie die Kompostkenner, je nach Lage und Umfang mit Kräutern und anderen guten Dingen versetzt.

Die Freude am Unkrautjäten

Ich kann mich noch gut daran erinnern, wie mir der alte Gärtner, bei dem meine Großtante die weißfleischigen Pfirsiche und die Bohnen und alles andere Gemüse kaufte, vor seinem Komposthaufen die Hand führte und mich hineingreifen ließ. Ich war viel zu verblüfft, um zurückzuzucken, und ich roch schon, ehe ich die Krume zur Nase führte, den klaren Waldgeruch mit etwas Pilzduft, der der schwarzen lockeren Komposterde entströmte.

»Deshalb schmecken dir meine Mohrrüben und meine Pfirsiche so gut«, sagte unser Gärtner.

Von ihm und bei ihm habe ich auch gelernt, wie man Unkraut bekämpft: jäten. Am besten nach einem leichten Regenschauer am Morgen, wenn der Boden locker ist, so daß man jede Quecke und jede Distel, jeden Hahnenfuß und jede Winde leicht samt ihren Wurzeln – das ist das Wichtigste! – aus den Beeten ziehen kann. Für ein Feld hat mir der alte Mann die Hacke erlaubt, und in machen Winkeln ließ er Unkraut, zum Beispiel Brennesseln, stehen: für die Schmetterlinge und als Zaun gegen anderes Unkraut. Jäten ist Arbeit, man spürt den Rücken und hat erdige Knie und kriegt die Finger nur mit der Wurzelbürste wieder einigermaßen sauber.

Ist das nicht zuviel für ein Kind? Wäre Spritzmittel nicht gescheiter?

Vielleicht. Aber danach sieht man verbranntes Kraut, eben noch grün, nun so verdorben, daß es nicht mehr auf den Kompost darf, sondern in den Sondermülleimer muß.

Sollen das die ersten Bilder vom Garten sein, die ein Kind in seinem Kopf als Erinnerung speichert? Oder soll es vor seinem Beet hocken können, voll Rosen und Ringelblumen, die es vorsichtig von Ranken befreit hat, vor dunkler, reiner Erde und mit dem Gefühl: Das da habe ich geschafft. Ich habe die Rose gerettet und die Erbsen hochgebunden und die Tomaten gegossen. Ich habe unseren Garten versorgt.

Zum Abendbrot pflückt das Kind für jeden eine noch sonnenwarme, süße selbstgezogene Tomate. Das wäre dann der Lohn für die Arbeit.

Allerdings, das Jäten und die Fürsorge sind wirklich eine Leistung von Körper und Geist, die erst dem Schulkind gelingt.

Weil man ein Kind nie überfordern darf, wenn man ihm die Lust nicht ein für allemal rauben will, und weil auch nicht jede Großmutter noch einen Garten hat, kehren wir zum Fensterbrett und zu den Bohnensprossen zurück. Das ist der Garten des Paradieses im Kleinformat, gerade richtig für ein Kind, das noch mit allem beginnen kann, auch mit dem Jäten: Kaum grünt und blüht es nämlich irgendwo, macht sich Vogelmiere breit, auch im Blumentopf. Auszupfen und dem Kanarienvogel als Grünfutter zwischen die Käfigstäbe klemmen.

Aber zuerst einmal pflanzen: Bohnensprossen werden nicht aus Sojabohnen, sondern aus Mungoerbsen gezogen. Man weicht die grünen Erbsen in der vierfachen Menge warmen Wassers über Nacht ein und packt sie dann vorsichtig zwischen die Falten eines sehr sauberen Küchentuchs, das täglich frisch befeuchtet wird. Am ersten Tag nimmt man warmes, dann kühles Wasser. Man begießt sie morgens, mittags und abends. Das Küchentuch wird in einen Durchschlag gelegt und warm, gegen 25 °C, und dunkel aufgestellt. Nach zwei bis drei Tagen hat man frische, sehr Vitamin-C-reiche Triebe, die man nur abzuspülen und von den Hülsen zu befreien braucht.

Eine Arbeit für den ganzen Sommer

Petersilie, Dill, Estragon, Rosmarin und Basilikum können in einzelnen Tontöpfen oder im sogenannten Multitopf oder in Eternitschalen in der Küche am oder in der Nähe des Fensters gezogen werden. Sie lieben lockeren Boden (Fertigerde) und windgeschützte Plätze und müssen so gesät oder gepflanzt werden, daß nicht eine Pflanze der anderen die Sonne wegnimmt.

Einjährig sind: Basilikum, Sommerbohnenkraut, Dill, Kerbel und Borretsch. Mehrjährig sind: Estragon, Liebstöckl, Salbei, Thymian, Rosmarin, Zitronenmelisse und Winterbohnen-kraut.

Basilikum, Borretsch, Dill und Kerbel sollte man in Abständen von 10 bis 20 Tagen nachsäen.

Als Grundbestand kann man zusammen mit dem Kind auf dem Markt Jungpflanzen kaufen. Man bekommt Estragon, Thymian, Salbei und Rosmarin, Schnittlauch und Petersilie. Dann kann man dazu säen, was man noch haben möchte.

4. Kapitel

Lesen und Malen mit Kindern

Die Großmutter, behaglich im Ohrensessel, auf dem Schoß ein Bilderbuch und zu ihren Füßen ein oder mehrere Enkelkinder – so hat es Ludwig Richter festgehalten und damit zu einem Bild aus der Zeit der seligen Großfamilien gemacht. Scheinbar veraltet und überholt.

Dabei gibt es nichts Moderneres, denn wenn man damals unter dieses Bild schreiben konnte: »Die Ahne erzählt Märchen«, so sagt man heute: »Die Großmutter betreibt Vorschule.«

Vorschule, das ist ein Begriff, unter dem jeder das versteht, was er für Kinder für gut und richtig hält, und der Streit, was, wie und von welchem Alter an von Staats wegen in Kindergruppen oder ganz privat gefördert oder geschult werden soll, wird gewiß noch oft aufflackern und immer wieder mit neuen psychologischen oder pädagogischen Untersuchungsergebnissen aufgenommen werden.

Sicher ist, daß ein Kind die Zeit vor der Schule nicht in passiver Trägheit und kekskauend verdösen soll, weil es als erwiesen gilt, daß sich die kindliche Intelligenz bereits bis zum vierten Lebensjahr in einem Maß entwickelt, wie man es früher nie für möglich hielt, als man Intelligenz, also Klugheit, Kenntnis und Können, an dem maß, was den Erwachsenen ausmacht. Heute ist man einen Schritt weitergegangen und hat die Fähigkeiten des Kindes an sich erkannt, die vorhandene Potenz, die oft noch gar keine Mittel und Aussage- und Ausdrucksformen besitzt, um sich zu beweisen. Und gerade um die Aktivierung dieses kindlichen Potentials geht es.

Das ist besonders wichtig, denn für die kognitiven wie für die seelischen und körperlichen Fähigkeiten gilt: Alles, was angeregt wird, kann sich entwickeln. Alles, was nicht angeregt wird, kann verkümmern.

Das ist um so wichtiger, als Kindergarten und oft auch die Schule in den ersten Klassen nicht mehr so wie früher das Vermitteln von Sachwissen und Wortschatz als Lehrziel betrachten. In einer Welt, in der immer mehr Kinder schon mit emotionalen Schäden in diese Gemeinschaften kommen, müssen sie erst mal Gemeinschaft lernen, was heute als »Fähigkeit zur Kommunikation mit anderen« bezeichnet wird.

Im Kindergarten geht es darum, den Kindern beizubringen, wie man Wünsche in Wörter faßt. Wie man klipp und klar sagt, was man will und was man fühlt. Wie man mit anderen mittels Sprache in Kontakt kommt. In der Schule sind es die vernachlässigten Kinder, die kaum Interesse an der Umgebung zeigen, keine Freude empfinden können, sondern auf andere mit Feindseligkeit reagieren. Wer als Kind das Glück hat, anders aufwachsen zu dürfen, ist freilich nicht gewappnet für den Zusammenprall mit feindseliger Sprachlosigkeit, die bei Kindern und Jugendlichen aus sozial gefährdeten Familien leicht in Gewalttätigkeit umschlägt.

Es geht in diesen Fällen nicht darum, diese Kinder zu retten. Ich glaube, dazu ist der beste gute Wille von fremden Großeltern nicht mehr imstande. Es geht vielmehr immer wieder um die Notwendigkeit, ein Kind, das man liebt und immer ewig behüten möchte, in diese Welt jenseits des kleinen Fleckchens Geborgenheit zu entlassen. Man kann nun mit einem Kindergarten-Enkel kein Härtetraining veranstalten. Man kann aber dafür sorgen, daß dieses Enkelkind nicht wegsieht, wenn es etwas anderes als Freundlichkeit und Anstand und Gewissenhaftigkeit erblickt. Daß es richtig reagiert.

Kein Fremder kann einer ihm unbekannten Großmutter Universalrezepte zur emotionalen Überlebenstechnik ihrer Enkel geben. Aber weil diese Großmutter keine junge Frau mehr ist, so weiß sie, wie die Umwelt unserer Kinder geworden ist, und sie muß diese Tatsache schlucken. Sie darf nicht vertuschen, verniedlichen, verdrängen.

Sprechen stärkt das Selbstbewußtsein

Sprache kann viel nützen. Wer die Sprache beherrscht, muß nicht zurückschlagen. Wer über eine reiche Auswahl von Wörtern verfügt, kann komplizierten Gefühlen Ausdruck verleihen. Kann verblüffen, kann in kritischen Momenten ablenken, kann taktvoll sein, muß also nicht durch ängstliche Grobheit neuen Zorn auslösen.

Früher haben Kinder Gedichte und Balladen auswendig gelernt. Kann die Großmutter noch einige aufsagen? Kennt sie moderne Gedichte, die sich gut lernen lassen? Gedichte sind nicht nur eine ungewöhnliche und oft kostbare Art des Sprechens, sie leben vom Rhythmus, und Rhythmus hat auch etwas mit Gefühl zu tun. Wer Gedichte kann, weiß, wie man mit Sprache Wirkung erzeugt, wie man für etwas begeistert, wie man Menschen zum Lächeln bringt oder zu Tränen rührt.

Das ist Spiel, aber es ist vor allem Aktivität, Aktivität der Sprache.

Wir leben aber in einer Zeit, in der die Passivität immer stärker von den Menschen Besitz ergreift, und da ein Kind durch Beobachtung und Nachahmung lernt, kann es heute wesentlich eher zu einem trägen Konsumenten seiner Existenz werden als jemals zuvor. Das ist vor allem dann zu bedenken, wenn es um die Frage des Fernsehens geht, und es hat der Beschäftigung mit Bilderbüchern und Kinderbüchern ganz neue Impulse gegeben.

Kinderbücher sind früher gern als eine Art von Zeitvertreib betrachtet und benutzt worden. Ein Kind bekam vorgelesen, wenn es müde war oder wenn es sich langweilte, und ein Bilderbuch wurde als gut und richtig empfunden, wenn es dem Kind eine freundliche, heitere Welt, eben die Kinderwelt, darstellte und möglichst eine kleine Lehre enthielt, die erzieherisch wirken konnte und sollte.

Das mag ausreichend und unproblematisch gewesen sein in einer Welt, in der es ohnehin nicht viele Bilder- und Kinderbücher gab, in der also Mütter und Großmütter viel mehr erzählen mußten als heute bei dem Massenangebot an billigen und billigsten Heftchen und Büchern, Kassetten und Kinderfernsehsendungen. Das mag außerdem gereicht haben in einer Zeit, in der die Umwelt des Kindes noch nicht auf die engen Grenzen der Kleinfamilien in der technisch vollkommenen Langeweile eines modernen Hauses in modernen Städten zusammengeschrumpft war,.

Großeltern können sich gewiß noch daran erinnern, daß sie als Kinder unbesorgt auf Straßen und Wegen spielen konnten, die es heute entweder gar nicht mehr gibt oder die zu Schnellstraßen oder Betonflächen denaturiert sind. Großeltern haben als Kinder noch an und in Bächen und Flüssen den halben Sommer verbracht. Sie haben noch Laubburgen bauen und Frühlingsbäche mit Steinen stauen können in Wäldern, die heute Vorstädten haben weichen müssen. Großeltern haben noch das Schmiedefeuer flackern sehen, ihnen hat noch der Sattler den zerrissenen Ranzen geflickt, sie haben noch zugeschaut, wie der Gärtner den Salat frisch geschnitten und der Mutter ins Netz gestopft hat. Ihnen hat noch der Krämer den Zucker oder das Mehl in die Tüte gewogen, wenn sie für ihre Oma eingekauft haben, und zu vielen ist im Herbst die Apfelfrau und der Kartoffelmann gekommen und haben die Vorräte in den Keller gebracht.

Das alles ist für das Kind von heute bereits eine Geschichte und geschichtlich geworden. Es wächst zwischen Vorfabriziertem auf, und wenn es mit den Erwachsenen einkaufen geht, wird im Supermarkt nicht einmal mehr das Geld ausgezählt, sondern ein Apparat speit die Münzen auf Computerbefehl in eine Schale.

Die Umwelt unserer Kinder ist in einem Maße reduziert, daß vieles von dem, was den Großeltern noch gegenwärtig und selbstverständlich war, zum Abenteuer und vor allem zum theoretischen Lernthema geworden ist. Ich kann mich noch gut daran erinnern, wie verblüfft ich war, als ich an meinen Kindern merkte, daß ihnen Mengen kein Begriff mehr waren. Als gutorganisierte moderne Mutter bestellte ich die Grundnahrungsmittel ein- oder zweimal im Monat in größeren Portionen, so daß die Kinder nie gesehen hatten, wie Rosinen, Haferflokken und anderes viertelpfund- oder pfundweise abgewogen und verpackt wurden. Sie waren hilflos vor Begriffen wie »ein Pfund« oder »ein Kilo Äpfel«, und ich mußte schleunigst anfangen, mit ihnen zu kochen und zu backen, damit sie selber wiegen und das Gefühl für praktische Mengen entwickeln konnten.

Überraschungen dieser Art werden Großeltern in noch größerem Maße erleben, und Bilderbücher helfen vorzüglich, solche Kenntnislücken des Kindes aufzuspüren und zu füllen, wenn es Großeltern vielleicht auch betrübt, daß man Kindern anhand von Büchern den Zugang zu Kenntnissen, Tatbeständen und Gefühlen öffnen muß, die ihnen die Umwelt nicht mehr liefert. Großeltern haben sicher oft den Satz auf den Lippen: »Wie hatten wir es doch früher besser oder leichter . . .« Es mag sein, daß sie für sich damit in mancher Weise recht haben. Sie sollten aber nicht vergessen, daß jedes Kind zu jeglicher Zeit und in jeder Kultur das Leben so nimmt, wie es sich ihm bietet, und dieses sein Leben bejaht und schön findet. Das liegt gewiß nicht nur daran, daß Kinder das nicht vermissen können, was sie nicht kennen. Es liegt auch an ihrem optimistischen Lebensgefühl, dem die Geborgenheit und der Zweifel des Erwachsenenlebens noch fremd sind. Deshalb sollten Großeltern die Klage über die verlorene Jugend unterlassen, auch in Nebensätzen. Sofern ein Kind nicht in einer Familie lebt, die in totaler Stadtflucht eigene Wege sucht und geht, muß es mit dem naturfernen Leben zurechtkommen, das sich ihm präsentiert, muß sich an ihm freuen können, in ihm Anregung und Erfolg finden – die Zeit für Kritik und Änderungsvorschläge, Kulturpessimismus und Nostalgie bricht für das Kind erst an, wenn es eigene Erfahrungen gesammelt und so viele Kenntnisse erworben hat, daß es auch sein eigenes Leben beurteilen kann.

Allerdings: Die Bilder- und Kinderbücher sind dazu der erste Schritt. Sie üben und wecken alles, was ein Kind später braucht, und schaffen stufenweise die Voraussetzungen für spätere Selbständigkeit und Kritikfähigkeit.

Das Bilderbuch besonderer Art

Noch einmal: Großmütter sind der Tradition nach zum Vorlesen da. Das stimmt nicht immer, aber die Vorstellung ist nicht auszurotten.

Großmütter wären natürlich auch dazu da, Literatur ins Kinderzimmer zu schaffen, solche Bücher nämlich, die das Vorlesen lohnt. Das ist leider nicht Tradition, das sollte Tradition werden, aber das ist wieder ein anderes Kapitel.

Großmütter können auf jeden Fall dazu da sein, Bücher zu machen, und dazu brauchen sie weder Lettern noch Druckpressen. Nur Pappendeckel, Schere, Kleister und eine große Schachtel, in der alles das gesammelt wird, woraus das Bilderbuch entstehen soll. Schöne Bilder, seien das Postkarten, die einem Freunde von Museumsbesuchen auf Reisen schicken, Farbillustrationen aus Katalogen, die oft besonders gut gedruckt sind – aus Rosen- oder Verlagskatalogen zum Beispiel –, alte Bilder, die man zwischen ererbten Papieren findet; Blätter aus abgelaufenen Bildkalendern, Eintrittskarten, die den Zirkus zeigen, oder die Burg, die man besichtigt hat; Oblatenblättchen aus der eigenen Kindheit; Fotos, die etwas oder jemanden darstellen, die keiner mehr kennt.

Aus all diesen Bildern unserer Welt klebt man, Blatt für Blatt, neue Bilder nach der eigenen Ordnung. Vielleicht ergeben Tierbilder eine abenteuerliche Geschichte mit immer wechselnden Darstellungen, die sich über mehrere Pappendeckel erstreckt. Vielleicht erzählt sie von der Familienkatze (Schnappschuß), die sich in den Zoo verirrt, mit Löwen Freundschaft schließt (alter Tierkalender), und träumt (Spielzeugkatalog), um schließlich nach einer schrecklichen Reise durch Schnee und Eis (Illustriertenreportage vom Himalaya) nach Hause findet ins Blumenparadies (der Samenhandlung) und zu ihrer Familie (Schnappschuß von einem Geburtstagsfest). Man kann diese Geschichte beschriften oder nicht.

Ich besitze vier Bilderbücher dieser Art von einer Großtante, alle auf starker grauer Pappe, das erste für meine Mutter geklebt, das letzte für meinen Onkel, der mitten in der Inflation geboren wurde, nach der kein Geld, erst recht nicht für Bilderbücher, da war.

Beim ersten hat sie unter die aneinander gereiht aufgeklebten Tiere noch mit ihrer wunderschönen Krankenschwesternhandschrift aufgeschrieben, was ihr zu Känguruh und Schmetterling, Schildkröte und Laubfrosch eingefallen ist. Auf irgendeiner Seite bricht der Satz einfach ab. Kein Verb mehr, kein Punkt, kein Komma. Ende der Phantasie? Unterbrechung durch die Nachtklingel einer frischoperierten Patientin? Oder – das glaube ich: die Erkenntnis, daß man zu einer so zufälligen, nur nach ästhetischen Gesichtspunkten vorgenommenen Reihung viel besser erzählen kann?

Trotzdem, dieser unvollendete Satz war und blieb der Reiz des Buches, auch noch bei mir, auch noch bei meinen Kindern. Wir sponnen den Faden weiter, und am nächsten Tag neu, weil uns etwas Besseres eingefallen war, etwas Aufregenderes, etwas Tröstliches, etwas Verblüffendes, das wir gerade brauchten. Es gab nämlich auf diesen grauen Seiten auch winzige Tiere, Marienkäfer und Mäuse, so klein und nicht beachtet, wie sich Kinder manchmal vorkommen, aber auch kriegerische Käfer, Hirschkäfer mit drohendem Geweih, und so erkannten die Kinder immer wieder die Kraft der Kleinen im eigenen Revier – was entstanden daraus für Geschichten, im wahrsten Sinn des Wortes aktuell! Ganz zu schweigen, was einem zu Löwen einfiel und zu einer Puppenteegesellschaft aus dem vorigen Jahrhundert und einem einsamen Pferd am Meeresstrand. Ja, die Großtante hatte in einem der Bücher, deren Blätter dann gelocht und mit Kordeln gebunden worden waren, auch Märchenpostkarten zu einer ordentlichen Serie nebeneinander geklebt, aber diese Seiten wurden immer überblättert. Diese Geschichte kannten wir ja. Für sie hatten wir längst eigene Bilder in unserem Kopf. Uns reizten vielmehr die unvereinbaren mit ihrer ewigen Herausforderung, und manche Kombinationen schufen seltsame Geheimnisse und wahren sie bis zum heutigen Tag.

Vielleicht wirkten diese Bilder so stark, weil jedes von ihnen das Schrille und Aufdringliche vermied. Keines warb für sich. Jedes hätte sich schon selbst genügt und jedes war auf seine Art schön. Keine Schönheit des Elends, dazu kannte diese Großtante zu viel Armut und Jammer und Leid, aber sie glaubte noch daran, daß man Leid lindern kann, selbst, mit dem Einsatz der eigenen Existenz, nicht mittels Forderung und Anspruch nach Gesetzen. Sie hätte es überheblich gefunden, ja zynisch, diese Verpflichtung in einem Bilderbuch darzustellen. Wir Kinder aus zwei nachwachsenden Generationen brauchten die Moral ihres Lebens auch nicht in Form von Geschichten. Wir kannten sie und lebten von ihr. Je älter ich aber werde, um so deutlicher steigt sie mir auch aus diesen Pappdeckelbilderbüchern hervor: die Sparsamkeit mit der die alte – damals junge – Frau gearbeitet hat. Die Sorgfalt, mit der jedes Detail ausgeschnitten, komponiert und geklebt wurde. Die Lust am Fabulieren und die Liebe zu uns Kindern. Die Demut des nicht vollendeten Satzes.

»Was man begonnen hat, daß muß man auch zu Ende führen«, hieß einer der Sätze, auf denen die Erziehung ihrer Epoche gründete. Ein anderer aber, und der sprach aus dem unvollendeten Satz: Jeder hat seine Grenzen und muß sie sich eingestehen.

Ein anderes Bilderbuch

Mein Großvater lebte in den Tropen, und zu den ewigen Gegenständen, die mit meiner Großmutter nach Europa kamen, gehörte eine Spanische Wand, die fünf Abteilungen besaß, auf beiden Seiten bespannt mit bestickter chinesischer Seide: Vögel auf Kirschzweigen, ein Pelztier unter Päonien, Bäche unter Brücken, Wolken und Weiden, die sich im Winde wiegen. Die Seide zerschliß, die Stickereien lösten sich auf. Meine Großmutter riß alles herunter, ersetzte es durch eine vernünftige Baumwollbespannung, die in der mittleren Abteilung nur halbhoch war, so daß wir Enkelkinder ein beliebig klein oder groß zu stellendes Kasperletheater hatten.

Ich denke manchmal an diese Spanische Wand, die einst vor einer zugigen Tür stand, ein Versteck, ein riesiges Bilderbuch, eine Welt für sich, deren Gestalten in die Fieberträume der Kinderkrankheiten eingingen.

Später habe ich eine andere Spanische Wand gesehen: drei Abteilungen, jede über und über beklebt mit Fotos, Postkarten, Oblaten, Illustrationen und Bildern aus Zeitschriften, das Ganze mit einer dicken, nachgedunkelten Lackschicht zu etwas Einheitlichem und seltsam Unwirklichen gemacht. Das, hab ich damals gedacht, müsse man – wenn es schon keine wahre Spanische Wand mehr gibt – nachmachen. Vielleicht langsam entstehen und wachsen lassen, also: Nicht alles auf einmal auf den Untergrund kleben, sondern so, wie es einem zusammengerät. Vielleicht dauert das ein Jahr, bis ein Teil der Wand fertig ist.

Bilderbücher dieser Art können so etwas wie eine emotionale, private Kernzelle der Kinderliteratur sein. Was man zu ihnen kauft, wird an ihnen gemessen, ergänzt sie aber auch.

Kleine Kinder brauchen Bilderbücher

Seit etwa dreißig Jahren hat sich eine ganz neue Literatur entwickelt, eigens für Kinder in den ersten Lebensjahren.

Man braucht sich nur in einer möglichst großen oder in einer auf Kinderliteratur spezialisierten Buchhandlung umzuschauen, was heute angeboten wird. Großeltern werden sehen, daß nicht nur für jeden Geschmack und jede Weltanschauung etwas Entsprechendes vorhanden ist, sondern daß es neben den alten klassischen Bilderbüchern mit ihren bestechend schönen Illustrationen eine ganze Hierarchie von Büchern gibt, die der Entwicklung des kleinen Kindes folgen und manches fördern können.

Kleine Kinder – das bedeutet in diesem Fall: Kinder von

einem Jahr an. Manche Großeltern mögen es verfrüht finden, Kindern in diesem Alter schon ein Buch in die Hand zu drücken, weil sie meinen, es habe nichts davon, es könne ja weder lesen noch sprechen, noch wisse es, was ein Buch sei und behandle dieses wie jeden x-beliebigen anderen Gegenstand oder wie Spielzeug.

Gerade so soll es sein. Kinder sollen mit Bildern und Büchern aufwachsen. Sie sehen ohnehin von dem Moment, in dem ihr Augenlicht erwacht, die Dinge der Umwelt. Ich glaube, Eltern und Großeltern werden niemals den Moment vergessen, in dem ein Kind zum erstenmal bewußt etwas wahrnimmt und mit weit aufgerissenen Augen einer Bewegung, einem Gegenstand folgt. Es wird noch lange dauern, ehe das Kind Sinn und Zusammenhänge dessen begreift, was ihm seine Augen mitgeteilt haben, aber das Grunderlebnis ist dagewesen, ein kleiner Mensch hat für sich entdeckt, wie sehr unsere Chance zu Kontakten und Kenntnissen von den Augen abhängt. Wie wichtig diese erste optische Wahrnehmung der allernächsten Umgebung für Kinder ist, hat die Psychologie in den letzten Jahren immer wieder bestätigt. Ein Kind, das sich früh bewegen kann und dadurch mehr zu sehen bekommt, hat größere Chancen, seine Intelligenz soweit wie möglich zu entwickeln.

Wie man nun mit Bilderbüchern fördernd in die ersten Seh-Erlebnisse eines Kindes eingreifen kann, erkennt man am besten, wenn man sich einmal überlegt, was den Augen eines Kindes zugemutet wird, noch ehe es sprechen kann.

Es muß tagaus, tagein das anschauen, was die Industrie für niedlich und damit kindgemäß und gut verkäuflich hält: Teddybären, Entchen und natürlich auch Dinosaurier auf dem Lätzchen, der Bettdecke und dem Badelaken. Auf allen Packungen von Wegwerfwindeln, Wattestäbchen und Babykost geht es im gleichen Stil weiter: Der Erwachsene soll »Ach, wie süß!« denken und zugreifen.

Weiter: Die Verstädterung nimmt weiter zu. Nur eine kleinere Zahl der Babys hat das Glück, wandernde Wolken und

tanzendes Blattwerk überm Rand des Kinderwagens zu erblik-
ken. Die meisten Kinder sehen Hausmauern und Fenster und
die Reklame auf den Straßen und in den Geschäften, Buchstaben und Bilder also, die Erwachsene schocken und bestricken
sollen, und zwar über das Unterbewußte und mit allen Mitteln,
auch denen der Verzerrung, des Kitsches, des Supermodischen
und der Verlogenheit. Rechnet man nun noch das dazu, was
ein Kind von freundlichen und gedankenlosen Erwachsenen
an buntbemalten Bauklötzen, Werbekrimskrams, Plastikspiel-
zeug und Warenhauskatalogen in die Hand gedrückt bekommt, so kann man wohl sagen: »Hier muß etwas geändert
werden.«

In den eigenen Wänden ist das verhältnismäßig leicht. Man
kann nach eigenem Geschmack für Ruhe und Klarheit sorgen,
man kann die Familie so erziehen, daß sie auch bei Geschenken
für ein Einjähriges nachdenkt und nicht mehr sagt: »Für ein so
kleines Kind spielt es doch keine Rolle, was für ein Buch es
hat!« Im übrigen muß kompensiert werden.

Da ergeben sich von selbst die nächsten Fragen: Wie soll man

denn kompensieren? Was soll ausgeglichen werden? Was braucht ein Kind als erste Bilderbücher? Die Antwort auf diese Frage ist problematisch, denn nun stößt man auf die Tatsache, die mich immer wieder verblüfft: Niemand weiß, wie Bilder, Formen und Farben auf ein Kind wirken. Deshalb kann auch niemand sagen, was warum schadet oder nützt.

Das bedeutet also: Die Bilderbücher, die auf dem Markt sind, entsprechen nur der Vorstellung von Erwachsenen von dem, was ihrer Ansicht nach Kindern gefallen müßte. Gewiß, ganz ohne Untersuchungen und Befragungen wird nicht gearbeitet. Bilderbuchmaler gehen in Kindergärten, diskutieren mit Erziehern und beobachten die eigenen Kinder. Es gibt auch Zeichenlehrer, die Schulkinder getestet und dabei festgestellt haben, daß Kinder aller Altersklassen so etwas Heimeliges und Naturalistisches wie die Blätter von Ludwig Richter lieber mögen als abstrakte Bilder. Aber was besagt das? All diese Erfahrungsberichte basieren auf Untersuchungen mit den Bilderbüchern, die vorhanden sind. Sie wurden mit Kindern gemacht, die bereits an Comics, an billige Bilderbücher, an Werbegrafiken und Fernseh-Spots gewöhnt sind und deren Geschmack und Urteilsvermögen bereits so deformiert sind wie ein Kinderfuß, der zu lange in einem zu kleinen Stiefel gesteckt hat.

Diese Tatsache könnte einen entmutigen. Man kann sie freilich auch positiv auswerten, denn es gibt wohl nichts, was einen so eindeutig und unmißverständlich vor jeder Nivellierung beim Bilderbücherkauf warnen kann.

Bilderbücher fördern die Sprach- und Intelligenzentwicklung

Anhaltspunkte ergeben sich aus den Erfahrungen, die seit Anbeginn mit Kindern und ihren Büchern gemacht worden sind. Sie beziehen sich auf das, was Bilderbücher für ein Kleinkind bedeuten und wie sie seine Entwicklung fördern können.

Erstens: Ein Bilderbuch hilft dem Kind, seine nächste Umgebung kennenzulernen. Dabei wird das vorhandene Wissen gefestigt und bestätigt.

Zweitens: Ein Bilderbuch hilft dem Kind, Neues kennenzulernen, erweitert also seinen Horizont, der in vielen Fällen auf die vier Wände einer kleinen Wohnung beschränkt ist.

Drittens: Die weitere Hilfe des Bilderbuchs bezieht sich auf die seelische Entwicklung. Bilderbücher – auch jene ohne Geschichtentexte – sprechen das Gemüt und das Gefühl an und bringen das Kind dazu, über diese Gefühle nachzudenken und zu sprechen. Das halten Psychologen heute für besonders wichtig, weil gerade in Kleinfamilien Probleme auftauchen können, die die spätere Kontaktfähigkeit eines Kindes beeinträchtigen. Wenn es nur Eltern und Großeltern als Partner hat, so können Art und Ausdrucksform der Gefühle einseitig werden, ja es kann eine gewisse Gefühlsarmut auftauchen, eine Unfähigkeit, Gefühle auf mehrere Personen zu erstrecken und mit dieser Vielschichtigkeit fertig zu werden.

Bilderbücher sind auch wichtig, weil Anschauen und Vorgelesenbekommen eng mit der Sprachentwicklung zusammenhängen und weil wir heute wissen, daß Sprache und Intelligenz verschwistert sind. Ein Kind, das noch nicht sprechen kann, weiß trotzdem schon längst über seine Umwelt Bescheid. Es kennt das Gesicht seiner Mutter, seinen Becher, den Badeschwamm, und selbst wenn es zu sprechen beginnt, kennt es immer schon mehr Dinge, als es benennen kann.

Deshalb hilft es Kindern, ihre oft quälende Sprachlosigkeit zu überwinden, wenn man ihnen bei allen alltäglichen Handlungen und von allen Gegenständen der Umwelt erzählt.

Deshalb ist ein erstes Bilderbuch mit Dingen der nächsten Umgebung so wichtig. Es fordert die Großmutter auf, darüber zu sprechen, und es ist eine Chance für das Kind, mit seinem Sprachschatz zu spielen.

Die Lust, Dinge zu benennen, packt ein Kind manchmal wie ein Rausch. Es kann sich dabei beweisen, wieviel Macht es schon über seine Umwelt hat, und manche Kinder sammeln ihre ganze Habe und zählen die Namen aller Sachen auf. Wenn das Kind ein Bilderbuch besitzt, so schlägt es in einer solchen Situation Seite für Seite um und sagt sich selbst, was da abgebildet ist. Das befriedigt das Kind, ruft Stolz auf eine gute Leistung in ihm wach, und es ist bekannt, wie fördernd dieses Gefühl auf alle nächsten Versuche wirkt.

Kinder brauchen also am Anfang Bilderbücher mit den Dingen ihrer nahen und nächsten Umgebung, bekannt und noch nicht bekannt. Dabei kann das Wiedererkennen der abgebildeten Dinge leichter vonstatten gehen, wenn alles mit klarem Umriß und naturgetreuer Farbe und am Anfang möglichst noch einzeln dargestellt wird. Ein Apfel allein, das hilft dem Kind, in dem einen Apfel alle Äpfel wiederzuerkennen, zum erstenmal also zu abstrahieren und Gruppen zu bilden.

Es ist sicher wichtig, solche Bilderbücher auszusuchen, in denen die Gegenstände, Tiere und Menschen so dargestellt sind, wie sie das Kind kennt. Es reizt selbstverständlich viele Illustratoren, einen Milchtopf verschnörkelt und nicht nur nach Großmutter-, sondern nach Ururgroßmutterart zu zeichnen, statt einer modernen Elektronähmaschine ein altes prachtvolles Ungetüm mit großem Schwungrad oder statt eines normalen Alltagsautos ein Schnauferl mit den phantastischsten Dekorationen.

Das erschwert dem kleinen Kind jedoch, die Brücke zwischen Bild und Wirklichkeit zu finden, im etwas größeren ruft es einen ersten Konflikt wach: Ist seine eigene Umwelt nicht gut genug, so daß eine andere abgebildet werden muß? Wäre es besser, sich mit Dingen von gestern zu umgeben?

Wo die Kenntnisse des Kindes nicht ausreichen, abgebildete Gegenstände zu benennen, können Großeltern helfen. Sie dürfen aber niemals wie in der Schule abfragen und drillen und die Stirn runzeln, wenn ein Kind nicht gleich weiß, daß eine Brille eine Brille ist. Dafür sollten sie dem Kind, das alles in seinem Buch schon kennt, von den bekannten Gegenständen andere und neue Geschichten erzählen, in denen wieder Unbekanntes vorkommt. Sie sollten sich auch mit dem Kind über die abgebildeten Dinge unterhalten, denn jedes Bilderbuch ist auch zur Entfaltung der Sprache und der Phantasie da.

Aus all diesem lassen sich eine Reihe von Spielen ableiten und selber erfinden oder weiterentwickeln, die Kindern und Großmüttern Spaß machen können. Das sollte ganz einfach beginnen:

Die Großmutter fragt das Kind, das ein offenes Bilderbuch vor sich hat: »Wo ist die Katze (oder der Hund oder was sonst auf dem Bild dargestellt ist)?« Das Kind wird antworten: »Da!« Oder ausführlicher: »Da ist Katze!« Die nächste Stufe wäre, das Kind selbst mit diesem Begriff operieren zu lassen. Die Großmutter fragt: »Was ist das?« Und das Kind antwortet: »Katze!« Das heißt: Vielleicht antwortet es so. Wenn es nicht geschieht, ist es kein Malheur. Entweder hat das Kind keine Lust, oder es ist an etwas anderem mehr interessiert, oder es hat noch nicht begriffen, daß dies ein Spiel sein soll. In diesem Fall sollte der Erwachsene ruhig für das Kind antworten und die Katze vielleicht näher erklären, um dem Kind Lust zu machen, in die Aufzählung einzufallen: So ist ihr Schwanz, das tut sie, diese Farbe hat ihr Fell.

Ein Schritt weiter, die Frage: »Wo ist die Katze?« Und dann: »Wo ist in diesem Buch noch eine Katze?«

Oder man fragt: »Wo ist deine Katze?« Das geht natürlich noch besser, wenn es nicht ein Tier, sondern ein Gegenstand ist. Eine Tasse oder ein Apfel lassen sich eher aus Küche und Schrank holen und mit dem Bild vergleichen, wobei Unterschiede in Farbe und Form von zwei- oder dreijährigen Kind entdeckt und genannt werden können.

Auf jeden Fall hilft dies dem Kind, den Schritt zu einer ersten Abstraktion zu versuchen.

Für ein Kind zwischen zwei und drei, das Bilder intensiv zu betrachten gewohnt ist, schließt sich sicher spontan eine selbsterzählte Geschichte von der eigenen oder der erfundenen Katze an.

Bei all diesen Spielen und Beschäftigungen stellt man sich einen Erwachsenen vor, der das Kind auf dem Schoß hat und mit ihm zusammen Bilder betrachtet und Geschichten erzählt, was die Bilderbücher meist unzerknittert und heil überleben.

Freilich, ein Kind im Krabbelalter kann noch nicht verstehen, daß ein Bilderbuch viel Geld kostet, daß die Mutter ganz zu Recht zusammenzuckt, wenn es das teure Bilderbuch in Streifen reißt oder sich den Leporello zum Stühlchen faltet und so darauf plumpsen läßt, daß die Pappe knirschend kracht.

Das ist nicht im geringsten ein Grund, nun Bilderbücher zu kaufen, die nur billig sind. Lieber wenige, dafür akzeptable. Auf jeden Fall und immer nur solche, die einem selber gefallen. Dann macht das Vorlesen doppelt soviel Spaß, und das Kind wird stärker in seiner Phantasie angeregt. Wenn das Enkelkind zwei oder drei Jahre alt ist, kann es schon emsig mithelfen, zumindest Bilder auszuwählen, die ihm gefallen.

So wird diese Arbeit wieder eine willkommene Anregung, über die abgebildeten Gegenstände, Landschaften, Tiere und Menschen zu sprechen, alles in Beziehung zu setzen, Farben zu bestimmen und Unterschiede zu benennen: groß und größer, kurz und lang, hoch und niedrig, klein und winzig.

Bei etwas älteren Kindern geht man auch auf Begriffe wie darauf und darunter, davon, daneben und dazwischen ein. Auf diese Weise kann das Kind im Spiel seine Sprache präzise gebrauchen lernen und hat dabei nicht »wie in der Schule« lernen müssen, sondern durch seine eigene Tätigkeit Spracherfahrungen machen können.

Die richtige Bücherwahl

Kinder zwischen zwei und vier Jahren verstehen am ehesten Geschichten, die eine Beziehung zu ihrem eigenen Leben haben und ohne Nebensätze und Zeitsprünge erzählt werden.

Am allerliebsten haben sie Geschichten, die extra für sie erzählt werden. Deshalb stößt man immer wieder auf Bilderbücher, die das Erzählen den Erwachsenen überlassen und mit ihren Bildern nur Vorschläge machen. Diese Bilder sollten für das Kind verständlich sein, also naturgetreu, nicht zu grell, nicht zu wirr. Wenn auf einer Doppelseite nur ein großes Bild ist, kann sich das Kind unabgelenkt in dieses vertiefen, während der Erwachsene den Text dazu spricht.

Je älter ein Kind wird, desto differenzierter kann das Bild werden, desto mehr kann es über die reine Illustration hinaus erzählen.

Immer sollte das Bild eine Aufforderung zum Erzählen sein, eine Aufforderung an das Kind. Großeltern werden merken: Je gründlicher sie die Geschichte zum Bild ausspinnen, desto mehr und genauer lernt das Kind hinzuschauen, desto mehr hat es vom Buch, und desto weniger Bücher braucht man im Prinzip.

Bei der Bücherwahl sollte man immer bedenken: Schon das kleine Kind sollte sich gut Gemaltes anschauen dürfen. Es muß sich dabei nicht immer um künstlerische Meisterleistungen handeln. Kinder sollten sich genau wie die Erwachsenen allein in ihre Bücher vertiefen können, das Buch darf jedoch niemals als stummes Kindermädchen mißbraucht werden. Man darf ein Kind nicht mit einem Buch in die Ecke setzen, damit man selber Ruhe hat. Das läßt das Kind vereinzeln, läßt es zum passiven Konsumenten werden. Ein Buch soll das Kind gerade aus seiner individuellen Einsamkeit herausholen, nicht nur in die Welt des Wissens und der Phantasie, auch in die der anderen Menschen.

Dazu gehören Bilderbücher, die von Sachen, von Tieren, von Märchen und von Menschen handeln, aber auch diese Menschen selber – und zwar nicht nur die immer allein erzählende und vorlesende Großmutter. Warum soll man nicht einmal andere Kinder zum Bilderbuchbetrachten mit einladen, Nachbarskinder, Verwandte, künftige Kindergartenfreunde des Kindes? Man hat festgestellt, daß vor allem das Gespräch der Kinder untereinander die Sprachfähigkeit des einzelnen Kindes steigert, nicht so sehr der Dialog zwischen Kind und Erwachsenen. Grund genug, erste kleine Lesegruppen zu organisieren.

Noch einmal ein Wort darüber, wie Sie zu Bilderbüchern

kommen, die Ihnen selbst und dem Kind gefallen und außerdem im Rahmen der pädagogischen Empfehlungen richtig und altersgemäß sind.

Viele Großeltern klagen heftig über die hohen Bilderbuchpreise, und es ist immer ärgerlich, wenn man viel Geld für ein schönes Bilderbuch ausgegeben hat, das entweder eine dümmliche oder dünne Fabel hat oder dem Alter des Kindes nicht entspricht.

Man kann Geld sparen und sich vorher in guten Buchhandlungen gründlich informieren und beraten lassen, außerdem in Stadt- oder anderen öffentlichen Büchereien anschauen, was es gibt. Die meisten Büchereien haben Fach-Bibliothekarinnen für Kinder, oder man kann dort Auskunft erhalten, wo man eine solche Fachkraft findet.

Es erweitert außerdem die Kenntnis über Bilderbücher, wenn man sich Verlage notiert und sich von ihnen Gesamtkataloge mit Altersangaben schicken läßt, wenn man Besprechungen in Zeitungen, in Rundfunk und Fernsehen sammelt und beachtet, wenn man mit anderen Erwachsenen Arbeitsgruppen für Kinderliteratur gründet und sich insgesamt nicht erst um Kinderbücher kümmert, wenn man welche kaufen muß. Siehe Hinweise im Anhang!

Erste Literatur: Fingerspiele und Kinderreime

Ganz und gar gratis und für Großmütter sicher ohne Schwierigkeit aus der eigenen Erinnerung zu beschaffen sind jene Kinderreime, in denen sich Spiel und Wort mischen.

Zu den frühesten Reimen gehören wohl diese Koselieder:

> Es kommt ein Mäuschen,
> es kriecht ins Häuschen
> und macht ein bißchen
> kribbeli – krabbeli.

Da kommt die Maus,
da kommt die Maus,
klingelingeling!
Ist jemand zu Haus?

Bei beiden Koseliedern krabbeln die Finger am Ärmchen des
Kindes hinauf und zupfen bei der letzten Zeile an seinem Ohr-
läppchen.

Das sind Reime, die ein Kind leicht behalten kann, die es
also gleich bei der ersten Zeile wiedererkennt, so daß es das
Spiel ohne Schwierigkeiten mitspielen und sich darauf freuen
kann. Das zärtliche Krabbeln macht es vergnügt, stellt zudem
den Hautkontakt zum Erwachsenen her: Das Kind fühlt sich
geborgen und geliebt.

Den ersten Mengenbegriff bekommt ein Kind mit den Fin-
gerreimen.

Das ist der Daumen,
der schüttelt die Pflaumen,
der sammelt sie auf,
der trägt sie ins Haus,
und dieser kleine Schelm ißt sie alle, alle auf.

Der ist ins Wasser gefallen,
der hat ihn wieder rausgeholt,
der hat ihn ins Bett gelegt,
der hat ihn zugedeckt,
und dieser kleine Schelm hat ihn wieder aufgeweckt.

In beiden Fällen geht es um eine bestimmte Zahl, wobei es
keine Rolle spielt, daß sie nicht genannt wird. Das Wort Fünf
als Gesamtmenge der Finger einer Hand ergibt sich dem Kind
irgendwann von selbst. Wichtig: Durch die ständige Wiederho-
lung – der und der und der – begreift und erlebt das Kind die
Zahl oder die Menge fünf von selbst.

Zudem erzählen diese beiden Reime eine ganz dramatische

Geschichte von vieren, die etwas Nützliches tun und von einem, der Unfug treibt. Das ist genau die Situation des Kindes selber, was ihm niemand erst mit Worten zu erklären braucht. Das Kind erlebt es täglich selbst. Um so wichtiger ist jedoch die letzte Aussage über diesen einzelnen, die ganz wertfrei gehalten ist, ja sogar in Gelächter enden kann. Das Kind spürt in diesem Spiel, daß es so, wie es ist, mit all seinen Unvollkommenheiten von den anderen großen tüchtigen Leuten akzeptiert und geliebt wird.

Um die Zahl Sieben geht es bei diesem Reim:

> Backe, backe Kuchen,
> der Bäcker hat gerufen.
> Wer will guten Kuchen backen,
> der muß haben sieben Sachen:
> Eier und Schmalz,
> Butter und Salz,
> Milch und Mehl,
> Safran macht den Kuchen gehl.

Man klatscht dabei in die Hände oder nimmt zunächst die Hände des Kindes zum Klatschen. Man muß dem Kind sicher unzählige Male beim Aufzählen der sieben Sachen helfen. Das fördert und formt nicht nur das Gedächtnis, sondern auch die Gemeinschaft, und es verlockt die Großmutter vielleicht dazu, dem Kind zu erklären, was Safran ist und warum man ihn früher an den Teig getan hat. Oder warum man den Kuchen gleichzeitig mit Schmalz und mit Butter gebacken hat.

Auch durch diesen Kinderreim kann eine Großmutter zu Aktivitäten angeregt werden und dann vielleicht mit dem Enkelkind zusammen den nächsten Sonntagskuchen backen.

Viele dieser Kinderreime sind altmodisch in dem Sinne, daß sie aus der vorindustriellen Zeit stammen, was man ihrem Vokabular in jeder Zeile anmerkt. Das ist der Grund, warum dieses Reimgut von vielen jungen Pädagogen und Erziehern als nicht mehr zeitgemäß und wirklichkeitsfremd bezeichnet wird.

Andererseits kann man die Reime in ihrer Zeitlosigkeit immer wieder sagen und wird ständig Bezüge zum eigenen Alltag und zum Kind finden.

Der Hauptreiz und Wert dieser Reime: ihre klassische, einfache Rhythmik und Prägnanz des Ausdrucks, beides für ein Kind, das dabei hopsen oder hüpfen oder springen kann und das die kurzen Reimzeilen gut behalten und wiedererkennen kann, ist überaus wichtig. Es sind Verse, zu denen ein Kind ausgezeichnet seine eigene Melodie summen und singen und erfinden kann, die es im Lauf seiner wachsenden Sprechsicherheit umdichten und weiterdichten kann.

> Es tanzt ein Bi-Ba-Butzemann
> in unserem Haus herum,
> er rüttelt sich, er schüttelt sich,
> er wirft sein Säckchen hinter sich.
> Es tanzt ein Bi-Ba-Butzemann
> in unserem Haus herum.

Dieses Lied zum Beispiel kann die Kinder zu einem sehr ausgelassenen kleinen Tanz animieren, bei dem sie sich mit dem Butzemann identifizieren und seine komischen Bewegungen ausführen.

> Heile, heile, Segen!
> Morgen gibt es Regen,
> übermorgen Schnee,
> und dann tut's nicht mehr weh.

> Heile, heile, Eile!
> Das Kätzchen lief den Berg hinan,
> und als er wieder runterkam,
> war alles wieder heile.

Das ist immer noch die beste Art, vom Schmerz abzulenken, ihm von der Wichtigkeit zu nehmen, die das leidende Individuum ihm vielleicht geben möchte, um eine interessante, aber unverdiente Rolle zu spielen, es ist außerdem eine ideale Art, zu trösten, ohne das Kind selbst mit Gefühlen zu überschütten. Eine Schramme am Knie, ein gestoßener Ellbogen oder ein Schnitt am Zeigefinger werden damit etwas, was sie von Anfang der Welt an gewesen sind: ein kleines Wehweh, das rasch vergeht, wenn man es nicht beachtet.

Außer diesem und anderen Kinderreimen, die Großmütter meist noch ausgezeichnet auswendig können, braucht ein Kind Kindergedichte von heute. Es gibt eine Reihe von Sammlungen, auch als Taschenbuch, unter denen »Die Stadt der Kinder«, »Kunterbunter Schabernack«, »Ich sammle Wörter« oder die Gedichte von Guggenmos und Halbey zu den besten gehören.

Das Kind entdeckt die Welt im Buch

Ein Kind von drei wird gesellschaftsfähig. Das bedeutet nicht nur, daß es mit am Tisch sitzen und an den Festen der Erwachsenen voll Genuß teilnehmen kann, es bedeutet vor allem: Ein Kind von drei braucht die größere Gesellschaft anderer Kinder aus anderen Altersgruppen, die Gesellschaft anderer Erwachsener als nur die engste Familie, es braucht also auch andere Bücher als zu Anfang seines Lese-Lebens.

Es braucht Geschichten, die seiner schwierigen und gewaltigen Aufgabe der Weltentdeckung angemessen sind, Geschichten, mit und an denen es geistig und seelisch wachsen kann, die ihm Spaß machen, über die es lachen kann, und es braucht Bücher, die seinen lernbegierigen Verstand auf die rechte Weise ansprechen.

Die Unterschiede zwischen Kindern von drei Jahren sind jedoch manchmal so groß, daß die Erwachsenen ihr Kind gegen seine eigenen Bedürfnisse noch vor der Welt meinen schützen zu müssen. Da gibt es die schüchternen Kinder, die nicht das geringste Interesse an anderen Spielgefährten zeigen, es gibt die Redseligen, die sich scheinbar selbst genügen, und es gibt die Raufbolde, die jede Kindergemeinschaft von vornherein zu sprengen scheinen. Kann man da überhaupt von generellen pädagogischen und literarischen Bedürfnissen und Regeln sprechen?

Allen Kindern ist eins gemeinsam: Sie lernen jeden Tag ein so ungeheures Pensum, wie wir es ihnen kaum mehr nachempfinden können. Sie lernen Dinge und Handfertigkeiten kennen, lernen täglich neue Begriffe und Wörter, Satzteile und logische Zusammenhänge, begegnen neuen Menschen mit manchmal – für sie – völlig unverständlichen Reaktionen. Damit hängt die zweite Gemeinsamkeit zusammen: Je mehr sie lernen, desto mehr wird ihnen bewußt, wie winzig und unvollkommen sie noch selber sind, und sie tun genau das gleiche, was Erwachsene in einer solchen Situation tun, sie versuchen sich zu beweisen, daß sie doch tüchtiger und mächtiger sind, als die Welt von ihnen annimmt, sie versuchen durch Leistung oder durch Störung diese Welt auf sich aufmerksam zu machen.

Und schon haben wir die ersten Helden der frühesten Kindergeschichten und Reime beschrieben: den Gernegroß, die Zwerge und Riesen, das Hänschenklein, das in die Welt hineinmarschiert und dann wieder erleichtert zur Mutter zurückkehrt. Dazu die Pippi Langstrumpf, die sogar mächtiger als alle Mütter, Väter und Polizisten ist. Diese Geschichten werden geliebt, und das ist die nächste Gemeinsamkeit: Alle Kinder hören gern Geschichten. In den Geschichten finden sie Bestätigung, dort hören sie von anderen, die meist alles schaffen und bei denen alles gut ausgeht, dort wird Mut belohnt, und es ist meist in den Märchen der Jüngste und Dümmste, der die schwierigen Prüfungen besteht und das Königreich gewinnt.

Das macht ein Kind zuversichtlich, besonders wenn es einen schlechten Tag hat und nicht einmal seine Schleife selber binden konnte. Außerdem ertragen sich Dreijährige gegenseitig fast am besten, wenn sie zuhören können. Es fällt Großmüttern und anderen Erwachsenen also leichter, diese Mini-Individualisten zur ersten Gruppe zu binden, indem sie ihnen viel und Verschiedenes vorlesen.

Man kann generell sagen: Hat ein Kind in der ersten Bilderbuchphase vor allem Personen und Sachen als Einzelheiten entdeckt, sind sie in bezug auf das Kind selber interessant gewesen, so beginnen sie in dem Augenblick, in dem das Kind die Welt außerhalb des eigenen Ich, der engsten Familie und der Wohnung wahrzunehmen beginnt, ihr großes Spiel. Sie werden wahrhaft lebendig, treten in Beziehung zueinander, und das hat Folgen, die beglücken oder erschrecken, die voraussehbar oder überraschend sind.

Wenn das Kind zuerst neugierig bestrebt war, das Inventar seiner Umwelt zusammenzustellen, so ist es jetzt begierig, die Aktionszusammenhänge herauszubekommen und nachzuahmen, und es benutzt dabei die Methoden und Verhaltensmuster, die ihm die Umwelt bietet. Zu dieser Umwelt gehören selbstverständlich auch die Bilderbücher, gehören Märchen und Gedichte, an denen das Kind spürt, daß die Sprache Musik klingen lassen kann, dazu gehören alle von der Familie und speziell von der Großmutter erfundenen Gute-Nacht-Geschichten, und sie alle tragen dazu bei, daß aus dem lauschenden Kind ein selbständiger Mensch werden kann, der später eher imstande ist, das Leben in der Gemeinschaft, in Ehe und Beruf zu bewältigen, der vor allem wirklich fähig ist, für sich selbst zu entscheiden und mit seiner Freizeit etwas anzufangen.

Ich weiß, das klingt pathetisch, aber es beginnt zum Beispiel in dem Moment, in dem die Großmutter ein Buch aufschlägt und eine Geschichte vorliest. Das Kind fragt dazwischen: »Was ist das?«, und es wird seine Antwort bekommen.

Fragt es beim nächsten Mal wieder und auch beim übernächsten und überübernächsten Mal, so sollten Sie ihm nicht geduldig immer wieder antworten, sondern ihm klarmachen, daß es die Antwort selber kennt.

Sie können dagegen fragen: »Ja, was ist das denn?«, können ein Spiel daraus machen und fragen: »Ist das eine Katze? Eine Zahnbürste? Oder ist das vielleicht ein Ohrensessel?«

Das erheitert das Kind, zeigt ihm, daß Sprache Übereinkunft ist, eine unserer großen Ordnungsformen, ohne die es keine Verständigung über Sachen und Meinungen gäbe. Es ist aber auch vor allem ein Anstoß zum Selberdenken, und es ist ein heilsamer Rückzug des Erwachsenen von jener Bevormundung und totalen Bindung, in denen ein Kind ersticken kann, wenn die Großmutter nicht weiß, daß Liebe bedeutet: dem anderen zur rechten Zeit Freiheit zu geben.

Das gilt schon für diese Fragen: »Warum tut der Junge das? Warum wird das Mädchen gescholten?« Ja – warum?

Geht es um ein Thema, das dem zuhörenden Kind angemessen ist, so kann es sich eigentlich selbst antworten. Kinder von drei bis sieben sind jedoch vergeßlich. Außerdem wandeln sich Prinzipien und Aussagen der Erwachsenen oft von einem Tag zum anderen. Da tut es gut, wenn man manches immer wieder hört oder bestätigt bekommt. So muß der Erwachsene entscheiden, um welchen Fall es sich handelt. Er darf aber bestimmt nicht die aufkeimende Denkbereitschaft des Kindes mit fix und fertigen Redensarten im Ansatz ersticken. Besser ist es, die Frage aufzugreifen und gemeinsam mit dem Kind zu überlegen, was es für einen Grund für die Handlung des Jungen gegeben hat und ob das Mädchen zu Recht gescholten worden ist.

Man sollte dabei dem Kind beim Sprechen den Vortritt lassen und geduldig darauf warten, was es selber zu sagen hat. Dabei lernt man ein Kind nicht nur besser kennen, man schult vor allem seine Fähigkeit, genau zu beobachten, nicht alles ohne Nachdenken als Selbstverständlichkeit hinzunehmen,

Vorgänge schrittweise zu beschreiben und selbst lieber Lösungen vorzuschlagen. Das macht nicht nur Spaß, es macht auch sicher. Das Kind gewinnt das Gefühl, nicht immer nur belehrtes Objekt zu sein. Es kann zeigen, daß es schon etwas Vernünftiges zustande bringt. Es spürt, daß es die große und geheimnisvoll fremde Welt zu durchschauen beginnt, und das verringert alle seine Ängste vor eben dieser Welt.

Das Kinderbuch als Erziehungsmittler

Für den Erwachsenen ist gerade diese Zeit mit einer vielschichtigen Verantwortung verbunden. Jeder von uns weiß heute, daß ein Kind durch Zuschauen, durch Beobachten mehr und intensiver lernt als durch Drill, Verbote und Predigten.

Nun sind den Eltern und den Großeltern der Struwwelpeter und andere Bilderbücher dieser Art glücklicherweise meistens voll Liebe und mit Schmunzeln vorgelesen worden – wer war schließlich schon so schlimm wie der bitterböse Friederich? Deshalb ist vielen Erwachsenen gar nicht bewußt, was die Gesinnung solcher Bücher und Methoden zum Beispiel in den Köpfen der Mütter und Väter anrichten kann, die ihre Kinder mißhandeln. Oder bei den Eltern, die Prügeln als normal empfinden.

Außerdem: Die meisten Unarten der Struwwelpeter-Kinder waren Folgen des verständnislosen Verhaltens der Erwachsenen. Die Tragödie vom Zappelphilipp wäre zum Beispiel überhaupt überflüssig gewesen, wenn der Junge nicht den ganzen Tag zum braven Stillsitzen gezwungen worden wäre.

Schließlich: Mit Verboten läßt sich heute die Sicherheit eines Kindes nicht mehr garantieren. Verbote nehmen Kindern das eigene Nachdenken ab, sie verstärken also auf eine gefährliche Weise die Unselbständigkeit und Passivität, die ein Kind heutzutage in einem raschen Wechsel der Umweltbedingungen so früh wie möglich ablegen muß. Ob es sich um Haushaltsgeräte, den Straßenverkehr oder Sexualverbrechen handelt, täglich kommen neue Gefahrenquellen hinzu, und ein Kind muß schrittweise verstehen lernen, warum etwas gefährlich ist.

Deshalb brauchen Kinder schon im Kindergartenalter Sachbücher, die ihnen auf eine verständliche Art vom System des Straßenverkehrs über Rolltreppen und Sexualität bis zum Umgang mit Haustieren erklären, wie was funktioniert und wie man es richtig handhabt oder sich dazu stellt.

Ohne Erwachsene ist freilich auch das beste Sachbuch über Hausbau oder Schiffe, Brotbacken oder Krankenhaus nutzlos. Doch wenn ein Kind zum Beispiel mit seiner Großmutter im Zoo, in einer Gärtnerei oder bei der Feuerwehr gewesen ist, wenn ein Vater die Kinder der Nachbarschaft in seinen Betrieb oder seine Handwerksstätte eingeladen hat, so ist es gut, wenn man diese immer noch viel zu kargen und kurzen Erlebniseindrücke wenigstens durch Bilderbuchbetrachtungen festigen und ergänzen kann. Es gibt viele Verlage, die gute Kindersachbücher machen, so daß man nur zu stöbern braucht. Kinder hungern nach Informationen, Anregungen und Neuigkeiten, und schon deshalb ist es gescheiter, ihren Wissensdurst zu stillen und ihren Verstand herauszufordern, statt sie abzuschrekken.

Es gibt nicht so viele Bücher, in denen Kinder die Hauptpersonen sind oder in denen zumindest die Tierhelden nicht nur »süß« sind, sondern stellvertretend die Rolle eines Kindes übernehmen und dem Betrachter im Tiergewand menschliche Probleme vorführen.

Es stört viele Erwachsene, wenn das Kind auf dem Umweg über Bär, Hase und Maus an die Wahrheiten des Lebens herangeführt wird. Sie hätten es lieber klar, unverhüllt und geradewegs. Die Praxis beweist jedoch, daß Kinder ganz genau begreifen, worum es geht, wenn Bild und Text jene Dichte und Eindringlichkeit besitzen, die jede gute Geschichte braucht, um wirken zu können.

Beim Vorlesen entsteht ein gleichmäßiger Rhythmus, der sozusagen die Gedanken des Kindes mitträgt. Da die Verse leicht ins Ohr gehen, so leicht, daß man sie rasch auswendig kennt, wird dieses Gefühl für Ordnung noch gestärkt. Das Kind hat das Gefühl: »Hier hat alles, jedes Wort und jedes Bild seinen festen Platz!« Ihm selbst schenkt diese Form die Befriedigung, daß es diese Ordnung erkennt, durchschaut und genießt. Es fühlt sich rasch so klug wie das Buch, es kann diese Kenntnis und Überlegenheit immer wieder nachprüfen und dadurch neue Sicherheit gewinnen. Die Kinder-Psychologie hat aufgezeigt, wie stark gerade im Kind zwischen drei und sechs das Gefühl für Ordnungen ausgeprägt ist. Das hängt vermutlich damit zusammen, daß dem Kind begreiflicherweise vieles an unserer Welt fürchterlich und unheimlich vorkommt. Seine Erfahrung reicht noch nicht aus, um sich Unbekanntes und Unverständliches zu erklären, seine körperlichen Fähigkeiten reichen noch nicht aus, die Entdeckungszüge zu unternehmen, die es vielleicht gern starten möchte. So muß jedes Kind im wahrsten Sinn des Wortes ganz klein mit seiner Weltentdeckung beginnen. Es muß die Schlaftiere im Bett in eine Ordnung bringen und damit beherrschen. Es muß Meister über seine Bauklötze und Bälle werden, und wenn es im eigenen Bereich weiß, was los ist, erweitert es seinen Erfahrungsbereich auf andere Zimmer, andere Menschen, fernere Räume der Umwelt. Aber jeder Fortschritt kann wieder dadurch gefährdet werden, daß sich an der Basis etwas ändert. Großeltern haben dies alles schon einmal mitverfolgt, deshalb verstehen sie oft leichter als Eltern, daß ein Kind wirklich die Fassung verlieren kann, wenn ein Schlaftier verlorengeht, am falschen Platz liegt, wenn jemand eine Geschichte anders erzählt als gewohnt, wenn es zur falschen Zeit das zweite Frühstück gibt.

Durch die unterschiedlichsten Untersuchungen und Beobachtungen von Ärzten, Psychologen und Fernsehfachleuten wissen wir, daß es für ein kleines Kind nichts Schlimmeres geben kann als Einsamkeit und das Gefühl von Verlassenheit und Vergessensein. Schon wenn Kinder Geschichten von ausgesetzten Kindern hören, wenn sie in Filmen Szenen voll Öde und Einsamkeit sehen, wenn gar der Held verlorengeht, so beschleunigt sich ihr Pulsschlag, oder das Herz bleibt ihnen im wahrsten Sinne des Wortes stehen. Es ist ihnen unmöglich, »das ist ja nur eine Geschichte!« zu denken. Die dargestellte Situation greift auf sie selber über, die kreatürlichste Angst eines Kindes vor der Schutzlosigkeit erfüllt es bis zur Unerträglichkeit.

Das Kind braucht einen Lesepartner

Das ist, scheint mir, ein Vorteil vieler Bücher, die andere Lebens- und Erziehungsstile darstellen: Sie können – auch – Anschauungsmaterial sein und zum Gespräch über die Tatsache beitragen, daß es zu fast allem verschiedene Ansichten und Meinungen gibt und daß man über diese nachdenken muß, ehe man über sie urteilt.

Das zeigt: Kinder haben schon ganz früh den größten Gewinn von ihrer Literatur, wenn es so geduldige Vorleser und Gesprächspartner wie Großmütter gibt. Denn das Kind braucht nicht nur Bücher, es braucht auch Bezugspersonen, die mit ihm über das sprechen, was es betrachtet hat oder vorgelesen bekommt, denn da es kein einziges Buch gibt, zu dem man nicht etwas vorbringen könnte – Zustimmung, Kritik, historische Erläuterung, Beziehungen zum eigenen Alltag –, so muß man sich mit einem Bilderbuch wie mit einem Menschen auseinandersetzen und kann dabei dem Kind von vornherein klarmachen: Nicht alles, was gedruckt ist, stimmt.

Es muß nicht jede Meinung unwidersprochen hingenommen werden. Das gilt vor allem und gerade für Bilderbücher, die dem Kind soziale Hilfen geben sollen, die ihm zeigen, wie es seine Rolle leichter finden und übernehmen kann. Diese Bücher sollten vor dem Kauf ganz besonders geprüft werden.

Großeltern können sich so wenig blindlings auf den angepriesenen pädagogischen Wert eines Bilderbuchs verlassen, wie sie ein altmodisches Buch aus ihrer Jugend verwerfen müssen. Es liegt also ganz und gar bei ihnen, immer wieder selbst zu entscheiden, ob sie jene in einem Bilderbuch vertretene Meinung auch für sich und ihr Enkelkind akzeptieren können, und sie sollten dies Problem vielleicht auch mit den Eltern des Kindes besprechen. Über der Bedeutung von Umweltgeschichten sollte man freilich nicht vergessen, daß ein Kind wie eh und je Humor, Spiel und Erfundenes in seinen Büchern braucht, Bücher, bei denen man lachen kann, nehmen ihm die Angst vor der allzu vollkommen scheinenden und mächtigen Welt. Sie zeigen ihm, daß man nicht alles ernst nehmen muß und daß das Vergnügen über etwas Komisches von den Erwachsenen geteilt wird.

Gedichte, also Kinderverse, Spiel- und Zählreime und ähnliches gehören ebenfalls schon aus diesem Grund nicht nur in die ersten Lebensjahre, sondern zur Kindergartenlektüre eines Kindes.

Später in der Schule findet das Gedicht nicht mehr statt. Kinder müssen kaum mehr auswendig lernen, und wenn es in vielen Fällen gut ist – Großmütter brauchen nur an die absolut entbehrlichen Sachen zu denken, die sie früher in der Schule haben pauken müssen –, so beraubt es das Kind nicht nur um den Zugang zu einer wichtigen Literaturform, sondern vor allem um den Genuß einer Sprachform, die fast eigens für Kinder geschaffen zu sein scheint.

Gedichte entsprechen genau dem Bewegungsdrang, dem rhythmischen Instinkt der Kinder. In den kurzen Formulierungen der Kindergedichte liegt außerdem ein Witz, eine Schlagfertigkeit, eine geniale Verkürzung der Sachverhalte, die ein Kind einfach kennenlernen muß. Dazu kommt die geheimnisvolle Magie des Reims, der zum Spielen einlädt und dem Kind manchmal jählings klarmachen kann, wieviel Überraschung, Widerspruch, Erhabenes und Albernes in unserer Alltagssprache verborgen liegt.

Das Kleinkind braucht aktive Anregung

Leicht ist es, das Verlangen des Kleinkindes nach Phantasie, Märchen und Geheimnis zu stillen. Es gibt eine Fülle von meist vorzüglich illustrierten Büchern, in denen sich einfallsreiche Kinder neue Ideen holen und etwas schwerfälligere Kinder zum erstenmal vormachen lassen können, was man mit dem Wort und mit Farbe und Form alles anfangen kann. Gerade diese Bücher, in denen die Phantasie herrscht, besitzen starken Aufforderungscharakter. Und so wie man ein Kind immer wieder ermuntern sollte, wenn es eine Geschichte auf seine Weise nacherzählt, ergänzt, mit Beziehungen zum eigenen Leben anreichert, auf den Kopf stellt und vollkommen neu erschafft, sollte man schleunigst große Malblöcke, Fingerfarben oder Filzstifte kaufen, wenn das Kind die Lust packt, die Geschichte aus dem Bilderbuch besser oder anders für sich selbst zu malen.

Das führt zu einem anderen Punkt. Gut für Kleinkinder sind alle Bilderbücher, die sie nicht nur passiv genießen können. Denn ein Kind in diesem Alter erlebt noch mit dem ganzen Ich, mit Haut und Haar. Es will sich nicht immer auf den Schoß kuscheln und still versunken zuhören. Es will vielleicht tanzen oder im Spiel nachvollziehen, was es hört, will seine Lesefreude mit anderen Kindern teilen und soll deshalb alle diese Möglichkeiten haben, die Eindrücke seiner Bücher so intensiv zu verarbeiten, wie es sich anbietet.

Es gibt Spiel-, Falt- und Puzzlebücher, die ein Übergang vom Anschauen und Erzählen zum Spielen und zum Leben sind und diesen Bedürfnissen der Kinder nachkommen.

Ins Bücherregal gehören auch die Bücher, in denen die kognitiven Fähigkeiten der Kinder angesprochen und geübt werden. Es geht in diesen Büchern, meist in Zusammenarbeit mit Psychologen und Pädagogen entstanden, um Formen und Farben, erste Mengenbegriffe, Unterschiede und Gemeinsamkeiten. Die Auswahl ist so groß, daß man sich von Kindergärtnern oder Buchhändlern beraten lassen sollte.

Bücher für Drei- bis Siebenjährige sind noch Vorlesebücher. Man beginnt mit einfachen Texten und Bildern und arbeitet sich von ganz allein zu solchen Titeln vor, bei denen Text und Bilder allmählich anspruchsvoller, vielfältiger und schwieriger werden, bei denen schließlich der Text das Bild aus seiner vorrangigen Position zu verdrängen beginnt und das Bild zur Illustration wird.

Ein Kind, das mit Büchern lebt, übt seine Sprache, entwickelt einen lebendigen und reichen Wortschatz und lernt sich differenziert ausdrücken. Davon aber hängt später in der Schule entscheidend viel ab. Sprechenkönnen fördert das Lesenkönnen und umgekehrt. Es ist also richtig, wenn die Großmütter die Lesefähigkeit ihres Enkelkindes in der ersten Schulzeit zu fördern suchen.

Die Schaukel und die Atempause

Die Welt ist laut. Menschen brauchen aber Ruhe. Manchmal kommt es mir so vor, als ob es die oberste Aufgabe der Alten wäre, den Enkeln die Stille zu zeigen, sie zu lehren, die Stille zu genießen. Die Stille als Atempause, als Augenblick der Sammlung.

Einer meiner Freunde erzählte einmal, er habe als Kind die Dämmerstunde ganz besonders geliebt, diese Stunde, in der es schon zu dunkel für eine Arbeit war, aber noch nicht so finster, als daß man das teure Licht hätte anzünden müssen. Dann setzte er sich auf seine Schaukel, die am Querbalken der Küchentür hing, und schaukelte sich sacht und leise hin und her, hörte nur das rhythmische Knarzen und Quietschen von Ring und Haken, sah das verlöschende Feuer im Herd, dachte an dies und das, und alle Last des Tages glitt von seinen Kinderschultern ab.

Die Schaukel. Das Schaukelpferd. Der Schaukelstuhl – keine Anregung, keine Tätigkeit, kein Programm, nur die sachte Bewegung, bei der die Gedanken und die Gefühle zur Ruhe kommen.

Der kleine Junge von damals hatte sich immer ein Schaukelpferd gewünscht, aber auch begriffen, daß das ein unmäßiger Wunsch war. Zu einer Schaukel am Türbalken aber reichte es, und das genügte ihm auch. Vielleicht reicht es heute, gar kein Gerät verlockend spielen zu lassen. Kein fremder Ton, kein Zeitvertreib.

Zu meiner eigenen Großmutter kamen die Enkelkinder der Hausbesitzerin, die im Parterre wohnte, auf allen vieren wie kleine mollige Tiere die ausladende offene Treppe in den ersten Stock heraufgekrochen, das eine, ältere Kind, flink wie ein Wiesel, das zweite, noch unbeholfen, mit dem verzweifelten Schrei: »Warte, warte – hier kommt noch ein Kind!« Und wenn dann beide oben waren, setzte meine Großmutter sie in die Kissen der Hängematte auf den Balkon, und sie wiegten sich eine Weile stumm und selig hin und her, stritten sich nie, sahen ihre eigene Großmutter unten im Garten werken, sahen die blühenden Geranien auf unserem Balkon, den wilden Wein an der Hausmauer, den Himmel und die Baumkronen ein kleines Stück näher, und sie wiegten sich und nannten meine Großmutter noch als junge Frauen »Tante Wiewie«.

Und wenn die Kinder sich genug gewiegt hatten, gingen sie wieder hinunter zu ihrer eigenen Familie.

Eine Atempause dieser Art, Hängematte oder Schaukel, brauchen heute vor allem die jungen Schulkinder dringlicher denn je. Aber betrachten wir die Schulzeit erst einmal von den Büchern aus.

Erstes Lesealter: Schule

Wenn das Kind in die Schule kommt, verläuft die Entwicklung häufig so: Zunächst stürzt es sich voll Eifer aufs Lesen. Dann stellt die Großmutter plötzlich mit einer gewissen Enttäuschung fest, daß diese Lust erlischt und alle Bücher liegenbleiben. Dies kann sich in kurzen oder längeren Abständen wiederholen, und für diese Lesemüdigkeit gibt es viele Gründe und Erklärungen. Das Wetter ist zu schön, es gibt so viele neue Freunde in der Klasse. Der Lehrer ist doof. Die Schultexte haben lauter schwere Wörter. Bei jedem zehnten Kind stellt sich im ersten Schuljahr außerdem heraus, daß es weit- oder kurzsichtig ist und nicht lesen mag, weil es nicht ordentlich sehen kann.

Außerdem gibt es eine Fülle von Comic-Heften, die so angelegt sind, daß sie von Analphabeten – Kindern und Erwachsenen – ohne Mühe verstanden werden. Es gibt genug Fernsehsendungen, mit denen ein Kind die Zeit totschlagen kann. Das heißt: Es wird nicht gezwungen, sich mit Büchern zu beschäftigen, wenn es Geschichten genießen will, ganz im Gegenteil. Es gibt so viel Abwechslung, daß das Lesen ganz überflüssig erscheinen kann.

Diese Lesebarriere taucht notwendigerweise dort stärker auf, wo Bücher ohnehin weniger selbstverständlich sind und dem Reiz der anderen Unterhaltung stärker nachgegeben wird.

Hier setzt nun die Verantwortung der Eltern und der Großeltern ein, die dem Kind so früh wie möglich die Chance geben sollten, zum Leser zu werden. Wer gern liest, erinnert sich gewiß – wenn auch schattenhaft – an jene ersten Verzückungen und Verzauberungen durch ein Buch, der weiß noch genau, wie es war, als ihm zum erstenmal aufging, was Lesen bedeuten kann.

Dabei spielt es offenbar gar keine Rolle, ob man damals ein sogenanntes gutes Buch gelesen hat oder einfach nur eine Geschichte von einer Katze, die genauso war, wie man sie sich immer gewünscht hat, oder von einem Märchenland, in das man eintritt wie in die tiefste Heimat. Um dieser Momente willen sollte man alles daransetzen, die Entfernung zwischen Kind und Buch so früh wie möglich zu verkleinern. Dabei genügt es natürlich nicht, dem Kind Berge von Büchern bester Qualität zu schenken und damit basta. Kindern vor dem Schuleintritt wird mit größer Selbstverständlichkeit vorgelesen. Zu Abc-Schützen sagt man: »Du kannst ja nun selber lesen!« Oder: »Daran kannst du gut lesen üben!«

Beides ist entmutigend, denn erstens weiß ein Sechsjähriges ganz genau, daß es noch lange nicht richtig lesen kann, und wenn es zweitens das Buch nur als einen pädagogischen Anreiz in die Hand gedrückt bekommt, so müßte das Kind schon ein Tugendbold reinsten Wassers sein, wenn es diese indirekte Nachhilfe nicht in die erstbeste Ecke feuerte.

Kinder brauchen in dieser Übergangsphase beides: das Vorlesen und das Selberlesen, und für beides brauchen sie verschiedene Bücher.

Das Vorlesen sollte in den gleichen gemütlichen und genußreichen Dosierungen wie früher geschehen, wobei man jetzt anspruchsvollere Texte auswählen kann. Denn das Kind ist ja nicht mit dem Text allein, es hat Vermittler bei sich, einen Erklärer, und der Vorlesende merkt an der Reaktion des Kindes, wie weit er gehen kann, wie das Buch ankommt und ob es tatsächlich verstanden wird. Danach kann man sich richten, wenn es an die Wahl des nächsten Vorlesebuches geht. So kann man Vorlieben berücksichtigen und Einseitigkeiten ausgleichen.

Vielleicht sollte die Großmutter einmal die gute alte Art des Lesens mit verteilten Rollen wiederentdecken. Sie braucht sich dazu nur ein Buch auszusuchen, in dem spannende oder amüsante Partien mit wörtlicher Rede und viel Dialog vorkommen.

Das Kind sollte möglichst eine Leserolle übernehmen, die keine zu langen Texte umfaßt. Es sollte eine Person darstellen, mit der es sich voll Vergnügen und Zustimmung identifizieren kann und in der es leicht Erfolg hat. Das kann durch Komik garantiert sein – es ist immer dankbar, wenn man mit seinem Text alle Lacher auf seiner Seite hat. Es kann sich aber auch um eine moralische Entscheidung handeln. Wenn ein Kind den verkörpert, der anderen hilft, der Freundschaft nicht verrät, der trotz falscher Verdächtigung aufrecht und unbeirrbar das Richtige tut, so reißt der Text das Kind mit, und es tut gar nichts, wenn es sich dabei verspricht oder etwas ganz anderes liest, als im Buch steht.

Wichtig ist dabei nur das Lesen, das Miteinanderlesen, nicht das fehlerfreie Runterrattern. Es soll kein Programm werden, kein Drill und kein Wettbewerb, soll Spaß machen und die Selbständigkeit und Selbstverständlichkeit des Kindes im Umgang mit der Sprache fördern. Das Kind soll merken, daß Lesen keine Einbahnstraße ist, keine andere Art der Isolierung, sondern der Verständigung der Menschen untereinander dient.

Sachbücher

Ein Kind von den ersten Schuljahren bis in das Alter von zehn und zwölf Jahren ist der Natur noch näher als der Erwachsene. Es fühlt sich noch mit dem Lebendigen um sich herum verschwistert, es hat die magische Phase noch nicht verlassen oder noch nicht vergessen, in der ihm die Tiere beseelt erschienen und in der es mit dem Mond und den Bäumen sprechen konnte. Noch steht es in der Mitte, ist ein Stück Natur und gleichzeitig schon vom Verstand gelenkt.

Das bedeutet in bezug auf seine Bücher: Es braucht gleichzeitig phantastische Bücher und Sachbücher über die andere, die erklärbare Seite der Natur, die für das Kind nun von Jahr zu Jahr wichtiger und bestimmender werden wird.

Es wäre falsch und würde das Kind verwirren und um eine Stufe der Entwicklung des leichten Übergangs aus der Traumwelt in die rationale Welt betrügen, wenn man eins von beiden leugnete.

Das große Thema ist momentan der Umweltschutz. Wie könnte er geleistet werden, wenn es nicht eine ganz tiefe Beziehung zwischen dem, der schützt, und dem, was geschützt werden soll – Wasser und Wald, Käfer und Biene – zumindest einmal gegeben hat?

Darüber hinaus ist ein Kind in diesem Alter immer mehr darauf begierig, zu sehen, zu erfassen und zu begreifen, wie die Welt funktioniert. Es hat zudem viele Fragen, die weder die Eltern noch die Großeltern beantworten können, es sei denn, sie hätten früher in der Schule in den naturwissenschaftlichen Fächern gut aufgepaßt und alle Fortschritte auf dem Gebiet der Raumfahrt, der Tierverhaltensforschung und der Biologie all die Jahre hindurch so gut verfolgt, daß sie sie jetzt dem Kind erklären können.

Bei den Sachbüchern zeigt sich freilich gleich wieder, daß der Übergang zwischen Kindergarten oder Vorschule und Schule gleitend ist. Ein Kind hat auch jetzt nichts vom noch so schönen Sachbuchvorrat, wenn es nicht einen Erwachsenen gibt, der ihm diese Schätze erklären hilft und lebendig macht. Grundbegriffe der Physik – das klingt ungeheuer theoretisch, aber ein Kind hat viele von ihnen beim Lego-Bauen und Basteln längst kennengelernt. Es braucht jetzt nur den Alltag so weiter erklärt zu bekommen, wie es in den ersten Technik-Büchern geschieht, in denen Rolltreppen, Klos, Rührgeräte und andere Dinge aus der Umwelt eines Kindes einleuchtend dargestellt werden.

Um bei ihnen zu bleiben: Grundbegriffe der Chemie beginnen in der Küche mit kochendem Wasser und dem Wunder, daß es Kartoffeln weich und Eier hart macht.

Zoologische Gärten und Museen, Gartenausstellungen und Naturschutzgebiete, Arbeit im eigenen Garten oder – wenn es keinen gibt – Experimente im Blumentopf: Das alles hilft, Sachbücher richtig zu lesen und zu behandeln. Doch nicht nur für diese Buchgruppe braucht das Schulkind Hilfe und Erklärungen. In jedem Buch kommen neue Begriffe und Fakten vor. Wenn man ihnen nachgeht, gemeinsam mit Erwachsenen und anderen Kindern, so vertieft sich jeder Eindruck, und das Kind erkennt, daß im Buch mehr verborgen ruht als etwas Zeitvertreib für zwei, drei Stunden.

Ein Kind ist jedoch nicht nur sachbezogen. Es macht allmählich seine Erfahrungen mit Menschen. Zuerst hat es auf den selbständigen Wegen in die Schule und zum Einkaufen begriffen, daß es nicht nur das eigene Ich samt der engsten Familie gibt und daß viele Menschen anders als jene sind, mit denen es bisher umgeben war. Es hat Gerechte und Ungerechte kennengelernt, Unfreundliche und Geduldige.

Nun beginnt es die Menschen nicht nur in bezug auf sich selbst zu sehen. Es merkt: Ihre Ansprüche werden größer, ihre Rücksicht auf das Kind wird geringer, und mit dem Mut und der Lust, die als immer verlockender erkannte Welt kennen- und beherrschen zu lernen, wächst die Angst vor dem Unbekannten. Eine Entwicklung wiederholt sich, die das Kind ganz am Anfang seines Lebens gemacht hat, als es die engste Nähe der Mutter oder der Großmutter verließ und auf allen vieren die große, unbekannte Wohnung zu entdecken loskrabbelte. Damals stieß es die Großmutter zurück, um alles alleine zu machen, und schrie gleich darauf gellend, wenn sie das Zimmer verlassen wollte.

Jetzt ist es wieder so: Das Kind will alles, weiß aber unterdessen nur zu genau, daß es nicht alles vermag. Dies schwache Selbstvertrauen muß wie damals gestützt werden, damit Aktivität und Antrieb nicht erlöschen, damit das Kind zum Beispiel die große Gemeinschaft der Klasse und der Schule ohne Schwierigkeiten erträgt.

Aber wie? Was für Bücher braucht ein Kind, um die Eigenschaft zu entwickeln, mit der ein Mensch in der Massengesellschaft zurechtkommt? Sind Märchen noch nötig oder vertretbar, und wie steht es mit den Träumen und Phantasien, mit den erfundenen und unsichtbaren Gesellen, zwischen denen jedes Kind einmal lebt und mit denen es sich darüber hinwegtröstet, daß es eben erst ein Kind und noch kein Held ist, daß seine Sehnsüchte und Pläne die Wirklichkeit weit übersteigen? Was macht man mit Büchern über Seeräuber, Ritter, Indianer und Cowboys, die in Kindern den Wunsch nach jener Freiheit, Macht und Unabhängigkeit wecken, dem nichts in ihrer Umwelt mehr entgegenkommt? Was fängt ein Kind mit all diesen Kräften an? Wie gelingt es, ihm zu zeigen, daß vieles in Büchern zu entdecken und zu genießen ist, was es in der Wirklichkeit um sich herum nicht zur Verfügung hat, ohne die Kinderliteratur zu einem Lebensersatz zu degradieren, zu einer Fluchtliteratur schon für Abc-Schützen?

Das ist das Problem für Eltern und Autoren.

Kinder können die sozialen Bedingungen ihrer Umwelt noch nicht verändern. Sie können keine Mietverträge umformulieren oder das Recht auf den Rasen durchsetzen. Das ist Sache und Verantwortung der Eltern und anderer Erwachsener. Diese sollten sich die Sache nicht leicht und bequem machen und Kinderbücher über Kinderproteste kaufen und propagieren, sie sollten lieber den langen, unangenehmen, aber notwendigen Weg einschlagen und etwas für diese Kinder tun.

Denn selbstverständlich leiden gerade Schulkinder unter schlechten sozialen Bedingungen, unter dem Mangel an Spielfreiheit, unter den Vorurteilen der Erwachsenen, unter Meinungsverschiedenheiten zwischen Eltern und Lehrern.

Diese Leiden und die damit verbundene Anklage sind allerdings schon immer das Thema von Kinderliteratur gewesen. Von »David Copperfield« und »Oliver Twist« von Charles Dickens, von »Prinz und Betteljunge« von Mark Twain über »Heimatlos« von Hector Malot oder Kästners Romanen bis zu den »Sternkindern« von Clara Asscher-Pinkhof gibt es eine lange Liste hervorragender Kindergeschichten. Sie alle machen dem Leser klar, daß es kein rosiges Kinderwunderland gibt, in dem sich das Kind nach den Vorstellungen der Romantiker wie eine unschuldige Blume entfaltet, sondern daß auch das Kind in eine Welt hineinwächst, in der vieles nicht in Ordnung ist, und daß es in der Verantwortung des einzelnen liegt, diese Tatsachen nicht schweigend und bequem hinzunehmen.

Die Geschichten lassen freilich keinen Zweifel daran, daß hier an den Menschen appelliert wird und nicht an Verhältnisse. Daß jedes dieser Bücher eine tiefe Wirkung ausübt und immer schon ausgeübt hat, liegt daran, daß es sich um Literatur handelt, gut aufgebaut ist, eine Geschichte zu bieten hat und nicht nur von politischer Moral, sondern von Personen handelt, die sich ein Kind vorstellen und an die es sich erinnern kann, und daß diese Geschichten schließlich von Autoren geschrieben sind, die ihre Sprache beherrschen und sich die Mühe gemacht haben, die Zustände, die sie darstellen, auch erforscht oder erlebt zu haben. Sie wissen also über ihren Stoff Bescheid, haben recherchiert, wo die eigene Kenntnis nicht ausreichte, und ziehen die richtigen Schlüsse.

So sollte es immer sein. Das ist es aber leider nicht. Es gibt für Großeltern also keinen Rat als den: Kümmert euch gemeinsam mit den Eltern um die Literatur des Kindes. Prüft, was es liest. Vor allem jetzt, wo die Mitschüler und die Lehrer als geheime Miterzieher dazukommen.

Comics

Das erleben sicher alle Eltern: Buch und Lesemoden wirken unbeirrbar und schier unbeeinflußbar von Jahr zu Jahr mit wachsender Lesefähigkeit stärker von der Schule ins Haus. Wenn die Kinder in der Klasse ein Buch gut finden, so ist es gut.

Auf diese Weise lebt zum Beispiel Karl May sein ewiges Leben, denn bei irgendeinem Kind taucht er garantiert einmal auf, und da ihn meist ein heißgeliebter Onkel oder Großvater als Geschenk mitbringt, wird sofort die Zuneigung vom Spender auf das Buch übertragen – ein Vorgang, der sich freilich nicht nur auf Karl May beschränkt und den man deshalb zum Positiven ausnutzen sollte. Onkel, Tanten und andere Verwandte sind ohnehin meist froh, wenn man ihnen sagt, welche Bücher jetzt gerade wichtig sind und gewünscht werden.

Am ehesten dringen die umstrittenen Comics von der Schule in die Familien ein und lösen entweder gar nichts oder einen Sturm der Empörung, verbunden mit sofortigen Verboten, aus, oder sie verursachen bei den Erwachsenen, die Comics auch komisch oder amüsant finden, ein schlechtes Gewissen. Die allgemeine Comic-Diskussion brandet dann und wann wieder einmal heftig auf, aber im allgemeinen hat man begonnen, die Comics etwas weniger emotionell zu betrachten, und ist zu einer Haltung gekommen, die der Wirklichkeit entspricht.

Die Haupterkenntnis ist wohl diese: Man darf Comics so wenig wie eine andere Literaturgattung generalisieren. Es gibt Comics, die sich jedes Kind und jeder Erwachsene anschauen kann, die ganz ausgezeichnet sind. Man gesteht einem Kind dabei genauso wie einem Erwachsenen das Recht auf Schmöker und reine Unterhaltung zu. Schließlich sieht jedes Kind ohnehin, daß seine Eltern und Großeltern und Lehrer auch zur Zerstreuung Illustrierte oder Krimis lesen.

Comics besitzen etwas, das vielen Kinderbüchern dieser Altersstufe fehlt: Komik. Und da Kinder gern lachen, haben sie hier das, was sie brauchen. Daneben gibt es andere Serien, deren Lachreaktionen und Beliebtheit auf Schadenfreude und Grausamkeiten basieren. Beim so überaus beliebten »Asterix« haut eigentlich ununterbrochen einer dem anderen ohne Warnung über den Schädel, und bei vielen Bildergeschichten für Fasterwachsene, die aber auch emsig in den ersten Grundschulklassen gehandelt und getauscht werden, sind Sex und Crime wichtiger als die Handlung. Diese Comics, deren Helden mächtiger sind als jeder Mensch und ungestraft alle töten können, die zu töten sie für richtig halten, sind nicht für Kinder gemacht, und es wäre gut, wenn man die Kinder so lange wie möglich von ihnen fernhielte.

Es gibt psychologische Untersuchungen über die Wirkung solcher Bildgeschichten, wobei das Verhalten der Kinder-Versuchsgruppen nach der Lektüre der Bilder beobachtet wurde. Dabei hat sich gezeigt, daß Kinder, die blutrünstige Sequenzen gesehen hatten, aggressiver und grausamer handelten und sich äußerten als jene Kindergruppen, die sich freundliche Bildergeschichten angesehen hatten.

Nun kann man Kindern nicht verbieten, dies oder jenes zu lesen. Sie finden das Verbotene erstens besonders reizvoll, das Interesse an diesen Heften wird also erst richtig angeheizt. Zweitens werden sie die verbotene Literatur entweder heimlich oder in der Schule lesen, sind also zum Schwindeln gezwungen.

Wenn Literatur dieser Art in der Klasse oder in der Schule überhandnimmt, sollte man das Problem beim nächsten Elternabend in Angriff nehmen. Man kann es nur lösen, wenn man allen Eltern klarmacht, warum sich die Kinder lieber andere Hefte oder Bücher zulegen sollten.

Denn das ist der Hauptpunkt dabei: Reine Unterhaltungslektüre dieser oder ähnlicher Art schadet so lange nicht, wie sie nicht die einzige Lektüre ist und bleibt, und der Schaden, den das Nurlesen von Comics anrichtet, liegt nicht in der Natur der Comics, sondern darin, daß jede Einseitigkeit Kinder um die Möglichkeit betrügt, selber unter den verschiedenen Arten der Lektüre zu wählen.

Mit acht Jahren steht ein Kind gerade an der Grenze der Lesewut, die sich bis zwölf und vierzehn noch steigern wird, wobei die Jungen manchmal die ersten sind, die wie wild lesen, und die Mädchen etwas später zu Leseratten werden. Im Rahmen dieser Entdeckung der Bücher und ihrer Möglichkeiten verlieren die Comics ohnehin und von allein an Einfluß. Man sagt, daß der Höhepunkt des Comic-Konsums mit etwa neun Jahren erreicht ist und dann allmählich abklingt – freilich nur dort, wo Bücher gelesen werden und die Erwachsenen um das Kind herum auch für Literatur interessieren. Es ist also in jeder Hinsicht gut, wenn ein Kind im Lauf seiner Entwicklung schon zum

Leser geworden ist, und Eltern sollten diese Eigenschaft jetzt dadurch fördern, daß sie dem Kind eine Mitgliedskarte für die nächste öffentliche Bücherei ausschreiben lassen und vielleicht sogar einen Wochentag zum gemeinsamen Büchereitag ernennen.

Märchen

Immer wieder wird heute auch nach dem Märchen gefragt, früher ein selbstverständliches Möbel in der Kinderstube, heute oft verschrien als Manifest autoritären Denkens. Ist die heile Welt tatsächlich so eine Gefahr? Psychologen bestätigen immer wieder: Auch ein Schulkind, das dabei ist, spielerisch und lernend all seine Eigenschaften und Gefühle zu entfalten, zu üben, zu stärken und zu differenzieren, braucht einen festen seelischen Untergrund, auf dem diese Entwicklung stattfinden kann. Es braucht diese Sicherheit, weil es sich immer wieder gefährdet, wenn es einen weiteren Schritt ins Unbekannte tut. Und weil dieser Vorstoß ins Leben in jeder Generation, bei jedem Kind wieder bis ans Herz des Daseins geht, sind ihm die Geschichten von Drachenkämpfen, von fast unlösbaren Aufgaben so selbstverständlich, wie es später das Schulbuch sein wird.

Die einfachen großen Züge der Märchen, in denen die Grundmöglichkeiten der Existenz symbolisch angedeutet und durchgespielt werden, tragen mit dazu bei, dem Kind das Leben verständlich zu machen. Das gilt nicht nur für das Bilderbuchalter, in dem man früher fast ausschließlich Märchen vorgelesen hat, es gilt auch noch für die späteren Jahre der Schulzeit. Heute werden Märchen gern heftig angegriffen, weil sie veraltete Denk- und Vorstellungsformen in eine Zeit überliefern, in der sie reaktionär wirken. Mir scheint, man sollte sich von diesem Urteil nicht verschrecken lassen, sondern selber wieder einmal Märchen lesen, und zwar – wenn es die Grimmsche Märchensammlung ist – möglichst keine von den späten tatsächlich altfränkischen Bearbeitungen. Dann merkt man selbst, daß vermutlich doch die modernen Psychologen recht haben, die eine neue Welle der Märchen-Rechtfertigung eingeleitet haben, weil Märchen Aggressionen abbauen, weil sie die angeborenen Ängste des Kindes heilen und lösen helfen, weil die Phantasie angeregt und Sicherheit und Vertrauen in eine Welt des Guten aufgebaut werden.

Gerade vor diesem guten Ende des Märchens sollten sich Großeltern keine Angst einreden lassen. Das ist es gerade, was ein Kind bestätigt wissen will: daß sich all die Eigenschaften, auf denen die Gruppe, die Gemeinschaft basiert, auch lohnen. Daß Tapferkeit und Treue ihren Wert besitzen, daß Freundschaft in schwersten Proben besteht und daß Vertrauen trotz der schwersten Belastungen zum Schluß gerechtfertigt ist.

Schulkinder sind immer noch Optimisten. Sie brauchen Bestätigungen und Erfolge. Sie werden nicht nur in der Schule durch Mißerfolge mutlos und apathisch. Sie wollen auch in ihren Geschichten sehen, daß sich das Leben mit seinem ganzen Drum und Dran lohnt. Das gute Ende als logische Auflösung aller Elemente einer Geschichte hat nichts mit dem epigonalen daraufgesetzten Happy-End zu tun, und es wird auch nicht vom anderen, unbestimmten Ausgang einer realistischen Geschichte zunichte gemacht. Beides ist wahr, das Gute und das Düstere. Das Kind muß mit beidem leben lernen, und wenn es acht oder zehn oder zwölf Jahre alt ist, so braucht es Bücher beider Art, aber zuerst muß auch jetzt noch die Sicherheit gewonnen werden, zuerst muß es wissen, daß Vertrauen nicht nur ein Schlagwort ist, zuerst muß es so viel Sicherheit gewinnen, wie es kann. Dann kommt alles andere, und dann besitzt das Kind nicht nur die intellektuelle, sondern die emotionale Stärke, in etwas einzugreifen, etwas zu ändern, Verantwortung auf sich zu nehmen.

Der Einwand gegen die These lautet: Aber wie viele Kinder wachsen ohne diese Sicherheit, ohne dieses Urvertrauen auf ... Wieder lautet die Antwort: Es wäre herzlos und grausam, wenn man dieses Problem mit Kinderbüchern lösen wollte. Für diese Kinder braucht man Menschen – vielleicht und im hoffnungsvollsten Fall Erwachsene, die durch ein Kinderbuch darauf gestoßen sind, daß überall Kinder auf Hilfe warten, direkt neben ihnen, nicht nur in Indien und in Afrika.

Zeichnen und Malen

Mein erstes Bild, an das ich mich bewußt erinnere, war eine kleine weiße Pappkarte mit einer Tintenzeichnung von zwei oder vier Zwergen, die an meiner Strickliesel arbeiteten, wobei einer voll Stolz auf das Stück deutete, das sie alle miteinander in der Nacht fertigbekommen hatten. Es braucht kaum erklärt zu werden, daß ein oder zwei Erwachsene auf diese Art und Weise der Strick-Anhängerin ihre heimliche Hilfe erträglich machen wollten, und in der Tat: Ich war nicht beschämt, daß ich mir von Zwergen helfen lassen mußte – schließlich waren sie ja wegen solcher Aktionen laut Märchen und Balladen bekannt – ich war verwundert, daß Zwerge zeichnen konnten. Und ihre zittrige Zeichnung mit der gewissen Art und Weise durch Schraffuren das Dreidimensionale, Runde, Gewölbte anzudeuten, kam mir merkwürdig bekannt vor. Später, sehr viel später, begriff ich, warum mir diese vage Ähnlichkeit aufgefallen war. Der Federhalter hatte in der Hand einer alten Frau gelegen, deren zittrige Schrift und deren andere Zeichnungen mir wohlvertraut gewesen waren.

Auf diese Weise hatte ein Kind nicht nur einen längeren Strickzopf, sondern grundlegende Erfahrungen mit Zeichen gemacht: wie individuell und unverwechselbar sie sind, so typisch wie der Mensch, der sie als Ausdrucksform wählt. Wie sehr sie wirken und beeinflussen, wenn sie ein Gefühl berühren oder wecken. Wie wenig das Vollendete oder Professionelle für diese Wirkung wichtig ist, wie sehr dagegen das, was wir Harmonie und Schönheit nennen, und was auch in der zittrig zitierten Dreiergruppe der Zwerge mit ihren Zipfelmützen lebte,

deren vierter Kamerad durch seine Position im Vordergrund der klassischen Harmonie der Drei eine Dimension der Tiefe gab. Abendländische Tradition der Ästhetik in einem epigonalen Zwergenbild? Es gibt die Theorie der Hirnforscher, daß der Schönheitsbegriff der Menschen durch alles gebildet und geprägt wird, was sie im Lauf ihrer Entwicklung an Sinneseindrücken speichern. Die weiche Haut, der süße Duft der Blumen, die symmetrische Form von Bäumen und Bergen und Wolken, das helle Blau des Himmels, der Glanz des Mondes auf Wasser, der rhythmische Tanz des Laubes im Wind – das sind die Zutaten, aus denen wir uns das Gesamtbild dessen bauen, was uns gefällt. Das liefert uns die unbewußten Maßstäbe, mit denen wir zum Urteil über Schönheit und Glück oder Häßlichkeit und Mißbehagen kommen.

Das erklärt vielleicht, warum wir das Schöne festhalten wollen, für ewig aufzeichnen wollten. Und es erklärt auch, warum es dem Kind so lange nicht auf das ankommt, was der Erwachsene mit seinem vielleicht von Werbung und Video weiterentwickelten und bereits denaturierten Geschmack als schön versteht. Dem Kind genügt der zittrige Tintenzwerg. Es wußte, welche Wirklichkeit gemeint war. Zeichnung wirklich als Zeichen, als Symbol oder Kürzel für etwas, das gar nicht ausführlich bezeichnet werden muß. Man weiß ja, was Zwerge sind. Die Zipfelmütze reicht als Schlüssel fürs Erkennen, da kann der Rest so zittrig sein, wie er will. Ganz im Gegenteil: Ein druckreifes plattes Bild zieht das Individuelle ins Allgemeine und Auswechselbare, und dieses Problem eines sehr zeitgemäßen Verlustes sollte so lange wie möglich warten.

Der Umgang mit Farben und Formen

Nicht warten muß die Begegnung mit dem Schönen – und dazu sind auch Großmütter da. Damit will ich nicht empfehlen, ein armes Kind mit durchs Museum oder durch Kirchen und Paläste zu schleifen. Das kann nur einen gesunden Abscheu vor einem mechanischen Bildungsbegriff begründen. Ich meine: Schönheit pflegen im Umgang mit alltäglichen Dingen. Das ist die Freude an den Blumen auf dem Balkon. Die Freude über den gedeckten Tisch. Der Verzicht auf Kitsch, ob im Bilderbuch, auf der Kinderzimmertapete oder im Anorakmuster. Es ist vielmehr der bewußte Umgang mit Farben und Formen. Dadurch entstehen Maßstäbe. Sie sind keine theoretischen Kopfgeburten. Sie entstehen durch die Tätigkeit der Sinne im Zusammenspiel mit Geist und Gliedern. Etwas drängt den Menschen beim Anblick von Ton oder Klackermatsch dazu, eine Kugel zu formen oder eine Kuh. Etwas drängt das Kind, wie die Menschen vor vielen Jahrtausenden, immer wieder die mit Farbe beschmierte Hand auf die Höhlenwand zu drücken. Welch Erlebnis: viele Bilder meiner einen Hand! Und immer wieder, in jedem Winter, die Spur meiner Füße im frisch gefallenen Schnee. Der Abdruck meiner Arme wie die Flügel eines Märchenadlers. So wird die Wiese vor dem Haus, der Gehweg vor dem Gartengitter ein riesiges unberührtes Zeichenblatt.

Immer wieder im Herbst der goldene Reichtum der welken Blätter. Was kann man damit machen? Was haben Kinder seit jeher damit gemacht: Kränze und Girlanden, Klebebilder und Muster wie Kreis und Spirale. Das sind Harmonie und Gegensätze in Form und in Farbe. Mag das Herbstlaub auch schmutziger sein als früher, so viele Blätter, wie man braucht, findet man auch heute immer. Und der Schmutz, der mit dem sauren

Regen auf die Blätter gerät und nun schwärzlich an den Fingern klebt: Das kann der Anfang von vielen Gesprächen sein, in denen das Kind lernt, nicht überheblich oder oberflächlich über die Umweltverschmutzung der Industrie zu schwafeln, sondern sich bewußt zu machen: Wer kauft denn die Sachen, die in den Fabriken hergestellt werden? Dann putzt es den Pinsel vielleicht nicht jedes Mal mit einem Zellstofftuch und ex und hopp, sondern benutzt den guten alten Tuschlappen, der einst eine Serviette war oder das Stück von einem Bettlaken. Sparsamkeit in allen Dingen, das ist eine hohe Tugend, und Großmüttern sehr gemäß.

Der Kreis und die Acht

Die frühen Werke der Kinder, Kreise und Striche, sind Spuren der natürlichen Bewegung. Ob sie mit der linken oder mit der rechten Hand ausgeführt werden, ist gleich. Der Stolz, mit dem ein zweijähriges Kind diese Striche betrachtet, sagt alles: Welch ein Wunder, daß Schwung sichtbar werden kann! Und sogar kunterbunt – falls bunte Stifte oder Kreiden oder Fingerfarben zur Verfügung stehen.

Erst recht welch Wunder, daß aus einer regenbogenkrummen Linie ein Kreis werden kann, wenn man den Arm nur weiterführt, ein Kreis, viele Kreise, immer schneller gemalt, bis das Kind vor Anstrengung schnaufen muß. Wenn eins meiner Kinder wütend war, oft ohne jeden Grund wütend mit sich selbst oder gegen die ganze Welt, so holte es sich den großen Malblock, setzte sich unter meinen Schreibtisch und malte, Kreise auf Kreise, bis es wieder durchatmen und den Block liegenlassen konnte.

Später, wenn der Kindergarten naht, wird aus den Kreisen manchmal eine Acht, eine liegende Acht, und kein Erwachsener kann sich mehr vorstellen, was diese gegenläufige Bewegung, die ohne Schwungverlust die Hand in die andere Richtung fahren läßt, für eine Leistung darstellt.

Psychologen lieben diese Figur und sagen, daß sie Kindern beim Schreiben lernen, bei der Konzentration, sogar beim Denken helfen. Mein Großvater ging gern mit mir spazieren, und wenn er sich zum Ausruhen auf eine Bank setzte, zeichnete er mit der Spitze seines Spazierstocks alle möglichen Figuren in den Sand oder die weiche Erde der Wege. Kreise und Quadrate und die liegende Acht.

»So mußt du reiten können«, sagte er. Oder: »Das ist das Zeichen für ewig.«

Tapeten und Tafelbilder

Erwachsene denken bei den Wörtern Zeichnen und Malen an Begriffe der Kunst. Es muß etwas gemalt werden. Ein Bild muß etwas darstellen.

Großmütter wissen, daß Kinder einfach nur malen, kritzeln und Stifte ausprobieren wollen. Punkte machen, daß das Papier lauter Pocken kriegt. Sie wissen also aus der Erinnerung, was sie bei den eigenen Kindern manchmal erst spät begriffen haben: Der Erwachsene darf dem Kind kein Thema nennen oder abverlangen, er muß ihm nur Material zum Malen stellen. Eine Hausmauer und Schulkreide. An den Schrank gepinntes Packpapier und bunte Stifte. Links herum auf den Fußboden gelegte Tapetenreste und Fingerfarben. Ein Buch, sehr groß, so daß es auf dem Schoß liegen kann, wenn das Kind auf dem Boden sitzt, mit leeren, weißen Seiten. Ein steinerner Gartenweg und weicher Kalkstein, mit dem man wie mit Schulkreide malen kann (und darf). Muscheln oder Kieselsteine für Mosaikbilder auf dem Fußboden.

Einmal haben meine Kinder die orangerote Kinderzimmertapete mit schwarzen Filzstiften bemalt. Das war kein Grund zur Aufregung, weil die Tapete zum Bekleben und Bemalen freigegeben war, aber die Kinder liebten die scheußliche Orangefarbe, hatten sie sich selbst ausgesucht und wollten nun die Filzer-Krakel wieder mit Orangerot übermalen. Ich weiß nicht mehr, wie oft das Filz-Schwarz wieder durchschlug. So hat ein Zeichenexperiment eine wertvolle Erfahrung für alle späteren Mal-, Filzstift-, Wand- und Tapeziervorhaben geliefert.

Wir haben dann eine altmodische Schultafel aufgestellt, die man von der Staffelei nehmen und auf den Fußboden legen und bemalen konnte. Auch das ist etwas, was Großmütter nur zu gut wissen: Kleine Kinder brauchen große Malflächen. Manchmal zeichnen sie nur in eine einzige Ecke winzige Ameisenbilder, aber ebensooft wächst sich so eine Miniszene zu einer Art Weltgemälde aus, an dem tagelang weitergezeichnet wird, und die Großmutter ist klug genug, um nicht zu fragen: »Was soll denn das nun wieder darstellen?«

Irgendwann stellt es natürlich doch etwas dar. Irgendwann begreift ein Kind auch, daß es nicht der einzige Mensch auf der Welt ist, der zeichnet oder malt. Dann kann es mit anderen malen. Ach, wer nur eine langweilige Gartenmauer hat und alle Kinder der Familie oder Nachbarschaft dazu einlädt, einen Laternenzug oder Dinosaurier zu malen! Oder das Weltall mit E. T. auf dem Heimflug.

Keine Mauer vorhanden? Dann sammeln Großmutter und Enkel schöne große, möglichst rundliche Steine, und das Enkelkind bemalt sie. Einfarbig, gekringelt, getupft. Mit Grinsegesichtern oder Gespensteraugen. Wohin damit? Zwischen die Stauden im Beet. Im Gänsemarsch den Gartenweg entlang, am Rande. Als Steinberg in die Balkonecke.

Und wie sieht's im Keller aus? Kann man da Höhlenmaler sein wie vor Zehntausenden von Jahren? Vielleicht zündet die Großmutter kein elektrisches Licht, sondern nur ein paar Kerzen an, wie Kienfackeln, damit es so schummrig ist, wie es damals war, und jeder zieht mit einem Stück Holzkohle die Umrisse der gespreizten Hand des anderen nach.

Noch ein Bilderbuch

Einer meiner Freunde, Kind aus einer großen Familie, hat selber viele Kinder und Enkel bekommen und ist ein Großvater, der genau weiß, wie leicht ein Kind in einer solchen Familie, aber auch in der Schule übersehen wird. Nicht vernachlässigt, nicht mit böser Absicht weggeschubst – einfach aus tausend Gründen nicht richtig wahrgenommen. Es ist nicht unglücklich, es spielt bei allen Spielen mit. Es lacht mit den anderen. Aber wenn man an dieses Kind denkt, fällt einem nichts Besonderes ein. »Und das gibt's nicht!« sagte mein Freund, »jedes Kind ist etwas Besonderes.«

Deshalb hat er sich etwas ausgedacht, wozu er bei den eigenen Kindern weder Zeit noch Geld hatte: Er unternimmt kleine Reisen, immer allein mit einem Enkelkind. Und in dieser Zweisamkeit, manchmal ein Wochenende, manchmal eine ganze Woche lang, machen sie etwas, das diesem einen Kind entspricht. Wahrscheinlich ist das auch der Grund, weshalb kein Enkel auf den anderen eifersüchtig sein muß, denn wer mit dem Großvater in ein Schiffsmuseum fährt, kann es den Geschwistern und Cousins gönnen, wenn sie auf einem bestimmten See Schlittschuh fahren oder Kräuter sammeln.

Diese Enkeltochter, von der nun erzählt wird, malte gern, und der Großvater, in Gedanken an die Enkel-Tour, fragte eines Tages: »Wollen wir eine Zeichenreise machen?«

Die Enkelin schaute den Großvater verblüfft an und fragte: »Kannst du denn zeichnen?«

Der Großvater, dessen Beruf mit Papier und Bleistiften zusammenhängt, antwortete: »Woll'n mal sehn.«

So zogen sie zu zweit ins Gebirge, wanderten wie einst die Romantiker, wenn auch nicht bis nach Rom, mit Rucksack und Skizzenbuch, und wo es ihnen gefiel, ließen sie sich nieder und tauchten den Pinsel ins Tuschwasser. Abends, im Gasthaus, verglichen sie ihre Bilder von Berg und Baum, Schaf und Schafgarbe, das Kind gab dem Großvater Ratschläge, weil es in der Schule mit ganz anderen Materialien umzugehen gelernt hatte, der Großvater zeigte ihm die Tricks des Aquarellierens, und es tuschte an einem Tag nur Himmel und Wolken, weil es endlich begriffen hatte, wie man die Ränder im puren Himmelsblau vermeidet.

Sie zeichneten sich gegenseitig, und zum Schluß kauften sie eine große Kladde und klebten ihre Zeichnungen und Aquarelle hinein, immer Bilder vom selben Gegenstand, rechts das Bild von der Enkeltochter, links das vom Großvater.

»Schreiben wir etwas dazu?« fragte die Enkeltochter.

»Wie du willst«, antwortete der Großvater.

So stand bei seiner Zeichnung nur Datum und Ortsangabe, bei ihrer dasselbe, aber manchmal noch ein Satz: »Die Farbe der Linde ist falsch. Sie blühte, und deshalb war sie oben fast weiß.« Oder: »Das war der Tag, als das Gewitter kam. Man sieht schon die Wolken.« Oder: »Unten im Tal hinter den Tannen ist das Gasthaus mit der tollen Bratwurst.«

Sie waren immer in Kreisen gewandert, und sie kamen nach einem oder nach mehreren Tagen dort wieder an, wo Großvaters Auto stand. Sie brachten das beste Bilderbuch mit nach Hause, das man sich vorstellen kann, und diese Zeichen-Reise wurde Tradition. »So lange ich das mit meinen Knochen schaffe«, sagte der Großvater, aber wer weiß, wo dann die Enkeltochter ist.

5. Kapitel

Die Küche für Kinder

Die Großmutter im Haus ist für das Kind die beste Ernährungs-garantie. Und dadurch, daß sie dem Kind regelmäßige Mahl-zeiten kocht, verringert sie auch seine Unfallgefährdung, denn hungrige Kinder neigen nicht nur im Straßenverkehr, son-dern auch in der Wohnung prozentual wesentlich mehr zu Un-fällen.

Außerdem hat man festgestellt, daß die meisten Fehl- und Überernährungen bei Kindern auf eine familiär bedingte seeli-sche Fehlentwicklung zurückzuführen sind. Mangel an Gebor-genheit, Unsicherheit in der Erziehung und das Gefühl der Vereinsamung werden an erster Stelle als Ursachen genannt, aber auch: Mangel an Harmonie, an Familiensolidarität, an ge-meinsamem Interesse der Erwachsenen am Kind.

Schon Kinder können aus Kummer viel essen, extrem nasch-süchtig werden oder das Essen vollkommen verweigern, und dieser Kummer entspringt immer der Angst, allein gelassen und nicht beachtet und geliebt zu werden. Bei pubertierenden Mädchen kann eine Angst vor dem Erwachsenenwerden, ein Widerwille vor dem eigenen Körper und vor dem veränderten Verhalten der Jungen und Männer einem vollentwickelten Mädchen gegenüber entstehen. Dann essen sie sich entweder eine Schutzschicht aus abstoßendem Speck an, oder sie verwei-gern die Nahrungsaufnahme ganz und gar, um lange einen kindlichen Körper zu behalten.

All das kann von der Großmutter ausgeglichen werden. Sie kann bei der Enkelin dafür sorgen, daß sie die psychologisch schwierige Situation der Reife besser überwindet, sie kann eine harmonische Atmosphäre schaffen, in der auch Mahlzeiten ein Vergnügen darstellen, und sie kann Enkeln gerade durch die größere Altersdistanz zu einer selbstverständlichen seelischen und körperlichen Entfaltung verhelfen – am Herd und in bezug auf das eigene Ich.

Die Ernährung von Säugling und Kleinkind

Die meisten Großmütter entstammen noch der Generation, in der man sich freute, wenn ein Baby rund und mollig aussah, und dann stolz sagte: »Es hat etwas zuzusetzen!« Heute nennen Kinderärzte ein süßes Pummelbaby schlicht »zu dick!«, und mit ihren Argumenten muß man sich auseinandersetzen.

Die Großmutter könnte diejenige sein, die sich schon vor der Geburt des Enkels mit diesem Problem gründlich befaßt und gegebenenfalls erklären kann, was ein Baby heutzutage braucht.

Das Eiweiß und seine Wichtigkeit sind in der letzten Zeit sehr hochgespielt worden. So sehr, daß die Erwachsenen schon wieder Gicht bekommen. Es ist freilich richtig, daß Eiweiß eine entscheidende Rolle im Aufbau und besonders in der Entwicklung des menschlichen Gehirns spielt. Eiweißmangel in den ersten Lebenswochen führt dazu, daß die Zellteilung im Gehirn gebremst wird. So entstehen Dauerschäden, die nicht mehr ausgeglichen werden können.

Bei unseren Kindern liegt die Gefahr darin, daß sie zuviel Eiweiß und zu viele Kohlenhydrate – und diese zu früh – angeboten bekommen und dadurch zu dick werden.

Das läßt nun ebenfalls ein unausweichliches Schicksal entstehen. Denn wir wissen heute, daß für das Übergewicht, unter dem die Menschen ihr ganzes Leben lang zu leiden haben, oft in den ersten Lebenswochen der Grundstein gelegt wird.

Dick macht also nicht (nur) die Nahrung, die man als Erwachsener bewußt in sich hineinstopft, die erste Ursache für das Übergewicht kann auch die falsch zusammengesetzte Nahrung sein, die dem hilflosem Kind von ahnungslosen Müttern in der besten Absicht der Welt gegeben wird.

Dicke Menschen und Fettsüchtige haben mehr Fettzellen als Normalgewichtige, und diese Fettzellen sind zudem größer und voller. Die Ursache: Jene Nährstoffe, die der Organismus des Babys nicht gebrauchen kann und nicht ausscheidet, werden zu Depotfett umgewandelt und zwischen Haut und Muskulatur abgelagert, vor allem um Bauch, Hüften und Schenkel herum. Diese Depotfettzellen werden dabei bis an die äußerste Grenze ihrer Aufnahmefähigkeit gedehnt und gefüllt und darüber hinaus zur Teilung gezwungen, so daß regelrechte üppige Trauben entstehen. Und das bleibt.

Macht das Baby, unterdessen ein verzweifelter Teenager, seine erste Hungerkur, so leeren sich diese Depotfettzellen zwar widerstrebend, aber gehorsam, füllen sich jedoch augenblicklich und voller Eifer wieder vollkommen an, wenn sich das Nahrungsangebot nach der Kur normalisiert. Das Kind wird abermals dick, und das ist der Anfang eines lebenslangen Kampfes mit der eigenen Figur.

Ganz abgesehen von den bekannten medizinischen Folgen des Übergewichts, vor allem Zucker- und Herz- und Kreislaufkrankheiten, sollten Sie als verantwortungsbewußte Großmutter daran denken, was für ein seelischer Schaden aus diesem so leicht vermeidbaren Übergewicht entstehen kann.

Ein dickes Kind hat es in der Schule schwer, es schließt sich nicht so leicht an andere an, weil es geringgeschätzt und verspottet wird. Dieses Ausgestoßenwerden aus der Kindergemeinschaft führt dazu, daß es als Erwachsener Kontaktschwierigkeiten entwickelt, was sich bis in sein berufliches Schicksal auswirken kann.

Allerdings – vielleicht müßten Sie auch Ihre eigenen Lebens- und Eßgewohnheiten überprüfen. Man weiß, daß Kinder in »dicken« Familien besonders gefährdet sind. Hat ein Kind ein übergewichtiges Elternteil, so wird es in 50 Prozent aller Fälle auch dick. Hat es jedoch zwei dicke Eltern, so steigt seine Chance, dick zu werden, auf 80 Prozent.

Wenn Sie mit einer unwiderstehlichen Neigung zu Schokolade, Bonbons und Sahnekuchen zu kämpfen haben, so ist es jetzt der richtige Augenblick, diese Neigung dem heranwachsenden Enkel zuliebe zu bekämpfen. Denn wer selbst gerne nascht und schnökert, der hat es schwer, einem Kind klarzumachen, was gesunde Ernährung ist.

Die Ernährung ändert sich

Mit der Muttermilch deckt das Baby seinen Kalorienbedarf zu 50 Prozent mit leicht verdaulichem, ganz auf das Menschenkind abgestimmtem Fett. Nie wieder in seinem ganzen Leben verzehrt der Mensch so viel Fett wie in diesen ersten Wochen, und dieses Fett in der Frühernährung erklärt wahrscheinlich, wieso auf den normal gestillten Säugling das Wort »selig lächelnd wie ein satter Säugling« so genau zutrifft. Fett macht nämlich satt, und da die Muttermilch zwar fettreich, aber kohlenhydratarm ist – im Gegensatz zu der künstlichen Ernährung mit der fettarmen, aber kohlenhydratreichen Zweidrittelkuhmilch –, wird das Kind groß, aber nicht dick.

Das Ernährungsproblem beginnt eigentlich nach dem ersten Geburtstag. Bis dahin sorgen Mütterberatung, ganze Lebensmittelindustrien und zahlreiche Broschüren und Merkblätter dafür, daß auch die Großmutter alles richtig macht.

Sie muß sich mit Hilfe dieser Informationen und der Ernährungsberatung so gut wie möglich auf den neuesten Stand der Forschung bringen, muß also auch etwas dazu tun, denn gute

177

Absichten allein reichen in diesen Fällen nicht aus. Auch nicht die Weisheit und Erfahrung eines vielleicht schon langen Lebens.

Es muß das Wissen über das Essen und die Ernährung dazukommen, das sich in den letzten Jahrzehnten aus vielen einzelnen Forschungsergebnissen entwickelt hat. Die meisten Mütter sind jedoch besonders über die Ernährung des Säuglings durch Geburtshelfer, Still- und Frauengruppen so informiert, daß sich Großmütter eigentlich mehr über die Ernährung des Kleinkindes informieren sollten, denn oft hört die Sorgfalt und die Überlegung da auf, wo eigene Bequemlichkeit ins Spiel kommt.

Manche Mütter reden von guter Ernährung, kaufen dann aber doch Fertiggerichte. Braucht außerdem ein Kind, das laufen kann, wirklich noch einen Schnuller? Muß es an dem Teefläschchen hängen wie an einem Tropf? Darf ein Kind mit Essen spielen oder sollte man ihm nicht doch jetzt schon klarmachen, daß Nahrung ein Geschenk der Natur ist oder eine Gabe Gottes, für die man – so oder so – dankbar sein muß? Großeltern wissen vielleicht noch aus eigener Erfahrung, wie rasch Sicherheit und Sattheit enden können, wie bitter Hunger ist, und es fällt ihnen im Gedanken an den Hunger der Welt schwer, Nahrungsmittel in den Müll zu werfen oder Essen als Junkfood zu verstehen.

Das alles gibt Ihnen als Großmutter das Recht, in bezug auf die Ernährung eine eigene Meinung zu vertreten, und das klappt besser, wenn ein Grundwissen über die Ernährung der Kleinkinder dazukommt:

1–2 Jahre   Im zweiten Lebensjahr werden nach Feststellungen von Ärzten Kleinkinder in Hinsicht auf ihre spätere geistige und körperliche Entwicklung nicht immer richtig ernährt. Mehr als jedes zweite Kind zwischen eins und zwei erhält mittags schon Erwachsenenkost, ohne daß jemand auf seine speziellen Bedürfnisse Rücksicht nimmt.

Statt sich in der Zusammensetzung der Mahlzeiten danach zu richten, was das Kind braucht, geben fast die Hälfte aller Mütter ihren Kindern zwischen zwei und sechs die verschiedensten Aufbaupräparate. Wesentlich besser wäre es, wenn sie ihre Kinder gerade in dieser entscheidenden Zeit richtig ernährten.

Wie sehen nun die Bedürfnisse eines Kleinkindes aus? Im Grunde genommen ist das ganze Problem gar nicht so kompliziert. Ein Kind ist so lange Kind, wie sein Magen und sein ganzer Verdauungsapparat noch nicht chemisch reif sind, wie die Ärzte sagen, das heißt: wie Magen, Leber und Niere noch nicht voll entwickelt sind und auf Erwachsenentouren laufen.

Bis dahin muß das Kind zwei Entwicklungsetappen durchlaufen:

Es ist ein Kleinkind zwischen Säuglingsalter und Schule.

Es ist ein Schulkind oder Jugendlicher.

Der Organismus des Babys ist im ersten Lebensjahr noch so stark mit Alarmvorrichtungen ausgerüstet, daß es sich auf der Stelle mit Erbrechen, Krämpfen, Fieber, Apathie oder Gebrüll gegen Fehlernährung wehrt. Die chemische Fabrik spielt sich ein. In dieser Zeit kann man nicht viel falsch machen, es sei denn, man überfüttert das Baby systematisch. Eine leichte Pummeligkeit des Babys ist jedoch natürlich.

Doch im zweiten Lebensjahr sind die Fett- und Zellflüssigkeitspölsterchen des ersten Jahres absolut überflüssig geworden. Sie brauchen das Baby nicht mehr zu schützen und zu wärmen. Beim normal ernährten und entwickelten Kind sind sie auch verschwunden, aufgezehrt vom Organismus, der sich nun entfaltet und festigt. Jetzt wird die Muskulatur kräftiger. Zum Gehenlernen braucht der junge Mensch die ersten Kräfte.

Von jetzt an bis in die Pubertät hinein soll das Kind schlank – bei allen persönlichen und familienbedingten Spielarten von »schlank« – bleiben. Dabei kann einem sehr helfen, daß das Kind bereits mitspielt. Es hat schon Speisen, die es liebt und die es nicht liebt. Es hat noch kein vollständig entwickeltes

Gebiß, kann feste Speisen also nur in bestimmten Grenzen vertragen, soll aber bis an diese Grenze mit Festem gefüttert werden. Das kräftigt Kiefer und Magen.

Es braucht bereits abwechslungsreiche Kost und feste Tischzeiten.

Es kann jedoch noch nichts mit Erwachsenenkost anfangen.

Es fügt sich allmählich dem Erwachsenenmahlzeitenschema ein und hat drei Hauptmahlzeiten und eine oder zwei Zwischenmahlzeiten.

Mütter und Großmütter können das Kind jetzt nicht mehr einfach abfüttern. Sie müssen für das Kind planen, müssen Rücksicht nehmen und sollten die Erwachsenenmahlzeiten denen des Kindes anpassen, was den Erwachsenen sehr oft gut täte, denn im besten Fall bringt es sie dazu, selbst mehr Gemüse und Obst und weniger Süßigkeiten, fette und scharf gebratene Speisen zu essen, als sie es üblicherweise tun.

2–3 Jahre Ende des zweiten Lebensjahres, so sagen manche Kinderärzte vorsichtig, können Kinder schon eine ähnliche Kost wie die Erwachsenen bekommen.

Dabei wird nachdrücklich auf folgende Unterschiede hingewiesen:

Kinderkost darf nicht salzig, nicht scharf und nicht fett sein. Nicht salzig und scharf bedeutet jedoch nicht: fade. Im Gegenteil, wenn ein Zweijähriger eine Vorliebe für Süßsaure Gurken, für Rollmops, geriebenen Meerrettich oder Zwiebeln, für Senf oder Schnittlauch entwickelt, so braucht man nicht zu erschrecken. Er kann gern und immer ein Häppchen und ein bißchen von diesen aromatischen Dingen haben, und man sollte diese bekannten Vorlieben dazu nutzen, das mit seinem Lieblingsaroma verlockend zu machen, was er sonst langweilig findet.

Eine typische Gefahr: Großmütter oder Mütter bleiben zu lange an der Brei- und Milchkost hängen. Bei dieser Ernährung bekommt das Kind zu viel Milch und zu wenig Vitamine, Ballaststoffe und feste Nahrung. Schon für ein Kind von zwei Jahren gilt die gleiche Regel wie für den Erwachsenen: Jede Einseitigkeit ist schädlich.

Man muß auch bedenken, daß der Appetit stark schwankt. Im zweiten und dritten Lebensjahr verringert sich der Appetit wieder. Das Kind wächst im Verhältnis nicht so stark und vor allem nicht so schnell wie der Säugling. Der Körper braucht also tatsächlich relativ weniger Nährstoffe, um sich weiter zu entwickeln.

4–6 Jahre Kinder im Vorschulalter essen bereits ganz und gar mit allen Sinnen: der bunte Teller, das geblümte Set, die knallrote Tomate, das sonnengelbe Dotter – all das macht Appetit.

Dann kommt noch etwas ganz Wesentliches hinzu: Jetzt genießt das Kind eine Tischrunde. Es ißt gern im Kreis der Familie, es sitzt auch gern einfach nur dabei und fühlt sich inmitten der anderen behaglich und wohl. Aber es beobachtet natürlich auch. Insofern ist richtige Ernährung auch eine Frage des Vorbildes.

Eßerziehung

»An den Tischsitten der Kinder«, hat einmal ein Pädagoge gesagt, »erkennt man die Unsitten der Eltern.«

Wenn das Kind ein guter Esser und gerngesehener Tisch-

genosse werden soll, müssen vor allem die Erwachsenen das Beispiel geben. Das sollte keiner der Erwachsenen tun:

Die Nase rümpfen, wenn es etwas gibt, was er nicht mag.
Im Essen herumstochern.
Unpünktlich zu den Mahlzeiten kommen.
Beim Essen Radio oder Fernsehen laufen lassen.
Beim Essen schlingen oder trödeln.
Bei den Mahlzeiten streiten.

Und das sollten Sie vermeiden:

»Iß, das ist gesund!« Dieses Argument hat schon vielen Kindern bestimmte Speisen bis ins hohe Alter hinein verleidet.

Sie sollen auch nicht schmeicheln: »Nur noch ein Häppchen!« Dadurch drillen Sie das gesunde Gefühl für Hunger und Sättigung fort und machen aus dem Kind einen mürrischen Dickmops.

Erpressen Sie das Kind nicht: »Dies Häppchen nur Omi zuliebe!« Natürlich liebt das Kind seine Großmutter und wird ihr zuliebe mehr essen, täglich mehr essen, als es verträgt. Oder das Kind kriegt auch Omi zuliebe nicht den Bissen herunter und bekommt Schuldgefühle und ist unglücklich. Die Liebe zur Großmutter sollte sich anders erweisen.

Das Kind soll auch nicht gezwungen werden: »Es wird aufgegessen, was auf dem Teller ist!« Ein übervoller Teller ist für das Kind entmutigend. Besser ist es, ihm zuerst eine kleine Portion aufzufüllen und dann zu fragen, ob es noch mehr haben möchte. Es soll sich außerdem so früh selbst nehmen dürfen, wie es einen Löffel halten kann.

Die Großmutter soll auch nicht übertreiben: »Ich koch dir, was du magst!« Damit verwöhnt sie das Kind für alle Zukunft und raubt ihm den Spaß an einem Extragericht.

Sie sollte dagegen wohl auf spezielle Vorlieben und Abneigungen Rücksicht nehmen. Es gibt Kinder, denen nach Birnen schlecht wird und denen nach Paprika der Magen streikt. Warum sollte man das herausfordern und die Kinder quälen?

Wegen der Nährstoffe braucht man keine Sorge zu haben. Das, was in Birnen und Paprikaschoten steckt, gibt es auch in vielen anderen Nahrungsmitteln. Man muß auf nichts beharren. Vor allem: Vom Essen, das schmeckt, ißt das Kind ohne viel Theater und Trödelei so viel, wie es braucht.

Jede Großmutter sollte sich vor allem diesen Satz merken und ihn immer beherzigen: Ein Kind *darf* essen, es *muß* nicht essen.

Das Kind wird also nicht überschwenglich gelobt, wenn es seinen Teller brav leergeputzt hat, aber es wird auch nicht getadelt, wenn es nach Ansicht der riesigen Erwachsenen mit ihren riesigen Mägen zuwenig gegessen hat. Essen muß von Anfang an ein Vergnügen sein, aber auch eine Selbstverständlichkeit.

In diesem Zusammenhang müssen Sie von einem Satz Abschied nehmen, der zu Ihrer Zeit vielleicht noch ganz unbefangen benutzt wurde: »Wenn du brav bist, bekommst du auch ein Stück Schokolade (oder ein Bonbon)!« Ob als Trost, Belohnung, Bestechung: Süßigkeiten, überhaupt Nahrungsmittel sollten unter keinen Umständen als Erziehungsmittel benutzt werden. Wer sagt: »Iß dein Gemüse brav auf, dann bekommst du auch die schöne Schokoladencreme!«, der gibt dem Kind von frühester Jugend an das Gefühl, daß nur die Süßigkeiten zählen und wichtig sind. Auch wenn später beschwörend dazu gesagt wird: »Denn Gemüse ist doch so gesund!«, kann an diesem tief eingewurzelten Vorurteil nichts mehr geändert werden. Das Gemüse ist ebenso in Mißkredit geraten, wie die Süßigkeiten überbewertet werden.

Psychologen warnen ganz prinzipiell davor, mit Nahrungsmitteln zu erziehen. Wer dem Kind bei jedem Quengeln einen Keks in den Mund stopft, muß sich nicht wundern, wenn weder aus der Erziehung noch aus den Zähnen des armen Kindes etwas wird.

Man sollte statt dessen – und das mag für Sie neu sein – auch auf diesem so wichtigen Lebensgebiet des Kindes die Chance zu einer ganz bewußten Erziehung zur Selbständigkeit nutzen.

Der Entschluß dazu beginnt in dem vermutlich etwas entnervenden Moment, in dem ein Kind, vielleicht mit neun oder zwölf Monaten, zum ersten Mal darauf besteht, alleine zu essen. Früher sagte man: »Larifari! Laß das!« und hielt die kleine Hand fest. Heute wickelt man dem Kind eine besonders große Serviette um den Hals oder zieht ihm ein altes zurechtgeschnittenes Hemd vom Vater über (auf dem Rücken geknöpft) und läßt es gewähren, und zwar auf faire Art und Weise. Man sagt nicht: »Du willst selber essen? Nun gut – dann sieh zu, wie du damit fertig wirst!«, sondern man schaut, wie das Kind zu Rande kommt. Man greift ein, wenn es von der ja ziemlich großen Anstrengung des Löffelauffüllens und In-den-Mund-Zielens müde wird. Man kocht ihm den nächsten Brei ein bißchen fester, damit er nicht so leicht vom Löffel kleckert.

Ein nächster Punkt: Früher fütterte man das Kleinkind im Kinderzimmer oder in der Küche ab. Diese Sitte stammt aus der Zeit, in der man noch nicht wußte, wie ungeheuer empfindsam ein Kind schon lange vor der Zeit ist, in der es sprechen und laufen und Messer und Gabel benutzen kann. Heute versucht man, soweit es dem Familienrhythmus entspricht, die Mahlzeiten zusammen mit dem Kind einzunehmen.

Wenn das Kind noch im Experimentieralter ist, so spricht nichts dagegen, daß man diese Mahlzeiten zum Beispiel in der gemütlich eingerichteten Küche einnimmt oder im Spielflur oder im Kinderzimmer, wo etwas Verschüttetes oder Umgefallenes leicht und ohne große Aufregung wieder weggewischt werden kann.

Ein Kind von zwölf Monaten beherrscht seine Streckmuskulatur meist noch nicht flüssig. Es übt noch das Anfassen und Loslassen, es kann die Finger – außer dem Daumen – noch nicht bewußt einzeln bewegen und benutzt die vier Finger und den Daumen wie eine Zange. So packt es auch seinen Apfelschnitz oder seine Brotkruste an, und wenn es zu Mittag etwas Festes gibt, läßt es gern Löffel oder Gabel liegen und packt sein Essen mit den Fingern an.

Früher setzte dann der Drill zum Besteck ein, oder jemand sagte: »Das Kind muß eben noch gefüttert werden! Es kann sich noch nicht bei Tisch benehmen!«

Heute schaltet man schnell und überlegt sich, was man dem Kind an Finger-Futter vorsetzen kann, damit es vergnügt und relativ manierlich essen kann: Karottenstäbchen bieten sich an, Brühwürstchen, die es auch in kleinen Größen gibt, Kartoffelnudeln, Chicorée- oder Bleichsellerieblätter, winzige gefüllte Röllchen aus Wirsing, Chinakohl oder Mangold, daumengroße sanft gewürzte Hackstäbchen, gerollte Pfannkuchen. Die Liste läßt sich sicher noch beliebig verlängern.

Kinder in der Küche

Ein Kind, das schon laufen kann, interessiert sich bereits für alles, was mit dem Kochen und Tischdecken zu tun hat. Kinder haben nicht nur Spaß am ihnen gemäßen Essen, sie haben auch Spaß an den Vorbereitungen. Wenn sie »kochen« und decken helfen dürfen, wenn sie bei Tisch ihre Portionen mit gehackter Petersilie, mit Reibkäse, mit Selleriepulver oder anderen Zutaten zurechtmachen können, essen sie mit besonderer Lust.

Diese Tatsache sollte man nutzen. Es ist zwar sicher leichter und geht schneller, wenn die Großmutter alles alleine macht, aber sie sollte nicht sagen oder denken: »Ein Kind stört nur in der Küche!«

Auch und gerade bei der gemeinsamen Arbeit in der Küche gibt es unzählige Möglichkeiten, ein Kind anzuregen, seine Selbständigkeit zu fördern und aus einem passiven Konsumenten fertiger Mahlzeiten einen Partner zu machen, der am Herd seine Intelligenz und Einfallskraft schulen kann.

Der Grund, warum Kinder in der Küche störend empfunden werden, liegt hauptsächlich darin, daß bei uns die Küchen nur für die Erwachsenen geplant werden. Auch wenn aus dem Kleinkind ein Schulkind geworden ist, kann es sich meistens in der eigenen Küche nicht heimisch fühlen, weil alles zu hoch und im wahrsten Sinne des Wortes unerreichbar bleibt.

Den Großmüttern wird es vielfach leichter fallen als den Müttern, die Küche kinderfreundlich einzurichten, da ihnen noch die gute altmodische Küche mit dem Tisch in der Mitte vertraut ist, ein Küchenstil, der zwischendurch aus den verschiedensten Gründen aus der Mode gekommen ist, aber allmählich wieder an Beliebtheit gewinnt.

Ein Eß- und Arbeitstisch in der Küche ist nicht nur für das Leben mit Kindern praktisch. Wenn man eine kleine Küche hat, in der kein richtiger Tisch Platz finden kann, so sollte man sich in die Einbauteile einen Klapp- oder Ausziehtisch in etwa 60 cm Höhe anbringen lassen, an dem wenigstens zwei bis drei Personen sitzen und arbeiten oder eine Zwischenmahlzeit einnehmen können.

Dabei kommt es dem Kind zugute, daß man solche Ausklapptische aus arbeitstechnischen Gründen wesentlich tiefer anbringt. Die Arbeitsflächen auf den Einbauschränken und Regalelementen sind mit ihrer Höhe von 85 cm dazu gedacht, daß ein Erwachsener im Stehen daran arbeitet.

Ein Kind kann erst mit neun oder zwölf Jahren (je nachdem, wie rasch es wächst) befriedigend und sicher an diesen Arbeitsflächen selbständig wirtschaften. Ein kleines Kind braucht wesentlich niedrigere. Wenn es ganz und gar unmöglich ist, in der Küche dafür zu sorgen, so sollte man sich einen guten, festen und möglichst niedrigen Tee- oder Servierwagen kaufen, der eine unempfindliche Platte besitzt und dessen Räder festgestellt werden können. Das ist eine gute Alternative.

Die meisten Modelle besitzen noch eine untere Ablage- oder Tablettfläche, die etwa 20 cm über dem Fußboden liegt, so daß der Teewagen schon dem Krabbelkind zugute kommt, das auf dem Boden sitzt und seine Bauklötze ablegen will.

Wie weit man die übrige Küche den Bedürfnissen des Kindes anpaßt, hängt im allgemeinen von dem insgesamt zur Verfügung stehenden Platz ab. In einer großen Küche kann man dem Kind ein offenes Regal einrichten oder man kann in allen untersten Fächern der Anbauschränke Dinge aufbewahren, die das Kind auch ausräumen und benutzen kann: sein eigenes Spielzeug, hölzernes Küchenbesteck, Kochlöffel und Holzbretter, Küchenhandtücher, Topflappen und alle Topfdeckel.

Ist der Küchenfußboden gefliest, so legt man eine Spielmatte auf den Fußboden oder näht zwei bis vier alte Badematten als Spieldecke zusammen, oder man gibt dem Kind eine alte feste und waschbare Wolldecke.

Was kann und was sollte nun in der Küche geschehen? Abgesehen davon, daß Sie das Kind im Auge behalten können und nicht ständig zwischen Küche und Kinderzimmer hin und her sausen müssen, sollten Sie die gemeinsamen Unternehmungen in der Küche nicht nur als Möglichkeit für das Kind, zu spielen und zu helfen, betrachten, sondern als Gelegenheit, ihm viel von jenen Kenntnissen zu vermitteln, die ihm die erste Schulzeit so viel einfacher machen.

Mohrrüben und Mathematik

Wie Sie wissen, geht es heute im Rechenunterricht mehr um erlebte Mengen als um abstrakte Zahlen. Diese Mengen lernt ein Kind am ehesten zu Hause in der Küche kennen.

Wenn Sie dem Kind sagen: »Hier hast du eine Mohrrübe!« und dann: »Hier hast du noch eine Mohrrübe!«, so erfährt das Kind den Begriff Zwei.

Wenn Sie die Mohrrüben zum Mittagessen putzen und sie dabei von dem Arbeitstisch nehmen, den das Kind auch erreichen kann, und dabei erklären: »Das ist eine große Mohrrübe. Diese Mohrrübe ist kleiner, und diese ist größer!«, so lernt das Kind Unterschiede und Gemeinsamkeiten kennen.

Wenn Sie sagen: »Da liegen Mohrrüben, für jeden von uns beiden zwei (oder drei)«, so lernt das Kind, wie Mengen zueinander in Beziehung gesetzt werden.

Sagen Sie: »Ich hole vier Mohrrüben aus dem Korb. Jetzt nehme ich eine davon und schrubbe sie sauber. Da bleiben nur noch drei auf dem Tisch, und eine ist im Topf!«, so erlebt das Kind Subtraktionen und Additionen: »Jetzt ist eine Mohrrübe im Topf, und ich lege die nächste Mohrrübe dazu. Nun sind zwei Mohrrüben im Topf.«

Wenn das Kind allmählich Mengen überschaut, können Sie Aufgaben stellen: »Hol mir drei Mohrrüben aus dem Gemüsekorb. Und jetzt noch mal drei. Wie viele haben wir denn nun?« oder: »Hol mir sechs Mohrrüben. Wie viele bekommt dann jeder von uns?«

Psychologen weisen immer darauf hin, wie gern Kinder mit Wasser spielen. Bleiben wir bei den Mohrrüben: Wenn das Kind der Großmutter hilft, ist ein Spiel mit Wasser fast notwendig. Man stellt dem Kind eine Schüssel auf den Fußboden, nicht gerade mit eiskaltem Wasser, und läßt es die Mohrrüben waschen. Es kann dabei lernen, wie Mohrrüben beschaffen sind: fest und knackig, im Sommer mit frischen grünen Puschelblättern, im Winter viel dicker, nicht mehr so rotorange und mehr mit Sand und Erde verklebt. Und schon lernt das Kind, daß man Sand und Erde einfach abspülen kann.

Im Zuge dieser Entdeckungen darf das Kind natürlich auch in eine Mohrrübe hineinbeißen, und wenn es sie einmal quer durchbricht, sieht es, wieviel süßer Saft und Duft in diesem Gemüse stecken.

Das nächste Mal hat das Enkelkind vielleicht Lust, mit dem Wiegemesser die Petersilie feinzuwiegen und zu den Mohrrüben zu geben. Wahrscheinlich ißt es diese Mohrrüben, zu denen es nun ein fast persönliches Verhältnis hat aufbauen können, wesentlich lieber und vergnügter, als wenn ein Erwachsener nur Mohrrüben auf seinen Teller löffelt und dabei drohend sagt: »Das wird aufgegessen! Mohrrüben sind so gesund!«

Auf ähnliche Art und Weise kann man mit allen Gemüse- und Obstarten verfahren. Warum soll ein Kind zum Beispiel nicht den Spinat waschen helfen und auf ein grobes Sieb legen? Beim Waschen lernt ein Kind wieder Unterschiede kennen und genaues Beobachten, indem es welke Blätter, Grashalme, Vogelmiere und ähnliches aus den Spinatblättern herauslesen hilft. Dabei lernt es auch neue Wörter.

Wenn das Kind Gemüse wäscht, lernt es, daß manche Dinge schwimmen und andere untergehen. Die Großmutter braucht nur einen Weinkorken in die Schüssel zu werfen.

Vielleicht ergibt sich eine ganze Versuchsreihe, solange das Gemüse gart. Schwimmt ein Knäuel Alufolie? Schwimmt der Radiergummi? Der Bauklotz? Die Gabel? Die leere Streichholzschachtel?

Ein Schritt weiter: Das Kind wäscht Heidelbeeren und erlebt, daß von ein und derselben Obstart manche Beeren untergehen und andere oben schwimmen. Warum?

Die Erklärung zeigt gleich, wie man solche Tatbestände und Beobachtungen praktisch ausnutzen kann: So unterscheidet man die guten von den schlechten Beeren. Und welchem Kind macht es nicht Spaß, mit einem kleinen Sieb oder mit einem Schaumlöffel die schlechten Beeren abzufischen?

Wie bei all diesen »Arbeiten« endet die Tätigkeit in Erfolg und Lob: Das Kind hat dazu beigetragen, daß das Essen schmeckt. »Ich hab die Heidelbeernachspeise gemacht!« – »Ich hab das Gemüse gekocht!«

Das trifft vor allem dann tatsächlich zu, wenn Sie geduldig genug sind, das Kind wirklich alles ausführen zu lassen: Es darf die Mohrrüben, die Sie kleingeschnitten haben, in einen Topf füllen. Es läßt Wasser in einen Becher fließen und lernt gleich und für alle Zeiten dabei, daß man zum Gemüsedünsten tatsächlich nur einen Becher voll Flüssigkeit braucht und keinen

halben oder ganzen Liter, in dem das Gemüse nur sein Aroma und seine Nährstoffe verliert. Es ist also ein Verdienst des Kindes, daß die Möhren zum Mittag so gut schmecken, wie sie es tun!

Selbst die Garzeiten kann ein Kind kennen und überschauen lernen, wenn ihm die Großeltern einen Küchenwekker schenken, den es sich immer selbst auf die betreffende Garzeit einstellen kann. Dabei wird ihm nicht nur der Begriff Zeit samt allen anderen Begriffsbereichen – Sekunden, Minuten, Viertelstunden, Stunden; vorher, nachher; bald, nicht so bald und so weiter – durch ständiges Erleben klar, das Kind lernt auch für alle Zukunft die Zeitspannen kennen, die, um beim Gemüse zu bleiben, die harten oder die zarten Gemüse zum Garwerden brauchen. Zum Schluß macht das ganze Unternehmen Spaß, weil der Küchenwecker so schön laut rappelt.

Oder Sie kochen mit dem Schnellkochtopf, weil man in ihm in extrem kurzer Zeit Gemüse und Kartoffeln garen kann und er eine schonende Zubereitung möglich macht, bei der Vitamine, Mineralsalze und Spurenelemente weitgehend erhalten bleiben. Zum Kochen mit Kindern empfiehlt sich jedoch gelegentlich auch der normale Topf, den man zwischendurch von der Herdstelle nehmen und aufmachen kann, damit das Kind sieht und schmeckt, wie die Sachen gar werden, wie sie dabei Aussehen, Geruch und Beschaffenheit verändern.

Die sichere Küche für Kinder

Ich kenne die Einwände: der Herd, seine Hitze, die Gefahr!

Dazu ist folgendes zu sagen: die Höhe eines Küchenherdes beträgt 85 bis 90 cm. Es dauert also lange, bis das Kind so groß ist, daß es auf eine heiße Platte oder in eine brennende Gasflamme greifen kann. Es gibt Herde mit Kindersicherungen, es gibt Herde, bei denen die Schaltknöpfe nicht vorn an der Frontwand, sondern obenauf liegen. Das ist zwar aus anderen Gründen unpraktisch, im Kinderhaushalt aber noch zusätzlich sicher.

Es gibt schließlich und vor allem die Großmutter, die die Sache mit ihrer eigenen Erfahrung angehen wird und vermutlich ohnehin weiß:

- Man kocht auf den hinteren Kochstellen, die für das Kind kaum erreichbar sind.
- Ob das Kind im Krabbelalter oder schon fünf Jahre alt ist: Man läßt es nie in der Küche mit einem Herd voller Töpfe oder einem Backofen in voller Glut allein. Selbst wenn es an der Haustür klingelt – das Kind wird mit zur Tür genommen. Telefon? Man kann eine so lange Schnur an dem Apparat anbringen lassen, daß man ihn mit in die Küche nehmen kann, oder man benutzt ein schnurloses Telefon.
- Kein Topf mit Stiel und keine Pfanne werden so auf den Herd gestellt, daß ihre Stiele verlockend über den Rand ragen.

Insgesamt verringert sich jedoch die Gefahr für das Kind in der Küche und im Umgang mit den Küchengeräten, wenn es frühzeitig in die Beschäftigung mit allem hineinwächst.

Sicher, die Großmutter wäre schneller mit dem Kochen und mit dem Decken fertig, wenn sie alles alleine machte und dem Kind die Küche verschlösse. Es ist jedoch wie beim Selbstanziehen und beim Selbstwaschen: Wenn man am Anfang die Geduld aufbringt und sich wirklich bei jedem Handgriff überlegt: »Könnte das Kind dies schon allein machen?«, so hat man sehr viel früher ein selbständiges und deshalb auch vergnügteres Kind neben sich.

Man muß dabei – wie auf allen anderen Gebieten auch – natürlich berücksichtigen, daß für das Kind »das Kochenhelfen« keine Aufgabe besonderer Art ist. Was ein Kind auch im Lauf eines langen Tages lernt, alles besitzt eine gewisse Gleichwertigkeit, und es ist dem Kind egal, ob es sich darum handelt, wie man einen Apfel zerschneidet oder wie man mit beiden Füßen auf einmal eine Treppenstufe hinaufhüpft.

Sie können im Kapitel »Spiele mit Kindern« lesen, daß es für das kleine Kind keinen Unterschied zwischen Lernen und Spielen gibt. Deshalb darf man an den Kinderbegriff vom Lernen nicht den Erwachsenenbegriff von Pflicht, Verantwortung und Durchhalten koppeln. Der Satz: »Man führt zu Ende, was man begonnen hat« gilt erst Jahre später. Jetzt heißt es vielmehr: »Man tut, was man kann.«

Kinder im Vorschulalter sind ohnehin kaum imstande, ihre Aufmerksamkeit voll auf irgend etwas zu konzentrieren, das länger als zehn bis zwanzig Minuten dauert. Eine einfühlsame Großmutter kalkuliert diese Tatsache ein.

Alle Untersuchungen beweisen, daß den Jungen das Kochen fast noch mehr Spaß macht als den Mädchen. Jeder Junge kann nur dankbar sein, wenn seine Großmutter die Rollenfixierung Küche gleich Mädchen mißachtet, denn es ist für einen Jungen genauso wichtig, daß er später in der Zukunft sich und seine Familie nicht nur bekochen kann, sondern ernährungstheoretisch auf dem laufenden ist.

Wenn ein Kind nun so weit ist, daß es auf Vorgänge wie Kochen und Essen logisch zu reagieren beginnt, kann man anfangen, ihm das ganze und so spannende Geheimnis der Küche zu erklären. Daß nämlich alles Chemie und Physik ist und daß man alles kochen kann, wenn man bestimmte Dinge weiß.

Das Wasser-Geheimnis

Wir kochen täglich, aber wir kochen, ohne groß nachzudenken über all diese chemischen Veränderungen, die während des Garens stattfinden. Dabei ist es nicht uninteressant, mit einem Kind zusammen beispielsweise das Quellen von Graupen oder die Veränderungen von Gemüsesorten beim Kochen zu beobachten. Seit Jahrtausenden kochen die Menschen mit Hitze, was man auch so ausdrücken könnte: seit Jahrtausenden treiben sie Chemie am Herd, legen Versuchsreihen an, machen sich naturwissenschaftliche Gesetze zunutze. Und man könnte daraus die Konsequenzen ziehen, zum Beispiel mit Wasser, diesem Element, mit dem Kinder so gerne spielen. Das Kind hat zum Beispiel ein erdiges Salatblatt oder eine Mohrrübe und hält sie unter das Wasser. Die Erde und der Sand werden abgespült, Blatt und Möhre verändern sich aber nicht. Weich oder lasch werden die Gemüse erst im heißen oder kochenden Wasser. Warum? Weil das heiße Wasser die Zellwände aufweicht.

Was hat ein Kind bei diesem ersten Versuch gelernt? Daß es wasserlösliche Stoffe gibt. Das weiß es schon vom Händewaschen: Sand und Erde kann man sich so abspülen. Fett und Schmiere muß man mit anderen Mitteln zu Leibe rücken. Diese Erfahrungen kann man vertiefen, indem man dem Kind ein Stück Würfelzucker gibt, das es in kaltem Wasser auflösen soll – in einem Glas, da sieht man den Prozeß besser. Dann trinkt das Kind einen Schluck: das Wasser ist süß. Das gleiche geschieht nun mit Salz.

Erkenntnis: Beim Auflösen verteilt sich der Geschmack von wenig Zucker oder wenig Salz auf ein ganzes Glas Wasser.

Versuch eins hat aber auch gezeigt, daß sich Sachen wie Gemüse nicht verändern, wenn man sie nur kurz mit Wasser in Berührung bringt. Was geschieht, wenn man dem kalten Wasser mehr Zeit zum Wirken gibt?

Lassen Sie das Kind Backobst in kaltem Wasser einweichen. Geben Sie ihm eine halbe Tasse Graupen, auf die das Kind drei oder vier Tassen kaltes Wasser gießt, und schauen sie zusammen mit dem Kind nach ein paar Stunden wieder nach. Was ist geschehen? Um wieviel sind das Obst und die Graupen gequollen? Da kann man nun erklären, daß Stärke schon im kalten Wasser quillt und daß man bestimmte Hülsenfrüchte, Trockenfrüchte und Getreideprodukte vor dem Kochen einweicht, weil sie so weicher werden, weil man sie so kürzer kochen muß und weil sie so ein besseres Aussehen behalten.

Nächster Schritt: wie schnell quillt Stärke? Das Kind hat vielleicht noch in Erinnerung, daß die Graupen ganze zwölf Stunden gebraucht haben, danach wurden sie nicht mehr dicker. Wenn das Kind aber Mehl mit Wasser verrührt, wird es sofort eine Pampe. Vielleicht kommt es von alleine auf die Lösung: Je stärker das Getreideprodukt schon zerkleinert ist, desto leichter hat es das Wasser, von allen Seiten an die Stärkestäubchen und -körnchen heranzukommen. Wenn man für diesen Versuch Stärkemehl nimmt, das feinste Produkt, dickt es sofort.

Nun kann man diese Beobachtungen mit heißen Wasser fortsetzen: Dünne Fadennudeln werden rascher weich als Bandnudeln. Und wenn sie einen bestimmten Weichheitsgrad erreicht haben, hat es keinen Sinn, sie noch länger im Wasser zu lassen: Weicher werden sie doch nicht, höchstens matschig. Man kann also Zeit und Geld für Strom und Gas sparen, wenn man sich Garzeiten merkt und aufschreibt.

Dann kann die Großmutter auch gleich erklären, daß die Garzeit bei Gemüsen noch etwas mit Vitaminen zu tun hat. Das wird das Kind leicht verstehen, denn es weiß schon: Wasser löst manches auf und läßt es auskochen, auch Vitamine und Nährstoffe aus den Gemüsen.

Vielleicht wird einem Kind bei diesen ersten bewußten Versuchen von ganz allein klar, was die Zähmung des Feuers für den Menschen und seine Kultur bedeutet hat. Immer wieder stoßen Altertumsforscher auf Reste menschlicher Feuerstätten, immer wieder rechnen sie sich neue früheste Daten für das erste Herdfeuer unserer Vorfahren aus. Zwanzigtausend Jahre? Zweihunderttausend Jahre?

Auf jeden Fall haben sich die Urmenschen von kalter Küche ernährt: Raupen und Käfer, Schnecken und Würmer haben das notwendige Eiweiß geliefert, Vogeleier waren köstliche Frühlingsfeste, im Sommer gab's Beeren und Früchte, im Winter nur Getrocknetes und eßbare Wurzeln, die mit Grabstöcken aus der Erde gestochert wurden.

Und dann das Feuer! Zuerst vom Blitz geschenkt, mit Kunst und Tücke gehegt und am Brennen gehalten. Mit diesen Feuern hat vor Jahrtausenden das Kochen begonnen, dieses Garen mit Hitze. Und seit damals haben die Menschen bis in unser Jahrhundert hinein hauptsächlich das gegessen, was ihnen die Jahreszeiten boten.

Da waren die ersten Monate des Jahres eine schwierige Zeit für die Küche: die Wintergemüse gingen dem Ende zu, der Sommer ließ noch auf sich warten. Wir können theoretisch das ganze Jahr hindurch alles kaufen, was man haben und essen will, denn irgendwo auf der Erde reifen fast immer Erdbeeren oder Ananas oder Kartoffeln, und es gibt genug Flugzeuge und Schiffe, um die kostbare Fracht über Land und Meer zu uns zu bringen. Man kann außerdem Tiefgekühltes tauen lassen, kann Dosen öffnen und Gläser, in denen man sich selber Vorrat angelegt hat.

Früchte im Frühling

Der Frühling wäre also die ideale Zeit, zu erklären, woher unsere Nahrungsmittel kommen und was wir dafür zahlen müssen, wenn wir gegen die Jahreszeiten in einem ewigen Schlaraffenland leben wollen.

Nur Geld? Kaufen Sie zusammen mit dem Enkel ein und lassen Sie ihn genau betrachten, wie erlesen die Früchte eingepackt sind und wie unreif sie noch aussehen. Und wie schmekken die teuren Früchte? Wie fühlen sie sich an? Wenig Aroma, nichts von der Süße, die zu einer richtig reifen Marille oder Tomate gehört, auch nichts von ihrer prallen Weichheit. Das blasse, noch grünliche Fleisch schneidet sich fast wie eine Kartoffel, und wenn dem Enkelkind beim Schneiden gerade dieser Begriff eingefallen sein sollte, so hat es die Großmutter leicht mit der Erklärung: Ja, natürlich ist das Fruchtfleisch noch hart und trocken, denn die Früchte müssen unreif geerntet werden, damit sie die Reise überstehen. Wenn die Sonne erst die Stärke – wie in der Kartoffel – in Zucker verwandelt hat, wird das Fruchtfleisch weich und saftig, schmeckt so gut, wie es nur schmecken kann, läßt sich aber höchstens vom Baum oder vom Strauch in den Korb transportieren.

So kann man wieder eine Versuchsreihe starten und von Zeit zu Zeit fortsetzen: mit den ersten einheimischen Erdbeeren und Kirschen, mit Stachelbeeren und Birnen. Wenn man einen eigenen Garten hat, so kann man den Prozeß der Reife noch besser beobachten. Um Ostern herum werden die ersten importierten Erdbeeren angeboten. Schmecken sie schon nach Erdbeeren? Wie steht es mit den Erdbeerkonserven? Erdbeerkompott, selbst eingekocht oder in Gläsern gekauft, hat mit den echten Früchten fast nichts mehr gemein. Warum? Warum verlieren die Beeren die rote Farbe?

Warum werden sie braun und lasch? Vielleicht kommt das Enkelkind selber darauf, daß es etwas mit dem Saft der Beere zu tun haben könnte. Dann weiß es eigentlich auch schon, daß sich Erdbeeren am besten tiefgekühlt halten. Und es hat vor allem gelernt, daß man Nahrungsmittel ihrer Eigenart entsprechend behandeln muß, wenn das Essen schmecken soll.

Essen soll aber auch gesund sein. Da kennt nun jeder Erwachsene eine Reihe von Sätzen, die einem in diesem Zusammenhang in den Kopf und auf die Lippen kommen: Obst ist gesund, Spinat macht kräftig, Haferflocken machen klug, tüchtig essen, damit man etwas zuzusetzen hat, dies macht rote Backen und jenes stärkt das Gehirn.

Je kleiner ein Kind ist, desto tiefer sinkt das Wort der Erwachsenen in sein noch frisches und auf Informationen gieriges Gedächtnis. Später zweifeln die meisten Kinder an der Allwissenheit und Weisheit der Eltern und Großeltern und tun von allem, was die Erwachsenen sagen, am liebsten das Gegenteil. Sonderbarerweise sind die Ernährungstatsachen und -irrtümer davon ausgenommen. Sie sitzen fest. Sie sind auch später kaum auszurotten. Was soll man also tun? Am besten ist es, man zieht ganz am Anfang des gemeinsamen Küchen- und Koch-Lebens mit dem Enkelkind Bilanz. Ernähre ich mich selber einigermaßen vernünftig? Weiß ich eigentlich genau, was man heute für vernünftig hält? Oder sage ich genau wie die eigene Mutter: »Zuerst den schönen gesunden Spinat, dann bekommst du auch den Pudding!« Sagt man dem Kind: »Iß nicht so viel Süßigkeiten!«, hat aber selber immer eine Tüte Bonbons in der Handtasche? Bei einem Schultest mit ganz anderen Zielen stelte sich heraus, daß die Kinder einhellig wußten, in welchem Küchenschrank die Mutter ihr heimliches Schokoladenversteck hatte. Nach Großmüttern wurde nicht gefragt.

Die nächste Frage: Weiß ich die Antwort, wenn mich das Enkelkind fragt: »Warum sind denn die Mohrrüben so gesund?« Kann ich ihm erklären: Da ist ein Vitamin, Provitamin A, das schützt die Sehkraft. Da ist das saftige feste Fleisch der rohen Möhre, das gibt den Zähnen Arbeit, und da ist das kräftige Möhrenfleisch, das sorgt für eine gesunde Verdauung.

Warum ist Obst gesund?

Hat man all diese und ähnliche Tatsachen vergessen oder noch nie gewußt, so sollte man die nächste Ernährungsberatung oder Verbraucherzentrale aufsuchen und sich mit Broschüren versorgen lassen, die man zu Hause in Ruhe studieren kann. Dann erfährt man auch, daß man dem Kind keine noch so gesicherten Redensarten unbedacht übermitteln darf. Ist Obst gesund? Nur wenn man es nicht im Übermaß futtert. Das Übergewicht von jungen Frauen und Kindern ist – nach einer neuen Studie – aus Obst entstanden. Aus Unmassen von Bananen und Apfelsinen, aus Fruchtsäften, die den Kindern gefährlich viel unsichtbaren Zucker liefern.

Da hätte die Großmutter schon Material für ein weiteres Experiment in der Küche: Lassen Sie das Kind den Saft einer Zitrone auspressen. Er wird ins Glas oder in den Becher gegossen, dann kommt etwas Wasser dazu, und nun muß die Limonade gesüßt werden. Lassen Sie das Kind genau abmessen, wie viele Teelöffel Zucker man dazu tun muß, bis die Limonade süß genug ist. Der Zitronensaft an sich ist kalorienarm, ein Eßlöffel enthält nur vier kcal (17 Joule). Ein Stück Würfelzucker von fünf Gramm enthält zwanzig kcal (84 Joule). Saure Früchte wie Zitronen, schwarze und rote Johannisbeeren brauchen viel Zucker, um gut zu schmecken. Süße Früchte wie Orangen oder Erdbeeren, Himbeeren oder Ananas brauchen kaum Zucker, weil sie selber, falls sie wirklich reif sind, viel Fruchtzucker enthalten. Wer Früchte der Gesundheit wegen ißt, muß also lernen, sich diejenigen auszusuchen, die viele Vitamine und Mineralstoffe bei möglichst wenig Zuckerstoffen liefern.

Suchen Sie sich mit dem Kind zusammen Früchte aus. Erklären Sie ihm diese Früchte, stellen Mahlzeiten zusammen, bei denen auch die Zubereitungsmethode so sehr wie möglich stimmt: Der Vitamine und des zarten Fruchtfleisches wegen Obst roh essen oder nur kurz und immer nur fest zugedeckt garen. Nicht wild und sprudelnd kochen lassen, sondern möglichst nur pochieren, also auf schwacher Hitze garmachen.

Weiter: Vitamine mögen kein Licht und keine Luft (Sauerstoff). Also: eingekauftes Obst schnell waschen und im Kühlschrank aufheben. Obst erst im letzten Moment kleinschneiden und dann mit Zucker bestreuen: Zucker bindet das besonders flüchtige Vitamin C. Obstvorräte nie lange liegenlassen, lieber schnell aufessen, einfrieren oder einmachen.

Das sind lauter Wächteraufgaben, genau richtig für Kinder, die damit nicht nur für sich lernen, sondern die Verantwortung für andere, vielleicht für die ganze Familie übernehmen können.

In manchen schwedischen Kindergärten gibt es eine Sitte, die man gut in der eigenen Küche nachmachen kann: Die Kinder können sich von einem großen Tisch, auf dem Nahrungsmittel wie auf einem Marktstand liegen, ihr zweites Frühstück selber zusammenstellen. Und ein Erwachsener erklärt jedem, und damit allen Kindern, was an den verschiedenen Zusammenstellungen gut und nicht so gut ist. Da fehlt vielleicht etwas Eiweiß, also ein Becher Joghurt oder ein Käsebrot; da hat jemand nur an Obst gedacht und vergessen, daß man auch etwas zum Sattwerden braucht, ein Würstchen oder ein Knäckebrot mit Eischeiben.

Das Ziel: Die Kinder sollen begreifen, was »gesunde Mischkost« bedeutet, sie sollen täglich wieder lernen, aus wie vielen verschiedenen Dingen man sich immer wieder das »Richtige« zusammenstellen kann und wieviel Spaß das macht. So muß man später niemals fragen: Was soll ich bloß kochen, sondern man weiß auf diese Frage mindestens zwei oder drei Antworten. Das ist ein Spiel, bei dem es um Gesundheit und Leben geht und zu dem man Zeit und Geduld braucht. Genau die richtige Situation also für das Leben mit einer Großmutter.

Das Kind ist Koch

Wer so spielerisch etwas über den Wert der Nahrungsmittel lernt, den verlangt es sicher bald, selbständig zu kochen und in der Küche herumzuwirtschaften. Jede Selbständigkeit muß geübt werden, und Sie handeln nur klug, wenn Sie Ihr Enkelkind immer mehr Aufgaben übernehmen lassen, bis es schließlich wirklich allein handeln kann. Das bedeutet nicht, daß man ein Kind mutterseelenallein der Küche und ihren Gefahren ausliefert. Es bedeutet aber sehr wohl, daß man die Rollen umkehrt: Das Kind ist der Koch, Sie sind die Küchenhilfe. Wenn ein Kind gemeinsam mit der Großmutter gelernt hat, was man vor dem Kochen machen und bedenken muß, und wenn es weiß, daß ein guter Koch hinter sich aufräumt und wie man das am vernünftigsten macht, so kann man guten Mutes losarbeiten.

Alleine kochen: Das ist der Wunsch von Kindern, die lesen und schreiben, die selbständig ein Rezept auswählen können. Dazu brauchen sie vor allem ein Kochbuch. Wenn es keines in der Famiie gibt, so schenken Sie ihm ein anständiges Grundkochbuch, in dem so einfache Dinge wie ›Salzkartoffeln kochen‹ oder »Eier hart‹ und ›Eier weich‹ zu finden sind, und in dem bei jedem Rezept die genaue Garzeit, möglichst auch noch Temperaturangaben für das Kochen auf dem Herd und im Ofen angegeben sind. Ideal: wenn vermerkt ist, wie lange die Vorbereitungszeit ist. Denn das muß das Kind als erstes wissen: wie lange brauche ich mit allem Drum und Dran? Wann muß ich also in die Küche, wenn wir um neunzehn Uhr einen Bauernschmaus essen wollen? Gerade bei solchen Rezepten ist es wichtig: Wird auch erwähnt, daß man eine halbe Stunde länger braucht zum Kartoffelkochen, wenn man keinen Pellkartoffel-rest hat?

Der nächste Schritt ist das Rezept selbst. Hat es das Kind nach dem ersten Vorlesen verstanden? Wenn nicht, wird die Großmutter gefragt. Vielleicht empfehlen Sie ein ähnliches, aber leichteres Rezept.

Drei goldene Küchenregeln

Das ist der theoretische Teil gewesen. Jetzt kommen die goldenen drei Küchenregeln: Hände waschen. Schürze um. Ärmel aufkrempeln! Danach wird alles zusammengeräumt, was man für dieses eine bestimmte Rezept braucht: Kochgeschirr, Handwerkszeug, Zutaten. Ist eine Uhr in der Nähe? Gut. Ein Küchenwecker? Noch besser. Wer noch nicht sehr geübt im Kochen ist, sollte nicht zwei Sachen auf einmal machen, selbst wenn man dabei Zeit spart. Also: Nicht etwas zerkleinern, wenn im Schmortopf schon die Zwiebeln anbraten. Wenn das Kind Pech hat, verbrennt das Fett, während es noch die Paprikaschoten oder Tomaten in Scheiben oder Würfel schneidet.

Lieber erst einmal eins nach dem anderen, jedem Schritt die gehörige Aufmerksamkeit schenken – alles andere hat Zeit. So lautet auch der nächste Kochschritt: Alle Zutaten abwiegen und so vorbereiten, wie man sie braucht. Fertig? Dann sollte das Kind noch mal das Rezept durchlesen und dabei prüfen, ob es wirklich an alles gedacht und alles beisammen hat. Selbstverständlich sollte es schon von Ihnen beim Zuschauen gelernt haben, daß man sich beim Kochen durch nichts und niemanden stören läßt. Läutet das Telefon? Wer wirklich etwas von mir will, wird schon wieder anrufen. Klingelt es an der Haustür? Es könnte aber ein Eilbrief sein? Oder jemand, der einem sagt, daß man das große Los gewonnen hat? Dann auf jeden Fall den Herd ausmachen, den Topf – vor allem mit Milch! – oder die Pfanne – vor allem mit Fett! – von der

Kochstelle nehmen, auf einen hitzebeständigen Untersetzer stellen, der immer parat sein sollte, und dann erst zur Tür stürzen.

Kochen ist, wie das Kind immer wieder erfahren wird, kein Spiel, aber es fordert genau wie ein Spiel die Vorstellungskraft und die Phantasie heraus. Jedes Kind erlebt das zwei oder drei oder vier Mal am Tag: Die Mutter oder der Vater oder die Großmutter oder die Tagesmutter unterbricht eine andere Tätigkeit mit einem Blick auf die Uhr, geht in die Küche und beginnt zu kochen. Dabei bereitet sie wahrscheinlich nur selten ein Gericht für sich selber zu. Sie kocht vielmehr für andere. Sie kocht für das Enkelkind, für andere Geschwister, für den Rest der Familie, und wenn noch Großeltern oder Mitglieder einer Wohngemeinschaft im gleichen Haus oder in der gleichen Wohnung leben, so gehören auch diese zu der Klientel des Kochens hinzu.

Wenn ein Kind aber selber »kochen« darf, so muß es meistens für die Puppen oder für ein Tier kochen. Viele Kinder sind aber sicher enttäuscht, wenn ihr Koch-Produkt als Spielkram betrachtet wird. Das muß nicht einmal in Worten geschehen. Schon die Tatsache, daß es offenbar gar keine andere Möglichkeit gibt als Katzennäpfe oder Puppenteller, reicht schon aus. Sonderbarerweise haben wir auf allen Gebieten gelernt, die Bemühungen unserer Kinder mit Lob und Anerkennung zu begrüßen, sei es nun das erste große Geschäft im Töpfchen, sei es später das Krakelbild aus Fingerfarben oder das selbstgeklebte Schächtelchen. Diese letzteren werden gerührt und stolz an die Wand geheftet oder auf den Schreibtisch gestellt und allen Besuchern gezeigt. Sie besitzen so viel Wert, daß sie als Geburtstagsgabe an Großeltern und Patentanten verschickt werden.

Und die ersten Kekse, die vor lauter Geknete schwärzlich marmoriert sind? Sie werden kaum beachtet. Sie sind gerade für den Hund gut genug, der freudig danach schnappt. Oder sie werden schnell an Ort und Stelle in der Küche verzehrt, ohne viel Lob und Brimborium.

»Ich hab für dich gekocht!«

Wenn eine Großmutter nun über diese Sache nachdenkt, weiß sie wahrscheinlich sofort den Ausweg: Man muß das Kind eben so bewußt für jemanden kochen lassen, wie man das selber tut. Dabei bedeutet kochen nicht im geringsten: ganze Gerichte auf den Tisch bringen oder gar selbständig am Herd arbeiten, sich also den Gefahren von kochendem Wasser oder spritzendem Fett aussetzen. Es bedeutet vor allem: dem Kind im Gespräch oder beim gemeinsamen Arbeiten in der Küche erklären, warum die Großmutter zum Beispiel morgens lieber ein bißchen früher aufsteht. Sie will nämlich Zeit und Ruhe und Gemütlichkeit haben, um für den Enkel das Müsli zuzubereiten oder ihm Brötchen aufzubacken und mit ihm zusammen friedlich zu frühstücken.

Wenn diese Gemütlichkeit echt ist, wird das Enkelkind von ganz allein bei den Vorbereitungen für solche Mahlzeiten helfen wollen und sollte das auch tun dürfen, selbst wenn dabei der Joghurtbecher einmal umkippt oder die Zuckerdose hinfällt. Es wird irgendwann mehr tun wollen als nur helfen. Es wird den Toast rösten. Es wird Rosinen oder einen Löffel Weizenkeime auf den Quark streuen und so weiter.

Das ist der Augenblick, in dem die Großmutter wieder sieht, daß es auch beim Kochen so etwas wie Spezialbegabungen gibt und daß diese sich erstaunlich früh zeigen. Da ist ein Kind der geborene Kuchenbäcker, und das andere ist die klassische Kalte Mamsell. Eines entwickelt immer neue Stockwerk-Toasts, und eines könnte jeden Tag eine neue Quarkcreme erfinden.

Manche von diesen Eigenschaften haben eng zu tun mit den Menschen aus der Umgebung. Ein Junge denkt sich eine besondere Version von Spiegeleiern auf Toast aus, »weil das Omi so gut schmeckt!« oder entwickelt eine ganze Palette von Kartoffelmus-Variationen, weil die Großmutter gesagt hat: »Dieses Kartoffelmus ist mir aber besonders gut bekommen!«

Solche Sätze merkt sich ein Kind genauso, wie das ein Erwachsener tut oder tun sollte. Es lernt dabei nicht nur, seine Kochphantasie für ein bestimmtes Ziel einzusetzen und die Freiheit mit eingeschränkten Mitteln zu verwirklichen – es lernt auch, eigene Gelüste aus Rücksicht auf andere einzuschränken. Das Kind kocht für die Großmutter gern einen Kartoffelbrei, weil es die Großmutter liebhat, obwohl es in Wirklichkeit vielleicht lieber große fette Bratkartoffeln äße. Das Kind lernt also auf diese Weise ganz selbstverständlich und ohne daß man ihm große Reden über das Recht zur Selbstverwirklichung halten muß, daß man dieses Recht ohne Schwierigkeiten in Anspruch nehmen und ausnutzen kann, während man gleichzeitig Rücksicht übt und auf etwas verzichtet.

Und wenn man das Kochergebnis als Geschenk betrachtet, so hat das Kind längst erfahren, daß Geschenke nur dann Spaß machen (dem Schenkenden und dem Beschenkten!), wenn sie genau auf die Wünsche und Bedürfnisse des oder der Empfänger abgestimmt sind.

Weil diese Wünsche und Bedürfnisse etwas mit dem Körper zu tun haben, begreift das Kind noch etwas, das für seine künftige Kochlaufbahn sehr wichtig ist: Zum Genuß des Essens gehört auch seine Bekömmlichkeit. Man muß also darauf achten, daß man für die verschiedenen Menschen so kocht, wie sie es am besten vertragen. Die Großmutter zieht den milden Kartoffelbrei vor. Der Vater braucht nach einem langen Arbeitstag ein kräftiges Abendbrot. Der große Bruder will plötzlich kein Fleisch mehr essen, ist Vegetarier geworden.

Warum ist das so? Warum kommt ein Baby mit seinen winzigen Portionen aus? Warum hat die Großmutter nicht viel mehr Hunger als das kleine Kind? Wieso wird der große Bruder auch ohne Fleisch genauso satt wie der Vater?

Es wäre ganz gut, wenn sich die Großmutter eines Kindes, in dem sie die Kochlust geweckt hat, etwas über Ernährungslehre informierte, damit sie diese Fragen stets so beantworten kann, wie sie gestellt werden. Das wird nicht methodisch geschehen, sondern immer Anlässe haben, die aus dem Alltag gegriffen sind. Warum ist Tante Eva so dick und redet immer davon, daß sie eigentlich eine Hungerkur machen müßte? Warum bekommen Fußballer, wie in der Zeitung steht, ein besonderes Essen?

Beim Thema sexueller Aufklärung ist es uns seit Jahren eingebleut worden: Alle Fragen sofort und verständlich beantworten. Nur so hat man zum Schluß ein Kind, das (hoffentlich!) im Ernstfall richtig handelt, weil es weiß, um was es geht. Das gilt genausogut für die Ernährung. Denn ein unaufgeklärtes Kind kann später genauso viele lebensgefährliche Dummheiten machen. Es kann sich seine Gesundheit gründlich ruinieren. Das sieht man täglich an den Folgeerkrankungen von Fehlernährungen, für deren Behandlung und Pflege viel Geld aufgewendet werden muß, das man besser für die Enkelkinder anlegen könnte.

Kinder bei Tisch

Mädchen wie Jungen sollten auch beim Anrichten des gemeinsam zubereiteten Essens und beim Tischdecken helfen dürfen. Dabei sollte man ihnen viel Raum für eigene Initiative lassen. Ein Kind, das stehen und laufen gelernt hat, wird – wenn die geduldige Großmutter es gewähren läßt – von ganz allein durch das ständige und ungezwungene Mit-Tun auf eigene Ideen kommen. Es wird auf den Tisch, den die Großmutter fürs Mittagessen gedeckt hat, etwas stellen, was ihm gefällt, ob das nun Bauklötze sind oder alle seine kleinen Kuscheltiere. Sie sollten diese Dekoration auf jeden Fall bestehen lassen, können das nächste Mal dann von sich aus etwas anbieten: »Willst du jedem von uns eine Tomate auf den Teller legen?« oder: »Jeder braucht eine Papierserviette. Welche findest du schöner – die gelben oder die blauen?«

Das löst auch das Problem des Kindes bei Tisch. Wenn es an seinem »eigenen« Tisch sitzt, wird es ihn genießen. Aber auch hier müssen Großeltern daran denken, daß selbst Freude an der eigenen Leistung eine Anstrengung ist und nicht unbedingt eine ganze Mahlzeit hindurch anhalten muß.

Ein Kleinkind sollte immer das Recht und die Gelegenheit haben, vor dem offiziellen Ende einer Mahlzeit aufzustehen und entweder nur ein bißchen zu stehen oder hin- und herzulaufen oder ganz und gar mit dem Essen Schluß zu machen. Den Nachtischapfel kann ein Kind auch beim Spielen aufessen. Je älter Kinder werden, desto mehr genießen sie die gemeinsame Runde, genießen es besonders, wenn Gäste mit am Tisch sitzen. Niemand sollte den Wert dieser sozialen Erziehung bei Tisch unterschätzen.

Früher hat man gesagt: »Kinder halten bei Tisch den Mund und reden nur, wenn sie gefragt werden.«

Das ist nicht nur durch die größere Freiheit in der Erziehung anders geworden, das hat sich auch notwendigerweise geändert. Für Kinder entstehen so früh Probleme, mit denen sie nur fertig werden, wenn sie auch darüber sprechen können, daß sie die Gespräche bei Tisch brauchen, und zwar Gespräche mit möglichst verschiedenen Leuten verschiedenen Geschlechts und verschiedenen Alters.

Gäste sind für sie vollkommene Repräsentanten anderer Meinungen und Ansichten, was ihnen die typische Enge der Kleinfamilie auf wertvolle Art und Weise erweitern kann.

Das Schulkind und sein Essen

Wenn ein Kind in die Schule kommt, kann nicht nur sein Verstand, sondern auch sein Magen allmählich am Leben der Großen teilnehmen. Ganz erwachsen werden der Kindermagen und die Kinderverdauung erst mit vierzehn, fünfzehn Jahren. So lange gibt es noch Empfindlichkeiten, so lange kann es nach zuviel Gewürz, Menge und Schwere noch drastische Explosionen geben, so lange muß besonders vor großen Aufregungen (Klassenarbeiten) oder Anstrengungen (Ausflügen) liebevoll leicht gekocht werden. Vorsicht vor allem bei Ferienreisen in

fremde Länder! Die Umstellung auf die andere Kost samt Klimaumschwung sind für Kinder bis zwölf, vierzehn Jahre eine Anstrengung und spürbare Belastung.

Es gibt freilich immer Kinder, die scheinbar alles vertragen. Dafür stellen dann die Lehrer nach den großen Ferien die Folgen der falschen oder nicht vertragenen Ernährung fest: Leistungsabfall und andere Folgen von Überanstrengung.

Die Ernährung der Schulkinder muß besonders präzise geplant werden, denn jetzt beginnt im Leben des Kindes die Unordnung schwankender Termine. Um so wichtiger ist es, daß die Mahlzeiten die festen Pole im Trubel des Tages bleiben.

Frühstück   Das Frühstück ist der berühmte Start für den Tag, die Gelegenheit, genug Energie zu speichern, um Schul-, Haushalts- und Arbeitsvormittag gut, frisch und ohne Magenknurren hinter sich zu bringen.

Das weiß jeder, und trotzdem erledigen die meisten ihr Frühstück zu hastig und lustlos. Also muß man dafür sorgen, daß dem Kind genug Zeit für ein gemütliches Frühstück bleibt, wozu gehört, daß auch der oder die Erwachsenen mit am Frühstückstisch sitzen und zumindest eine Tasse Tee oder Kaffee zur Gesellschaft trinken. Wenn man dem Kind von Anfang an diesen Spielraum am frühen Morgen gibt und dafür selber die bekannte halbe Stunde früher aufsteht, so gerät keiner in die

206

ungemütliche Hetze und Hast, die gerade für das Schulkind der schlechteste Beginn für die eigene Arbeit sind und ihm außerdem sein bißchen Appetit verschlagen.

Selbstverständlich muß man auch die Lust aufs Frühstück hervorlocken. Wir wissen alle: Anblick und Duft wecken den Appetit. Das Frühstücksangebot sollte also vielfältig und erfreulich sein. Kinder lieben ohnehin die Abwechslung auf Tisch und Teller. Die kluge Großmutter setzt ihnen also nicht alle Tage einen Becher Milch und einen Teller mit Marmeladenbrot vor.

Sie macht zuerst einmal das Getränk verlockender. Viele Kinder mögen die Milch lieber, wenn sie nach Kakao, Früchten oder Nüssen schmeckt. Halb Milch, halb Tee mit etwas Zucker ist auch sehr beliebt und mal etwas anderes. Auch das Kind liebt eine Abwechslung der Brotsorten. Aufstrich oder Belag sollten sich ebenfalls häufig ändern. Es muß nicht immer nur Marmelade sein. Man kann genausogut milden Käse oder mageren Aufschnitt anbieten. Manche Kinder halten überhaupt nicht viel von belegten Broten zum Frühstück. Sie essen lieber Müsli oder Cornflakes mit Milch.

Oft haben Kinder auch auf das liebevollst angerichtete Frühstück keinen Appetit. Wenn ein Kind besonders morgens mäkelig ist und am liebsten ohne einen Bissen im Magen aus dem Haus ginge, muß die Großmutter versuchen herauszufinden, warum das Kind noch so erschöpft ist, daß es gar nichts essen kann.

Dies sind die häufigsten Ursachen:

- Es hat abends zuviel, zu schwer oder zu spät gegessen und ist noch satt.
- Es tobt vor dem Schlafengehen zuviel herum.
- Es ist ein Stubenhocker und hat am vorausgegangenen Nachmittag die ganze Zeit im Zimmer, im Kino, vor dem Fernsehapparat gesessen.
- Es befindet sich gerade in der Periode der größten Lesewut, liest abends gern und lange und am liebsten Krimis.

- Es hat vor der Schule, vor Lehrern oder vor Kameraden Angst, wobei ihm diese Angst noch gar nicht bewußt zu sein braucht.
- Es muß in einem Raum schlafen, der für das Kind ungeeignet oder ungeeignet eingerichtet ist, das heißt: die Fenster zu, die Deckbetten zu schwer, es hört zuviel vom Straßenlärm oder von den Fernsehgeräuschen der eigenen Familie oder der Nachbarn.

Das Kind wird auf jeden Fall durch irgend etwas belastet oder überfordert. Die Großmutter müßte dafür sorgen, daß sein Tagesablauf ruhiger, geregelter und nicht von Erwachsenenhektik bestimmt wird. Es sollte das Abendbrot rechtzeitig bekommen, nicht erst dann, wenn sich die Erwachsenen nach der Tagesschau an den Eßtisch setzen. Es braucht ein besonders leichtes vitaminreiches Essen und viel frische Luft und Obst. Als Übergang hat sich in solchen Fällen sehr bewährt, wenn man dem Kind gegen 18 Uhr die letzte Hauptmahlzeit und gegen 20 Uhr noch eine letzte Zwischenmahlzeit in Form von Obst, einer Quarkspeise oder einem Schälchen Kompott gibt.

Schulbrot Das Pausenbrot ist nach einem vernünftigen, ausgeglichenen Frühstück kein Problem mehr. Das Kind hat bereits eine gute und eiweißreiche Grundlage im Magen und kommt mit einer Banane, einem Apfel oder einer Mohrrübe oder einer Handvoll Studentenfutter bis zum Mittagessen aus. Bei großem Hunger oder an einem Schultag mit sieben Stunden oder mit Turnen und Schwimmen kann zum Obst noch eine Scheibe Schwarzbrot mit Butter oder Margarine gepackt werden. Das Pausenbrot sollte nur umfangreicher sein, wenn es sich um Jungen zwischen vierzehn und achtzehn Jahren handelt, die den größten Nahrungsbedarf haben, und wenn ein Kind kein ausreichendes Mittagessen bekommen wird. Das Pausenbrot ist ein Kapitel für sich. Täglich werden in den deutschen Schulen 40 Tonnen Lebensmittel weggeworfen. Warum?

Die Erwachsenen überschätzen den Appetit der Kinder. Viele geben ihren Kindern zusätzlich Geld zum Pausenbrot mit, das in Süßigkeiten umgesetzt wird, die wiederum den Appetit auf das Pausenbrot verderben.

Mittagessen
Das Mittagessen sollte die Hauptmahlzeit sein. Auch wenn das Schulkind das einzige Familienmitglied ist, das mittags nach Hause kommt, so sollte ihm die Großmutter nicht nur »irgend etwas« vorsetzen. Kleinkinder und Schulkinder brauchen ein richtiges, vollständiges Mittagessen. Mit einiger Übung und Überlegung lassen sich außerdem immer Gerichte zusammenstellen, die rasch zubereitet sind.

Für Kinder ist es wichtig, daß sie mittags genug Eiweiß bekommen. Das braucht kein teures Kalbfleisch zu sein, gekochtes Rindfleisch, Fisch, das Eiweiß der Eier schmeckt vielen Kindern erfreulicherweise sogar besser. Wenn das Kind kein warmes und ausreichendes Mittagessen bekommt, muß beim Frühstück und beim Abendessen entsprechend mit Eiweiß und Vitaminen ausgeglichen werden.

Abendessen
Das Abendessen sollte immer auch als Ausgleich für den ganzen Tag betrachtet werden, wobei die Mahlzeiten des Tages bestimmen, wie es auszusehen hat.

Wenn das Kind gut frühstückt und mittags eine, wenn auch nur kleine warme Mahlzeit verzehrt, kann das Abendessen leicht sein. Ein Teller Salat, Eiergerichte, Gemüsegerichte ohne viel Fett und Fleisch oder nur belegte Brote und Obst, Milch-, Quark- und Joghurtspeisen.

Ißt das Kind aber mittags unregelmäßig, weil der Schulweg zu lang ist, weil es Fahrschüler ist, weil es mittags oft vor lauter Erschöpfung an Appetitlosigkeit leidet, so muß man dafür sorgen, daß das Abendessen etwas gehaltvoller ist. Gesunde Kinder schlafen nach einem leichten Abendbrot auch mit vollem Magen gut und ohne Schwierigkeiten ein. Schulkinder, die schon etwas gehaltvollere Abendmahlzeiten und vor allem in größeren Mengen verzehren, sollten zwischen 18 und 19 Uhr essen und dann noch bis zum Schlafengehen etwa zwei Stunden verstreichen lassen können. Verspüren sie dann abermals Hunger, so gibt man ihnen, wie schon erwähnt, noch ein Betthupferl in Form von Obst oder Kompott.

Schläft ein Kind nicht gut ein, so ist es in vielen Fällen zu üppig ernährt und hat zu wenig Bewegung gehabt.

Kinder haben Durst

Der Durst der Kinder scheint immer größer als der von Erwachsenen zu sein. Doch wenn Sie sich noch an den Satz von Ihren eigenen Müttern erinnern: »Zuviel trinken ist für Kinder ungesund! Bei Tisch sollen Kinder nichts trinken!«, so hat heute die Wissenschaft entdeckt, daß ein Kind sehr wohl im Verhältnis mehr als der Erwachsene trinken darf, weil es einen größeren Flüssigkeitsbedarf hat, der – laut Forschungsinstitut für Kinderernährung – von Eltern immer unterschätzt wird.

- Mit einem Lebensjahr braucht ein Kind bei 9 kg Gewicht etwa 1,1 bis 1,3 l Flüssigkeit am Tag.
- Im vierten Lebensjahr bei 16,2 kg Gewicht zwischen 1,6 und 1,8 l.
- Im Alter von zehn Jahren bei 28,7 kg Gewicht täglich 2 bis 2,5 l.
- Dabei muß man natürlich berücksichtigen, daß das Kind mit anderen Nahrungsmitteln, vor allem mit Obst und Gemüse, Quark, Milch und Joghurt schon einen guten Teil dieses Flüssigkeitsbedarfs deckt.
- Milch ist kein Getränk zum Durstlöschen, sondern ein Nahrungsmittel. Wenn ein Kind pro Tag einen halben Liter Milch trinkt, ist das gut für die Eiweiß-, Vitamin- und Mineralstoffversorgung. Mehr jedoch ist schlecht. Dann wirkt die Milch als Appetitstopper.

Ferner sollten die Erwachsenen einige goldene Regeln beachten:

- Kinder sollen lernen, diszipliniert zu trinken. Dazu gehört: Es darf zwar beim, aber nicht vor dem Essen getrunken werden. Denn das füllt den Magen, betäubt den Appetit, verdünnt außerdem die Magensäfte, so daß das etwas später eintreffende Essen nicht ordentlich verdaut werden kann.
- Erhitzte Kinder sollen keine Eisgetränke in sich hineinschütten.
- Das Kind darf sein Essen nicht mit dem Getränk hinunterspülen. Erst kauen und schlucken, dann trinken. Wer Halbzerkautes mit Flüssigkeit hinunterspült, bringt die Zähne um die Arbeit und belastet dafür den Magen. Er wird mit den groben, nicht zerkleinerten Nahrungsbrocken nicht fertig, so daß sie gären und Bauchschmerzen verursachen oder unverarbeitet weiterwandern, was pure Verschwendung ist.
- Durst soll auch nicht künstlich gesteigert werden. Süße Getränke machen erst recht durstig. Stark gesalzenes Essen zwingt das Kind, mehr Getränke zu verlangen, als es eigentlich braucht. Das ist eine – wenn auch geringe – überflüssige Belastung des kindlichen Kreislaufs.

Andererseits trägt ein mit Mineralsalzen angereichertes Getränk – also Mineralwässer oder eine leichte Fleischbrühe – gerade dazu bei, den Durst zu stillen.

Wasser hält uns am Leben. Es löst und transportiert die Nährstoffe, hält das Gewebe straff und gespannt, und es befindet sich im ständigen Kreislauf. Wir atmen es durch die Lunge aus, und wir geben es durch Nieren, Darm und Schweißdrüsen wieder ab. Im Sommer steigert sich diese normale Flüssigkeitsabgabe bis zum Schwitzen, und der Mensch gibt dabei mehr Flüssigkeit ab als sonst. Durch seinen Geschmack verrät der Schweiß, daß auch Salz mit aus dem Körper geschwemmt wird, und dies verlorene Salz ist der Grund, warum uns die Hitze und das Schwitzen durstig machen. Wir brauchen nämlich Salz, denn Kochsalz bindet Flüssigkeit. Das heißt: Nur wenn wir genügend Salz im Gewebe haben, zieht es so viel Wasser an, wie wir zur Erhaltung unseres gesunden Wohlbefindens brauchen. Mit dem herausgeschwitzten Salz verliert der Körper jedoch die Fähigkeit, Flüssigkeit zu binden. Er muß sozusagen hilflos mit ansehen, wie sie ihm immer stärker entrinnt.

Das erklärt, warum Mineralwassser und kühle Fleischbrühe bessere Getränke gegen den Durst sind als Limonade.

Ein Kind muß vor allem lernen, sich an den richtigen Dingen satt zu trinken. Zu den geeigneten Getränken zählen Mineralwasser und kalorienarme Limonaden, keineswegs die vielen Cola- und Limonadengetränke mit einem Anteil von 9 bis 10 Prozent Zucker.

Eine Literflasche eines Cola-Getränks enthält in der Regel 410 bis 455 Kalorien, was einer Menge von 44 Stück Würfelzukker entspricht. Die zuckergesüßten, handelsüblichen Limonaden mit Zitronengeschmack enthalten rund 350, die mit Orangengeschmack rund 360 Kalorien.

Als Faustregel kann man sich dieses merken: Getränke aus Früchten, die besonders sauer sind, müssen in der Produktion besonders stark gesüßt werden. Deshalb ist der an und für sich so gesunde Saft der schwarzen Johannisbeeren durch den hohen Zuckeranteil einer der kalorienreichsten Fruchtsäfte.

Wenn das Kind zu dick ist

Gehen Sie zuerst zum Kinderarzt, und lassen Sie das Kind untersuchen. Es kann sein, daß das Kind krank ist.

Liegen seelische Ursachen zugrunde; so lassen Sie sich von der Erziehungsberatung und Psychologen helfen.

Wenn das Kind kerngesund und nur überernährt ist, dann bitten Sie den Arzt um ein paar spezielle Ernährungsvorschläge. Oder holen Sie sich bei der Ernährungsberatung die notwendige Auskunft.

Auf jeden Fall darf die Ernährungsweise nicht von einem Tag zum anderen radikal umgestellt werden. Man sollte aber als erstes alle Süßigkeiten und alle kohlenhydratreichen Zwischenmahlzeiten (Keks, Pudding, Kuchen) streichen, alle Getränke durch Mineralwasser ersetzen.

Die Erwachsenen dürfen nicht einen Fehler gegen den anderen austauschen und jetzt Süßes mit Sünde gleichsetzen. Sie müssen nur dazu übergehen, ausreichend süß zu kochen und Süßigkeiten als Sonntagsüberraschung zu reservieren.

Insgesamt viel Gemüse und Obst, mageres Fleisch, Fisch, Milch, Quark und Vollkornbrot verwenden. Wenn zwischen den Mahlzeiten etwas verlangt wird: einen Apfel, eine Mohrrübe, einen Becher Joghurt oder ein Stück Knäckebrot geben.

Nicht nur in den Zutaten, sondern auch vom Rezept her einfach kochen. Raffinierte Gerichte steigern nur den Appetit, und es fällt einem Kind schwerer, von diesen Köstlichkeiten wenig zu essen.

Die Mahlzeiten umstellen: Das Frühstück soll weiterhin ausgiebig und gut sein, weil das Kind im Lauf des Vormittags im Kindergarten oder in der Schule besonders viel Kalorien braucht und verbraucht, im übrigen aber von drei Hauptmahlzeiten zu fünf Mahlzeiten am Tage übergehen. Man hat festgestellt, daß die gleiche Nahrungs- und Nährwertmenge auf drei Portionen pro Tag verteilt mehr anschlägt als eben diese Menge auf fünf Portionen verteilt.

Für Bewegung in frischer Luft sorgen. Sandkastenspielen und Spazierengehen reichen nicht aus. Es ist besser, wenn das

Kind in einem Schwimmkurs, beim Turnen oder Tanzen angemeldet wird. Dabei müssen die Erwachsenen aber aufpassen: Übergewichtige Kinder neigen dazu, bewegungsfaul zu sein. Die Ursache ist nicht ihr Übergewicht, sondern ein psychologischer Grund: Die anderen Kinder spielen nicht gern mit einem Dickerchen. Infolgedessen bleibt es als Außenseiter am Rand stehen, während die anderen Kinder Lauf- oder Ballspiele spielen oder im Schwimmbecken Wasserschlachten veranstalten. Die Erwachsenen müssen also am Anfang mitgehen und dafür sorgen, daß das Kind nicht nur friedlich oder sehnsüchtig zuschaut, wie sich die anderen austoben.

In keinem Fall darf das Kind hungern. Das ruiniert den Körper, statt ihn in die rechte Form zu bringen. Es ist wesentlich besser, wenn man versucht, das Gewicht des Kindes trotz seines Wachstums eine Zeitlang auf gleicher Höhe zu halten.

Und noch ein wichtiger Punkt: Nicht immer vom Essen reden, auch nicht vom Abnehmen, dafür aber an der Zusammenstellung der Mahlzeiten und beim Kochen mitarbeiten lassen. Jetzt muß Ernährungsaufklärung betrieben werden, dann kann man mit den Problemkindern zusammen die Tages- und Wochenspeisepläne aufstellen, wobei die Kinder immer mehr verstehen lernen sollen, warum man das so und nicht anders macht. Denn erst wenn das Kind erkennt, daß hier sein eigener Fall abgehandelt wird, wird es mitarbeiten und die Disziplin lernen, die ihm vielleicht noch fehlt.

Wenn das Kind zu dünn ist

Dünnsein oder Magerkeit der Kinder stören manche Mütter und Großmütter wesentlich mehr als einen Arzt oder Kinderarzt. Bis sie ein Kind als mager bezeichnen, dauert es lange. Denn Ärzte, die Generationen von Kindern haben aufwachsen sehen, wissen besser als die eigenen Verwandten des Kindes, daß

- es im Wechsel der Entwicklungsperioden festgelegt ist, daß Kinder Phasen durchmachen, in denen sie dünn sind;
- ein dünnes Kind, das munter und gut in der Schule ist, keine anderen gesundheitlichen Warnzeichen zu erkennen gibt und bei den Mahlzeiten befriedigend ißt, keinen Grund zur Sorge darstellt;
- dick oder dünn auch individuelle Spielarten hat. Daß es also Menschen gibt, die schon als Kinder Sahnetorten und Bratkartoffeln in rauhen Mengen verschlingen konnten, ohne dick zu werden (was nicht bedeutet, daß man dünne Kinder auf diese Weise mästen soll!). Das kann daran liegen, daß diese Menschen sich mehr bewegen, daß ihr Stoffwechsel anders, schneller ist als bei Normalverbrauchern, was man früher mit dem Begriff des schlechten Futterverwerters bezeichnete.

Magerkeit gibt in der Regel erst zu Besorgnis Anlaß, wenn andere gesundheitliche Warnzeichen zu erkennen sind wie: chronische Appetitlosigkeit, Zurückbleiben in der Schule, Mangel an Vitalität, schnelles Erschöpftsein. In diesen Fällen muß ein Arzt, oft auch ein Psychologe aufgesucht werden.

215

Wenn das Kind keinen Appetit hat

Appetitlosigkeit taucht in jedem Alter auf. Dafür gibt es so viele Gründe, daß man sich zuerst einmal ganz prinzipiell fragen muß: Verweigert das Kind immer das Essen, und sieht es besonders schlecht aus? Dann sollte man so schnell wie möglich zum Arzt gehen, denn der Appetitmangel kann organische Ursachen haben.

Wenn das Kind nur gelegentlich weniger ißt, als die Großmutter vielleicht für normal betrachtet, so soll man das Kind gewähren lassen. Sie sollten weder gut zureden noch zum Essen zwingen. Das steigert nur den wahrscheinlich kurzlebigen Eßunwillen und entwickelt sich mit unfehlbarer Sicherheit zum ersten Akt der großen Eßtragödie. Man sollte lieber darauf vertrauen, daß auch bei Kindern einmal der Appetit schwankt und daß es bei der nächsten Mahlzeit schon wieder vollkommen anders sein kann. Ist das Kind jedoch ein chronischer schlechter Esser, obwohl der Arzt es für gesund erklärt hat, so sollte man nach den Ursachen forschen. Auf dem Weg zur endgültigen Selbständigkeit macht ein Kind in allen Altersstufen immer neue Trotz- und Rebellionsphasen durch, die nicht zuletzt bei Tisch ihren Ausdruck finden können.

Die Lösung dieser Situation erfordert die Erkenntnis, daß das Kind keineswegs böse oder unartig ist, sondern sich getrieben fühlt, seine Person und seine Selbständigkeit zu demonstrieren. In diesem Fall ist es nur wichtig, daß Sie gelassen reagieren, das verweigerte Essen abtragen, sich dann auch nicht das Herz brechen lassen. Sie müssen das Kind bis zur nächsten Mahlzeit warten lassen. Es wird in diesen vier bis fünf Stunden schon nicht verhungern. Sie dürfen sich jedenfalls nicht erweichen lassen und leckere Trost-Zwischenmahlzeiten servieren.

Sie sollten andererseits auch nicht das tun, was früher üblich war: das verweigerte Mittagessen »kalt zum Abendessen« servieren. Essen darf keine Strafe sein! Es gibt also ein Abendessen wie immer, und das Kind wird kein einziges Mal zum

Essen ermuntert. Oft machen es die Erwachsenen dem Kind leichter, wenn sie es während der ersten Bissen allein lassen.

Gründe, das Essen zu verweigern, die gerade in Familien auftreten können, in denen das Kind zwischen Mutter und Großmutter oder Eltern und Großeltern steht: Wenn es die Großeltern frisch übernommen haben, wenn die jeweiligen Positionen innerhalb der gesamten Familie noch nicht ganz klar sind, wenn das Kind ein schlechtes Gewissen bekommt, weil es die Großmutter auch liebhat, wenn es Spannungen zwischen der Mutter und der Großmutter gibt, wenn die Großmutter gar wegen eines neuen Babys in die Familie gekommen ist, so daß das Kind glaubt, Grund zur Eifersucht zu haben, so verschlägt es einem Kind auch in den Schuljahren noch oft den Appetit.

In diesen und vielen anderen Fällen liegt es bei den Erwachsenen, die Situation für das Kind wieder erträglich und angenehm zu machen.

Appetitmangel bei Schulkindern hat meistens zwei Hauptgründe: seelische oder körperliche Überlastung.

Zuviel Schularbeit, Leistungssport statt vernünftigen Bewegungssports, zuviel Getobe und Aufregung oder Streit in der Klasse, zu große Anforderungen in den Ferien beim Zelten oder auf der Klassenfahrt. In solchen Fällen hilft es oft, wenn man dem Kind Gelegenheit gibt, die Überbelastung langsam abklingen zu lassen. Man stellt also nicht gleich nach der Heimkehr von der Schule das Mittagessen auf den Tisch. Man läßt sich das Kind eine Viertelstunde hinlegen und entspannen. Man tischt nicht das ganze, vielleicht wirklich zu schwere Mittagessen auf, sondern man reicht nur eine Suppe oder nur ein Obstgericht und macht ein Mittagessen auf die englische Art, also zwischen 17 und 18 Uhr. Außerdem sollte man natürlich danach trachten, die äußere Situation für das Kind zu verbessern, was man auf Elternabenden oder im Gespräch mit Lehrern tun kann.

In der Schulzeit tauchen auch seelische Belastungen und Störungen auf, vor allem – aber nicht nur – in den Jahren vor oder während der Pubertät. In diesen kritischen Situationen der

Entwicklungszeit reagiert das Kind schon wie ein Erwachsener. Sorge, Unsicherheit, Kummer, Angst, Mißerfolge, Liebesschmerz und Enttäuschungen schlagen sich ihm auf den Magen. In manchen dieser Fälle können die Erwachsenen durch Verständnis und vernünftige Erziehung helfen. In anderen wiederum muß man dem Kind bereits das Recht zubilligen, sich durch seine Probleme durchzufasten.

Bei allen Mahlzeiten gilt diese goldene Regel: beim Essen keine Strafreden! Ein Kind kann meistens nur eins, essen oder der Strafrede zuhören. Das Essen wird also auf jeden Fall kalt. Schlimmer ist jedoch, daß der strenge, strafende Ton dem Kind im wahrsten Sinn des Wortes den Magen lähmt. Es erstarrt, die Verdauung stoppt, das Kind hat keinen Appetit mehr und muß womöglich auf die Toilette rennen.

Genausowenig wie sich die Erwachsenen bei Tisch streiten sollten, dürfen sie also das Kind ausschimpfen, auch nicht, wenn es eine Fünf oder eine Sechs geschrieben hat.

Und auch dies muß berücksichtigt werden: Kinder beginnen früh, einen individuellen Geschmack zu entwickeln. Dieser Eßgeschmack der Kinder kann sich jedoch ebenso rasch wie manches andere ändern. Wenn das Zweijährige keine Pilze mag, so kann es sie mit sechs oder mit zehn zum Lieblingsgericht ernennen.

Deshalb ist es auch auf diesem Gebiet sinnlos, Prinzipien durchzufechten. Man sollte vielmehr im Rahmen der Vernunft auf die Eßvorlieben und -abneigungen des Kindes eingehen.

In vielen Fällen mag es keineswegs ein gewisses Nahrungsmittel nicht, sondern nur die Form, in der dies Nahrungsmittel angeboten wird. Viele Kinder mögen zum Beispiel kein Fleisch, was besonders Großmütter mit Sorge erfüllt. Es gibt erstens genug andere Eiweißlieferanten, die man statt Fleisch kaufen kann. Zweitens erstreckt sich die Abneigung des Kindes sehr oft auf den Fettrand oder auf die Fleischfaser. Sie mögen kein gekochtes Rindfleisch, keinen Braten, kein kroß gebratenes Kotelett.

Die Lösung ist einfach: Sie bekommen das Fleisch in anderer Form. Das Rindfleisch wird durch den Wolf gedreht und zu Fleischbällchen, Füllungen für Aufläufe oder Eierkuchen verarbeitet. Leberkäs, Würstchen, Bock- und Bratwürste werden meist gern gegessen.

So wie man das Fleisch dem Kindergeschmack entsprechend verwandeln kann, sollte man auch mit anderen Nahrungsmitteln verfahren. Wer Fisch nicht mag, ißt Fisch in Form von Salat, Stäbchen, Frikadellen oder Auflauf bisweilen ausgesprochen gern.

Langweilige Gemüsearten werden interessant, indem man sie miteinander kombiniert oder so kocht, daß man sie mit der Hand essen kann. Dazu gehört auch, daß man Kindern gestattet, ihr Essen bei Tisch nach Belieben nachzuwürzen. Freilich sollte man nur die Gewürze und Kräuter auf den Tisch stellen, die dem Kind bekömmlich sind: feingewiegte Petersilie, Rosenpaprika, etwas geriebener Käse, feingeschnittener Schnittlauch oder Dill. Auch Hefeextrakt, Zitronensaft, Zwiebeln, Senf, Gewürzgurken und ähnliches können ausgesprochen appetitanregend wirken.

6. Kapitel

Feste für Kinder

Feste und Feiern

Wenn Leute, die keine Kinder haben, einen Schwarm von Jungen und Mädchen in noch sauberen Kleidern, mit Luftballons oder Geschenken in der Hand vorüberrennen sehen, so bleiben sie stehen und sagen ein bißchen neidisch: »Ach, wie reizend!«

Wenn Mütter eine solche Rotte auf sich zustürmen sehen, dann sagen sie: »Na, das wird auch vorübergehen!«

Großmütter wissen ganz genau: Beides stimmt. Feste mit Kindern können immer beides sein, das höchste Entzücken und die ärgste Tortur. Aber ob Erwachsene mit blauen Flecken an den Schienbeinen und aufgelösten Frisuren auf der Strecke bleiben oder Kinderfeste voll Humor und Grazie überstehen – Kindern gefallen Feste immer. Kinder haben eine angeborene Neigung und Vorliebe für Feste und für Feiern, für das Besondere, für Wunderschönes, für Unvergeßliches. Sie genießen es mit allen Sinnen, wie sich ihre Umwelt vor dem Fest zum Anderen und Außergewöhnlichen verwandelt, und sie verwandeln sich voll Wonne mit. Feste prägen sich ein: Jeder von uns trägt versteckte Erinnerungen an Kerzenglanz und glatte Seide, an Vorfreude und festlichen Mahlzeiten mit sich herum, und manchmal mißt man die Vergangenheit an der Gegenwart und sagt: »So schön wie wir haben es die Kinder von heute natürlich nicht mehr ...«

Nein, natürlich nicht. Ein Kind lebt aus seiner Gegenwart. Es freut sich an dem, was sich ihm bietet – wir müssen ihm nur etwas bieten, an dem es sich freuen kann, und Feste sind herrliche Geschenke für die Zukunft. Denn ein Fest ist nicht nur ein Schmuck und damit überflüssig. Feste zeigen, was man aus seinem Alltag, seinen Freunden und seinen Möglichkeiten machen kann. Deshalb sind Feste wichtig, für das Kind und für die Erwachsenen, und deshalb stehen Großmütter dafür, daß man festliche Zeiten mit den Kindern zusammen erleben sollte. Es ist wahr, daß viele Kinder in einer Umwelt und in Familien aufwachsen, in denen Gefühle nicht entwickelt worden sind, in denen so etwas wie Kinderfeste nur eine lachhafte Angelegenheit sind.

In unserem Buch geht es nicht um dieses Problem. Doch gerade Großmütter werden immer daran denken müssen, weil die Welt der unbehüteten Kinder auf unsere behüteten Enkelkinder wartet. Es ist gut, wenn Erwachsene, Eltern und Großeltern ihr Glück als Verpflichtung für andere empfinden und dieses Gewissen auch in den Kindern und Enkeln wecken.

Es wäre aber nicht gut, diesen Kindern und Enkeln deshalb die Freude am Leben zu versagen, denn erst die Freude gibt Kraft. Es wäre jedoch auch nicht richtig, Kindern das Gefühl zu geben, sie hätten ein Recht auf Freude, Vergnügen und Festlichkeiten.

Oder man könne alles mit Geld erwerben. Oder es ginge im Leben immer nur von Fest zu Fest, die andere Leute finanzieren und auf Knopfdruck ausrichten.

Alles hat seinen wahren Preis, und wenn Großmütter ihren Enkelkindern verständlich machen, was das bedeutet, so gibt es wirklich nichts Schöneres als Feste mit Kindern, und damit beide, Kinder und Erwachsene, die Feste auch genießen können, folgen eine Reihe von Anregungen für Feste, mit denen die Kinder mehr als nur ihr Vergnügen geschenkt bekommen.

Zuerst ein paar Stichworte zu Kind, Entwicklung und Festfreude, für Großmütter vermutlich nichts Neues, aber vielleicht hilfreich, weil es an Vergangenes und Erlebtes wieder anknüpft und manches Vergessene in Erinnerung bringt.

Was man für Großmütter eigentlich gar nicht zu erwähnen braucht: Kleinkinderfeste brauchen genausoviel Planung wie die für Schulkinder und Teenager, vielleicht sogar noch mehr. Denn die kleinen Kinder haben noch keine feste Vorstellung von Faschings- oder Geburtstagsfeiern – sie sind dafür von einer unbestimmten, aber um so höher gespannten Erwartung erfüllt, daß Wunderbares geschieht.

3 – 5 Jahre Ein Kind von drei Jahren sagt schon »wir«, und das Verständnis für die Existenz anderer Menschen, anderer Kinder, beginnt sich zu formen. Es ist auf dem Weg, Geselligkeitsgefühle zu entwickeln, und Großmutter weiß am besten, ob es schon gern und mit Erfolg Gast oder Gastgeber sein kann.

Kindergartenkinder und Kinder mit Geschwistern sind natürlich früher gesellschaftsfähig als Einzelkinder oder Kinder, die noch keine rechte Kindergemeinschaft erlebt haben.

Großmutter sollte auch den scheuen und schüchternen Kindern kleine Gäste einladen. Die Gesellschaft gleichaltriger Kinder macht frei und mutig, fördert die Sicherheit und das Selbstgefühl der kleinen Scheuen auf gesunde und erfreuliche Weise.

Dreijährige hören oft eher auf Gleichaltrige als auf Erwachsene. Das ist bei Festen wichtig. Dem Erwachsenen oder der eigenen Mutter oder Großmutter gegenüber entwickelt das Kind gerade mit dem Publikum der Kinder oft den Trotz, der für seine Altersstufe typisch ist. Es befindet sich gerade dabei, seine Person und seinen Willen zu entdecken, und es müßte nicht der Kasper sein, der in allen Drei- bis Vierjährigen steckt, um sich diese herrliche Gelegenheit zur öffentlichen Willensbekundung entgehen zu lassen!

Darauf muß Großmutter nun bei Enkeln und bei Gästen gefaßt sein. Der Ausweg ist ein Umweg: Sie gibt anderen Kindern beim Spiel den notwendigen Befehl und bittet sie, dafür zu sorgen, daß ihn alle Kinder auch ausführen. Dann sorgen die Kinder meistens untereinander für Ordnung, und das Trotzkind kann sich entspannen.

Dreijährige sind ohnehin unberechenbar und werden leicht gereizt. Sie fallen noch oft hin, stolpern über alles, fühlen sich – zu Recht – überfordert und sind durch das viele Neue und durch die anderen Kinder verwirrt.

Die Konsequenz: Das Fest dauert höchstens anderthalb bis

zwei Stunden, am besten am frühen Nachmittag, es werden nicht mehr als drei oder vier Gäste eingeladen, und es gibt ein Programm, das nach jedem Bewegungsspiel ein stilles Spiel vorsieht. Man sollte viele verschiedene Spiele zum Ablenken in Vorrat haben, denn alles kann passieren: Kasperei, Streit, Zank um ein Spielzeug, plötzlich ausbrechendes Einsamkeitsbedürfnis oder Sehnsucht nach der Mutter.

Gut sind auch kleine Gewinne, sie freuen die Kinder, und am besten ist es, wenn sie etwas bekommen, womit sie gleich spielen können.

Gruppenspiele werden allmählich möglich, wenn die Spielgruppe klein ist, sonst kommt keine rechte Gemeinschaft auf. Dafür kann das Dreijährige schon ganz gut geduldig warten, bis es beim Spielen an die Reihe kommt. Kein Dreijähriges trennt sich gern oder gar freiwillig von seinen Spielsachen und empfindet es schon als Bedrohung seines geliebten Besitzes, wenn ein anderes Kind auch nur nach seinen Sachen greift. Die sehr oft als Egoismus mißverstandenen ersten Regungen des Besitztriebs sind ganz natürlich. Sie geben sich in dem Moment, in dem das Kind begreift, daß ihm nicht jeder andere lebende Mensch auf Gottes weiter Welt sein Kasperle und sein Auto wegnehmen will. Das dauert freilich eine gewisse Zeit! Mißtrauen selbst gegen die besten Freunde und damit Aggressionen brechen bis zum Schulalter immer wieder auf, und die kluge Großmutter grämt sich nicht darüber und schimpft nicht deswegen: »Nun laß doch den Stephan mit der Puppe spielen!« Läßt sie denn die eigene beste Freundin ihr Auto oder ihren Lippenstift benutzen? Großmutter lenkt also einfach ab.

5–7 Jahre   Ein Kind zwischen fünf und sieben Jahren lernt in der Schule gerade, sein Ich zum Wir zu ordnen, ist aber immer noch kein Gruppenwesen, sondern eher egozentrisch. Es hat jedoch Freude an anderen Kindern und ist noch neugierig auf alles, was sie machen und können. Es lädt sich am liebsten Kindergarten- und Schulkameraden ein.

Zwei bis zweieinhalb Stunden kann es gut mit fünf bis sechs Gästen durchfeiern.

Die Großmutter muß den Spielplan besonders gut vorbereiten, weil noch manches schiefgehen kann und sie schnell mit neuen Spielvorschlägen ablenken können muß. Von dieser Altersstufe an muß man immer ein regelrechtes Programm und alle Utensilien für die einzelnen Spiele gut griffbereit in der Nähe haben.

Das Fest kann mit einer Kaffeetafel beginnen. Aber nicht zuviel und nicht zu fetten Kuchen (Sahnetorte) servieren, immer noch am besten trockenes Gebäck – Hefestücke, Baisers, Waffeln –, das aus der Hand gegessen werden kann. Lieber Saft als Milchgetränke reichen. Mit einem nicht so vollen Magen spielt es sich besser.

Die Spiellust steigt im ersten Drittel des Festes, dann kommt die Zeit, in der die Wände wackeln, und das letzte Drittel kann Ermüdung und gereizte Stimmung bringen, wenn es nicht gerade dann Spiele gibt, die Ruhe und Entspannung fördern: Kasper, Malen, Raten, Basteln.

Zum Schluß: Warme Würstchen oder ein anderer kleiner warmer Imbiß.

Spiele: Die Großmutter sollte vorher mit dem Kind besprechen, was in seiner Klasse gerade besonders »in« ist, sie sollte sich auch erkundigen, was an anderen Kindergeburtstagen gespielt und was vor allem gern gespielt worden ist. Dann hat sie Anhaltspunkte und weiß, was sie anbieten sollte. Sicher erinnert sie sich selbst noch an die sogenannten Anfangsspiele, mit der die gewisse Scheu und Verlegenheit der ersten halben Stunde überbrückt werden sollen. Man kann zum Beispiel Geschenke ziehen oder die Kinder ihren Sitzplatz raten lassen: Jeder zieht eine Karte aus einem Hut. Die dazu passende hat der Tischpartner. Die Paare sind Max und Moritz, Pippi Langstrumpf und Pferd, der Kasper und der Seppl, Hänsel und Gretel, Tim und Struppi. Auf dem Tisch finden die Kinder ihr Bilderpaar als Tischkarten wieder.

Bei den Spielen sollen sich Bewegung, Ruhe, Toben mit

Konzentration mischen. Wenn die Großmutter das Kasperlspiel als Ruhespiel einschiebt, muß sie den Kindern eine vollkommen neue und spannende Geschichte bieten. Es gibt viele Bücher mit Kasperlespielen, die Erwachsenen zum Einüben dienen, wenn die Kinder fünf, sechs oder sieben Jahre alt sind. Später kann es einem passieren, daß die Zuschauer rufen: »Ach, das kenn ich! Das hab ich mir in der Bücherei ausgeliehen!«

Wer einen Rasen hat, kann dankbar sein, denn Rasenspiele und Spiele im Freien sind für Schulkinder gerade das Richtige. Wer keinen Garten hat, sollte überlegen, ob man das Fest nicht auf dem nächsten Spielplatz oder im nächstgelegenen Park feiern kann.

Wie viele Spiele auch vorbereitet sind, es muß immer ein paar mehr geben, als vermutlich gespielt werden. Den Kindern kann das eine oder andere nicht gefallen, sie können es schon zu oft gespielt haben, die Großmutter kann sich verschätzt haben, und das Spiel kann noch zu schwer für sie sein und ihnen deshalb uninteressant vorkommen.

Beliebte Spiele: Blinde Kuh, Topfschlagen, Sackhüpfen, Kreisspiele, armer schwarzer Kater, drei Fragen hinter der Tür, Mumienwickeln mit Klopapier, Städteraten, Detektivspiele, Wattepusten, Tauziehen, die Reise nach Jerusalem, alle Ratespiele, Teekessel, Pfänderspiele, Brezel- oder Würstchenangeln, Kasperlespiele.

7–10 Jahre Kinder zwischen sieben und zehn Jahren haben ihren festen Platz in der Klasse und in der Familie gefunden, lieben Freunde und Freundschaft und sind gute Festefeierer, allerdings immer noch zum Teil sehr wild.

Feste Programme müssen geplant werden. Man kann auch schon außerhalb feiern: Zoobesuch, Varietébesuch, Zaubervorstellung, Kinderfilm, Picknickfahrt, Theaterbesuch und ähnliches.

Das Fest dauert drei bis vier Stunden, beginnt und endet mit einem Imbiß wie oben und kann schon für acht bis zehn Gäste ausgerichtet werden.

Spiele: Beliebt ist alles, was in der vorher genannten Gruppe auch gespielt wird.

10–12 Jahre Kinder zwischen zehn und zwölf Jahren wollen das Fest auch gern mit vorbereiten helfen. Es kann schon die erste Tanz- und Partylust ausbrechen.

Trotzdem muß die Großmutter Spiele und ein Programm parat haben, denn oft sind die Kinder noch nicht imstande, mit der Partyidee das ganze Fest zu füllen. Dann sollte die Großmutter geschickt und taktvoll zu Spielen überleiten. Vielleicht kann sie damit beginnen, daß sie verschiedene Tanzspiele vorschlägt: gemeinsam einen aufgepusteten Luftballon oder eine Streichholzschachtel zwischen den Nasen balancieren, abklatschen, dreibeinig tanzen und so weiter.

Im übrigen haben Kinder in diesem Alter schon Spaß an Kartenspielen, an jeder Art von Quiz- und Schreibspielen, Scharaden, Detektivspiel, Kegeln, Scherzrätseln und ähnlichem.

Die Gewinne sollten nun nicht mehr aus den üblichen Kleinigkeiten bestehen, sondern entweder »erwachsen«, praktisch oder witzig sein. Wer das ganze Jahr über Gratisproben sammelt, hat kleine Parfümfläschchen zur Auswahl, kann kleine Notizblöcke, Kugelschreiber, Würfel, auffällige Radiergummis oder Bleistiftanspitzer dazugeben. Wie bei den kleineren Kindern sollte man immer ein paar Trostpreise parat haben.

Sehr beliebt ist es, wenn man dem ganzen Fest ein Motto gibt. Ein Kind baut sich sein Zimmer oder den Flur sicher mit dem größten Vergnügen zu einem richtigen Jahrmarkt mit Würfelbude, Würstchenstand und Kasperlebühne um. Man kann auch zum Cowboyfest, zum Indianertreffen, in den Zoo oder aufs Seeräuberschiff einladen. Das macht der Großmutter etwas mehr Mühe, Kinder genießen ihr Fest dann aber doppelt.

Entsteht mitten im Fest Streit, so sollte die Großmutter nicht eine Diskussion oder eine Moralpredigt veranstalten, sondern die Kampfhähne schweigend trennen und mit einer neuen Aufgabe, einem neuen Spiel sofort ablenken.

Kindergeburtstag

Der eigene Geburtstag ist nach wie vor das wichtigste Fest für Kinder, wichtiger als Weihnachten und Ostern.

Die Großmutter wird feststellen, daß die Kleinkindergeburtstage um so unterhaltsamer sind, je mehr Gastgeber und Gäste Kindergarten oder andere Kindergruppen besuchen. Das bedeutet, das Angebot des Spieles kann in solchen Fällen anspruchsvoller sein als früher.

Schulkinder sind oft lauter, gröber und wilder als vor einer oder zwei Generationen. Wenn es Ihnen zuviel ist, auch für diese anstrengenden Gäste ein Fest zu veranstalten, sollten Sie die Tochter oder den Sohn oder andere Verwandte und Freunde der Familie um Mithilfe bitten. Sie werden auch feststellen, daß Kinder heute viel bestimmter aussprechen, wen sie einladen und wen nicht. »Ich lad dich nicht zu meinem Geburtstag ein!« Das ist die schreckliche Drohung, mit der ein Kind einen oder zwei Monate vor seinem Geburtstag immer wieder die Spannung der Vorfreude abreagiert. Meist ist die Drohung am nächsten Tag vergessen, und wenn der Geburtstag naht, sind alle Gäste willkommen.

Trotzdem kann die Gästeliste Probleme aufwerfen. Normalerweise lädt ein Schulkind die Klassenkameraden ein, die es gern hat. Daß Geschwister mitfeiern, ist selbstverständlich. Es sei denn, sie sind viel älter oder jünger. Die Familie hat es gern, daß die Kinder einer Bekannten oder Vettern und Kusinen mit eingeladen werden, die dem Alter nach zu ihrem Geburtstagskind passen. Ist das Geburtstagskind vier bis sieben Jahre alt, so wird es diese anderen Kinder freundlich oder gleichgültig hinnehmen. Wird es acht oder zehn Jahre, so kann es mit großer Bestimmtheit sagen: »Nein, nur Kinder aus meiner

Klasse!« In diesem Alter bilden Kinder Cliquen, Geheimbünde oder ähnliches. Sie sollten diese momentane Neigung zur bestimmten Gruppe respektieren. Legen Sie großen Wert darauf, daß das Enkelkind mit den anderen kleinen Verwandten und Bekannten befreundet ist, so können Sie diese Kinder an anderen Tagen oder Wochenenden zu einem Kasperlefest oder zu einem Faschingstag einladen.

Oft kommt es auch vor, daß die Kindergruppe eins ihrer ehemaligen Mitglieder nicht mehr mag. Spontaner Protest, wie »Den lad ich nicht ein!«, hat dann einen Grund. Es wäre nicht richtig, wenn die Großmutter einen berechtigten Einwand dieser Art nicht ernst nähme. Bestehen Sie darauf, daß auch dieses Kind eingeladen wird, so kann dem Geburtstagskind der Ehrentag doppelt beschattet sein: Es hat ein Kind einladen müssen, das alle anderen Gäste ablehnen, und sein Fest ist ihm durch Spannung oder Streit verdorben worden.

Es ist zwar vollkommen richtig, wenn Sie versuchen möchten, Ihr Enkelkind so zu erziehen, daß es nicht ein anderes Kind ablehnt, weil »alle es doof finden«. Aber das sollten Sie nicht gerade am Geburtstag tun. Größeren Kindern von zwölf oder vierzehn Jahren kann man schon begreiflich machen, daß es so etwas wie Pflichteinladungen gibt, kann sie schon den vollendeten taktvollen Gastgeber im kleinen spielen lassen. Mit Sechs- bis Zehn- oder Zwölfjährigen sollte man noch keine gesellschaftlichen Gewandtheiten üben.

Das Festkind hat also das Recht, die Kinder einzuladen, die es bei sich haben möchte.

Einladungskarten für Geburtstage oder andere Kinderfeste kann man kaufen, sie sind aber teuer. Geschickte Großmütter und bastelfreudige Kinder malen und kleben sie sich selbst. Man darf freilich nicht im letzten Moment damit beginnen, sonst wird aus dem Spaß eine lästige Pflicht.

Ob gekauft oder selbstgemacht: Man verschickt die Einladungen acht bis vierzehn Tage vor dem Fest. Schulkinder nehmen sie gern mit in die Schule und verteilen sie in der Klasse. Man gibt auf der Einladung an, wann das Fest sein wird, wann es beginnt und wann es endet. Wenn jemand aus der Familie die Kinder nach Hause bringen will, so sagt man auch, daß die Möglichkeit dazu besteht, und bittet um Antwort.

Die Vorbereitungen beginnen damit, daß sich die Großmutter ungefähr notiert, wie sie das Fest verlaufen lassen will.

Kinderfasching

Vorbereitung: Keine stilechten, vor allem keine warmen oder schweren Kostüme, sondern Attribute, die den Kindern genau sagen, um was es geht. Denn Kinder verkleiden sich nicht, sie schlüpfen vielmehr in eine andere Gestalt. Mit einer roten Mütze sind sie Rotkäppchen, mit einem Lederwams sind

sie ein Cowboy, mit Mutters Lippenstift und Ketten eine feine Dame und mit Vaters Fußballhemd ein Sport-As. Die Großmutter sollte auf Verwandlungswünsche der Kinder eingehen. Dann spielen die Kinder freier, vergnügter und zufriedener. Noch keinen sehr festgelegten Rahmen bestimmen, sondern nur Themen nennen, die viel Spielraum lassen: Märchenwald oder Kinderzoo oder Badeteich oder ganz einfach: Fasching. Zimmer möglichst leerräumen und Teppiche aufrollen, oder in einer großen Halle oder im Spielkeller feiern.

Dekoration: Ebenfalls noch nicht sehr aufwendig. Girlanden, Riesenpapierblumen, Luftballons, Knallbonbons an bunten Bändern reichen aus. Dazu ungewöhnliche Sitzgelegenheiten – vielleicht Kissen oder beklebte Pappkartons oder Gartenmöbel – und ein buntgedeckter Tisch, der nach dem Essen ineinandergeklappt und weggeräumt werden kann.

Überraschung: Eine Kramkiste mit alten Röcken und Hüten, Pappnasen, Fächern, Luftschlangen, Mützen, Masken, Lachsäcken, Papierhüten, Konfetti und anderem Krimskrams, mit dem sich die Kinder ganz anders oder noch viel schöner verkleiden können.

Unterhaltung: Sie ergibt sich aus dem Verkleiden: Rollen werden bestimmt, Kinder spielen kleine Szenen, es kann ruhig turbulent und albern werden. Oder man prämiert Kostüme. Oder man läßt jeden das spielen, was er darstellt. Andere Kinder sind die Kulissen. Die Großmutter kann anregen und vorschlagen, daß zum Beispiel ein Kind als Mond mit einem Lampion im Hintergrund hin- und hergeht, zwei andere Katzen sind, ein viertes mit beiden Armen ein Tor darstellt. Schon ist die Szene für ein Räuberspiel fertig. Die Kinder kommen selbst auf andere Möglichkeiten.

Spiele sind nicht überflüssig, sollten aber auf die allgemeine Situation abgestimmt sein. Wahrscheinlich werden viele ruhige Spiele nötig sein, um zwischen den Verkleidungsspielen für Verschnaufpausen zu sorgen. Wettmalen oder Wettkneten geht schnell, macht Spaß, kann durch das Verkleidungsspiel inspiriert werden und formt aus den Kindern Arbeitsgruppen.

Das fördert das Verständnis untereinander und damit die Harmonie.

Ratespiele (wie: »Ich sehe was, was du nicht siehst«, »Nenne immer das Gegenteil«, »Heiß und kalt«, »Tierstimmen raten« und »Mit verbundenen Augen tickende Uhren suchen« geben rasch Gewinne, die wiederum zum Fasching passen sollten: tolle Glasketten und Ringe und auffallende Gürtel aus Stoffresten, Pappdolche und Königskronen aus Goldfolie.

Schminke muß auf das Gesicht, damit die kleinen sanften Kindergesichter grimmige Seeräuber und hauchzarte Prinzessinnen wahrscheinlich machen. Nicht zu dick schminken, sonst schmiert und schwitzt alles ab. Auf jeden Fall Maskenschminke benutzen und keine Buntstifte nehmen, das strapaziert nur die Haut beim Abschminken und tut weh.

Essen und Trinken sind nicht so wichtig wie die Rolle und das Spiel. Kekse, die nicht krümeln und aus Körben und großen Schalen angeboten werden, Säfte, vielleicht noch Eis (am Stiel).

Sandkistentee

Wenn man drei oder fünf Jahre alt ist, spielt sich noch ein großer Teil des Tages an oder in der Sandkiste ab. Dort trifft man seine Freunde, so wie man sie später im Büro oder in der Stammkneipe treffen wird. Dort begegnen sich auch die Mütter und Großmütter, ob sich die Sandkiste nun im öffentlichen Park befindet oder im schmalen Garten hinter dem Reihenhaus. Kinder im gleichen Alter bringen auch die Erwachsenen zusammen. Das sollte man bewußt fördern, denn je älter die Kinder werden, desto nutzbringender ist die Bekanntschaft und die Zusammenarbeit der Eltern, drehe sich das ums gegenseitige Kinderhüten, später um Schulprobleme, um Fragen der Konsumerziehung und noch später um die ersten Flirts.

Sandkistentees in Parks oder im eigenen Garten können die ersten Schritte in solche Gemeinschaften sein.

Vorbereitungen sind kaum nötig. Man braucht einen großen

Korb oder einen Leiterwagen, in den man alles einladen und ins Grüne rollen kann. Im Park ist die Sandkiste von Bänken umrahmt, zu Hause gibt es sicher genug Gartenstühle. Ein Tisch ist fast überflüssig. Geschirr: Papp- oder Picknickbecher und -teller, Löffel zum Umrühren. Alles andere sollte man ohne Besteck bewältigen können.

Zur Dekoration nimmt man bunte Tücher, die auf einen Sandkistenrand gelegt werden. Für jedes Kind ein Mini-Spielzeug oder ein buntes Taschentuch mit dem mit Stoffarbe aufgemalten Namen oder Strohsonnenhütchen, auf denen ebenfalls die Namen der Kinder angebracht sind.

Als Überraschung ein neues Spiel für alle Kinder, sei das ein Set aus Spaten und Schaufeln, ein Wurf- oder Ringespiel.

Unterhaltung ergibt sich aus dem täglichen Spielmuster und dem neuen Spiel. Zum Abschluß sollten die Gastgeber ein Märchen oder eine Geschichte vorlesen oder ein Kapitel aus einem Buch, das so abgeschlossen ist, daß es den Kindern als gesonderte Geschichte vorgestellt werden kann.

Essen und Trinken könnte ein Korb voll belegter Brötchen und süßer Stückchen sein. Dazu Tee aus der Thermosflasche und Säfte oder heißen Kakao aus einer zweiten Thermosflasche für die Kinder. Im Hochsommer überrascht man alle mit frischen Früchten und Eiscreme aus der Kühltasche.

Österliche Feste

Man kann ein Kinderfest zwischen Palmsonntag und Gründonnerstag so feiern wie den Advent: Das Kind lädt sich Freunde und Spielkameraden zum gemeinsamen Eiermalen, Backen oder Osterbasteln ein. Jedes Kind darf selbstverständlich sein Bastel- oder Backergebnis mit nach Hause nehmen. Darüber hinaus sollte man dem Kind Ostern nicht nur als ein freies Wochenende vorstellen, sondern als ein Fest mit einem ganz bestimmten Gehalt. Wir zeigen Ihnen einige Sitten und Bräuche, die Sie vielleicht zur Nachahmung mit den Kindern anregen

und so zur Familientradition werden können. Da alle Sitten in Gemeinden – kirchlichen oder dörflichen – entstanden sind, bietet es sich geradezu an, den Kreis der Familie zu erweitern, Freunde mit Kindern und Enkelkindern, die eigenen Geschwister und deren Kinder, Tanten und Onkel und Schulkameraden dazu einzuladen.

In katholischen Familien ist es Sitte, in der Karsamstagsnacht in die Ostermesse zu gehen, die nach Mitternacht zu Ende ist. Danach laden sich Freunde zum

Osterfrühstück ein, bei dem alle Osterkerzen auf den mit Eiern oder Osterbrot, Fleisch und Osterpascha, anderem Aufschnitt, Tee oder Kaffee reich beladenen Tischen brennen, und für Kinder ist es aufregend und schön, wenn sie das erste Mal mit den Erwachsenen von der nächtlichen Messe heim kommen und mit ihnen tafeln dürfen. Am nächsten Tag können die Kinder ja ausschlafen. Die Erwachsenen bleiben der Tradition nach noch so lange zusammen, bis die Sonne aufgeht und die Kerzen gelöscht werden können.

In manchen Gegenden wird auch heute noch in der Osternacht ein *Osterfeuer* angezündet. Heidnisches Symbol für die Wiederkehr des Frühlings, christliches Symbol für Christi Auferstehung: Wie der Funken aus dem Stein, so ist er aus dem verschlossenen Grabe hervorgegangen. Auch diese Wiederkehr des Lichtes mitzuerleben ist für ein Kind von acht oder neun Jahren an eindrucksvoll und gut.

Am Ostermorgen bei Sonnenaufgang mußte das *Osterwasser* geschöpft werden. In den Dörfern ging man zu einer bestimmten Quelle, in Städten mußte man sich mit Bächen oder städtischen Brunnen behelfen. Diesem Wasser wurde die wundertätige Gabe zugeschrieben, Schönheit, Gesundheit und Jugend zu verleihen, aber es wirkte nur, wenn es unter absolutem Schweigen geholt und geschöpft wurde!

Das Eiersuchen hat sich als einzige Sitte überall erhalten. Früher schenkte man sich die am Gründonnerstag gelegten Eier, an denen besondere Segenskraft hängen sollte. Das Ei ist ein Symbol des keimenden Lebens und damit des Frühlings, und trotz aller unserer Schokoladeneier sollte es auch immer die hartgekochten Hühnereier auf dem Ostertisch geben.

Das Osterfeld war im Osten das Nest für die Ostereier. Die Kinder säten drei oder vier Wochen vor Ostern in einer besonderen Osterschüssel oder in einem Suppenteller Hafer oder Weizen aus, und in dem spannhohen frischgrünen Feld wurden dann die bunten Eier auf den Ostertisch gebracht.

Das Eierrollen ist ein Spaß für die Kinder. Sie rollen ihre hartgekochten Ostereier einen Hang hinunter oder werfen sie über einen Busch. Wessen Eier heil bleiben oder wer zum Schluß die meisten unverletzten Eier hat, ist Gewinner. Auf der gleichen Fertigkeitsprobe beruht das *Eierschlagen*, bei dem die Kinder ihre Eier gegeneinanderstoßen. Wessen Ei ganz bleibt, bekommt das Ei des anderen, und wer die meisten Eier sammelt, hat gewonnen. Danach werden alle Eier gemeinsam aufgegessen.

Beim Eierlaufen legen die Kinder die harten Eier auf einen Suppenlöffel, laufen eine bestimmte Strecke um die Wette und sind Sieger, wenn sie als erste am Ziel sind und das Ei dabei nicht verloren haben.

Das Eierlesen sollte man lieber mit lange vorher ausgeblasenen Eiern spielen. Früher legte man hundert bis zweihundert gekochte Eier in die aufgehaltene Schürze. Unterdessen lief ein Kind eine bestimmte Rennstrecke entlang, die zu einem Busch oder zu einer Hecke führte. Zum Zeichen, daß es dort gewesen war, mußte es einen Zweig oder ein Fähnchen oder ein anderes Zeichen vom Ziel mitbringen. Gewonnen hatten die Schnellsten, und zum Schluß wurden die Eier gemeinsam verzehrt.

Das Schmackostern stammt aus Osteuropa. Kinder gingen mit neunfach zusammengebundenen und bänderverzierten Lebensruten aus Weidenholz in der Nachbarschaft herum, gaben den Erwachsenen einen leichten Schlag und erhielten dafür Ostereier. Ähnlich ist *das Osterspritzen*, die Jungen bespritzten am Ostersonntag die Mädchen mit duftendem Wasser, am Osterdienstag wurde es umgekehrt gemacht. Für das Bespritzen gab es buntbemalte Eier oder Geschenke.

Der Osterumgang führte die Menschen früher zum ersten Mal wieder ins Freie. Die Umgänge oder Umritte dienten dem Gedeihen der Saat, und manchmal bekamen die Umgänger am Ziel Kuchen und Getränke ausgeteilt, und auf dem Feldrain wurden Osterlieder gesungen, oder es wurde getanzt. Anderenorts veranstaltete man nach dem Umgang ein Wettrennen, dessen Sieger Osterkönig war und in feierlichem Zug zurück ins Dorf geleitet wurde.

Gartenfest

Ein Gartenfest ist etwas so Fundamentales wie der Kindergeburtstag, und wer einen Garten besitzt, der hat geradezu die Verpflichtung, seinen Enkelkindern Feste im Garten auszurichten.

Die Voraussetzung ist ein Garten, in dem man spielen darf, und zwar auf dem Rasen, nicht nur auf den Wegen. Außerdem braucht man natürlich schönes Wetter. Alle helfen bei den *Vorbereitungen*. Kinder und Erwachsene tragen Gartenstühle zusammen, improvisieren eine lange Sitzbank aus zwei Holzklötzen und einem Brett (Achtung: zu rohe Bretter mit bunten Badelaken oder Decken umwickeln!), sie stellen Sonnenschirme auf, wenn es nötig ist. Großmutter backt mit Kinderhilfe Kuchen oder kauft einen Blechhefekuchen vom Bäkker. Oder sie macht aus den eigenen Früchten des Gartens einen Riesenobstsalat. Großvater und Kinder hängen Wäscheleinen für Lampions auf und schmücken die Tafel mit Ranken, Blättern, Blumen oder Kreppapier. Es gibt Papp- oder Campinggeschirr. Praktisch: Eine große Wanne mit Eis für Säfte und andere kalte Getränke.

Die Unterhaltung besteht aus allen Bewegungsspielen, die der Altersgruppe Spaß macht: Verstecken und Fangen, Dritten abschlagen, Dreibeinrennen und Gartenspiele wie Boccia, Krocket oder Federball. Gegen Ende des Nachmittags kann es stiller werden. Großmutter schlägt Rätselraten vor, Scharaden, Personenraten, oder sie spielt oder liest den Kindern etwas vor. Am schönsten ist es, wenn die Lampions angezündet werden und die Kinder noch etwas singen oder ein Märchen hören, Abendbrot essen und sich dann der Reihe nach mit leuchtenden Lampions nach Hause geleiten.

Essen und Trinken muß festlich und gartenfröhlich sein. Obst- oder Napfkuchen zur Begrüßung. Zum Abschluß eine Rote Grütze oder frische Beeren oder Butterbrote mit Milchmixgetränken.

Die besten Tage für Gartenfeste sind Freitag und Samstag. Am Tag danach können die Kinder ausschlafen und in Ruhe zusammen mit den Großeltern im Garten und in der Küche aufräumen. Vielleicht kommt noch ein Freund oder eine Freundin zu Hilfe. Das ist dann der beste Anlaß für ein Nachgartenfest mit Resten und frischem Eis. Die Gartenfeste verlangen nach einem Motto: Das Cowboyfest wirkt zum Beispiel im Garten doppelt so gut und macht längst nicht soviel Arbeit wie im Haus. Das gilt auch für das Zirkusfest.

Kasperletheater

Das Kasperletheater kann in mehreren Etappen stattfinden. Bastelfreudige Großmütter und geschickte Kinder können sich regelmäßig einmal in der Woche nachmittags treffen und Kasperlefiguren basteln. Zuerst gibt es natürlich einen Imbiß, dann wird gearbeitet, zum Schluß wird eine Kasperlegeschichte erzählt. Nach geraumer Zeit ist dann das Kasperletheater vollständig, und die unterdessen sicher gut aufeinander eingespielte Gruppe kann sich immer weiter zum Kasperletheater treffen.

Wer nicht so gut basteln kann, sollte den Kindern Kasperlepuppen – Menschen und Tiere – schenken und ihnen von Zeit zu Zeit im Rahmen eines Spielnachmittags Anregungen geben.

Die Vorbereitungen für das Kasperlefest: Erwachsene und Kinder wählen die Stücke aus, die gespielt werden. Kinder nehmen Geräusche und Musik auf eine Kassette auf oder suchen Platten aus, die als Hintergrundmusik passen, oder beschließen, selber Musik zu machen. Rhythmische Instrumente reichen durchaus. Die Erwachsenen improvisieren mit Hilfe der Kinder die Bühne, die entweder zwischen den Türrahmen errichtet wird, oder sie stellen die richtige Klappbühne mit Hilfe der Kinder auf. Kinder sorgen für selbstgemalte Kulissen, ältere Kinder auch für die Beleuchtung. Kinder räumen Sitzgelegenheiten zusammen.

Ob eines der Kinder schon mitspielt oder Großmutter noch Alleinunterhalterin ist, hängt vom Alter und von der bereits geförderten Spiellust der Kinder ab. Wenn Kinder mitmachen, bereiten sie sich etwas auf die Rolle vor. Sie brauchen nur das Stück oder das Märchen in den Haupthandlungen zu kennen und zu beherrschen.

Die Idee des Festes ist es, daß die Kinder Großmutter allmählich beim Spielen helfen, bis sie sie schließlich ganz und gar hinter der Bühne ablösen und dazu übergehen, ihre eigenen Stücke zu schreiben und zu spielen. Später können die Kasperlefiguren auch von Marionetten oder Papierpuppen abgelöst werden.

Die Stücke sind umgewandelte Märchen (eine Großmutter hat nur zwei Hände, kann also nur zwei Personen gleichzeitig auftreten lassen) oder selbsterfundene Geschichten (siehe auch »Theater«).

Essen und Trinken wird wie auf dem Jahrmarkt in improvisierten Ständen angeboten: Keks, Bananen und Eis am Stiel. Das macht am wenigsten Mühe. Den Stand bauen die Kinder selber aus Regalen, Kisten und Kasten.

Die große Pause zwischen den Stücken dient nicht nur der Erfrischung. Es tut den Kindern gut, wenn sie sich zwischendurch etwas bewegen und spielen. Im Sommer schickt man sie für eine halbe Stunde mit dem Ball hinaus, im Winter spielt man ein oder zwei Kreisspiele oder ein nicht zu wildes Bewegungsspiel. Die Vorfreude auf die zweite Hälfte des Theaters macht die Kinder ohnehin zugleich stiller und zappeliger.

Theaterfest

Das Theaterfest ist eine Abwandlung des Kasperlefestes, die von Anfang an aktiver ist. Kleine Schüchterne tauen besser vor der Kasperlebühne auf, kleinen Munteren macht es dagegen oft mehr Spaß, die Sache selbst in die Hand zu nehmen. Es sind nur geringe **Vorbereitungen** nötig. Flicken- und Kramkiste und Geschichten parat haben. Ob das Fest im Haus oder im Garten stattfindet, hängt von der Jahreszeit ab. Kulissen braucht es in keinem Fall zu geben. Die Kinder können sie höchstens dann vorbereiten, wenn sie ein Spiel für andere planen, zum Beispiel als Überraschung zu Vaters Geburtstag, als Einlage bei einem Polterabend oder zu Großmutters sechzigstem Geburtstag.

Das Spiel sollte sich wie ein echtes Laienspiel entwickeln. Zuerst liest oder erzählt ein Erwachsener die Geschichte oder das Märchen, dann bespricht er mit den Kindern, wie man diese am besten darstellt und in Szenen auflöst und welche Personen von wem dargestellt werden.

Zuerst spielt man natürlich kleine kurze Stücke wie »Der Wolf und die sieben Geißlein«, damit die Kinder lernen, worauf es ankommt. Gut ist es, wenn es ein etwas älteres Kind gibt, das als Assistent oder Spielleiter fungieren kann, denn Kinder spielen untereinander meist unbefangener und phantasievoller.

Sie sollten die Einfallswut der Kinder auf keinen Fall mit Erwachseneneinwänden dämpfen und reglementieren. Sagen Sie auch nicht immer: »Das geht nicht!« Gerade das muß das Kind selbst herausfinden. Kinder sollen ruhig in einer ernsthaften Geschichte Unsinn treiben und eine komische Geschichte wie ein Trauerspiel aufführen dürfen. Es ist ihr Theater, und ihr Geschmack und ihr Gefühl sind ausschlaggebend.

Sind die Kinder erst einmal eingespielt, so braucht Großmutter nur noch die Geschichte mit ihnen zu besprechen und bei den Kostümen zu helfen. Alles andere machen die Kinder allein.

Essen und Trinken gibt es wie beim Kasperletheater.

Nach dem Schema des Kasperle- und Theaterfestes kann gefeiert werden:

- Film- und Fotofest: Kinder spielen Szenen, verkleiden sich dementsprechend, und Erwachsene oder größere Geschwister knipsen, zeigen den Kindern, wie man Standfotograf ist, oder filmen. Gut für das Gartenfest, für das Fest im Park, auf dem Land in den Ferien. Alles in allem ein Fest mit Fortsetzungen, aus dessen Ergebnissen man ein ganzes Bilderbuch oder einen ganzen Film zusammenstellen kann.
- Weltreise: Prospekte und Plakate, Gebrauchsgegenstände fremder Länder und fremdländische Gerichte schaffen Atmosphäre. Die Kinder haben sich als Eskimo, Indianer, Mexikaner usw. verkleidet und stellen möglichst eine Szene dar, die für das Land typisch ist: Stierkampf, Schlittenfahrt, Hulatanz.

Kinderkostümfest

Das wird mit Hilfe der Kinder schon Tage vorher zu einem großen Vergnügen.

Voraussetzung ist, daß die Erwachsenen ein bißchen Arbeit nicht scheuen. Außerdem: Im gelungenen Kindermärchenwald oder in der Räuberhöhle können die Großen am nächsten Abend ihren eigenen Fasching feiern.

Vorbereitungen sind die gleichen wie bei anderen Festen mit einem Thema. Man braucht Kulissen, die Stimmung ausstrahlen. Das bedeutet: Kinderzimmer oder Zimmer, in dem gefeiert wird, möglichst weitgehend mit Hilfe der Kinder ausräumen. Stehlampen, Tische und Teppich werden hinausgebracht, das Bett oder die Betten werden abgebaut; aus den Matratzen werden Sitzgelegenheiten gezaubert, indem sie mit Decken oder bunten Badelaken umwickelt oder umsteckt werden, die Kinder nehmen Bilder von den Wänden, decken Regale mit Pappe oder Platten stoßsicher ab.

Als einfache Dekoration werden Girlanden kreuz und quer durch das Zimmer gespannt. Die Lampe wird mit Seidenpapier verkleidet, zum Schluß werfen die Kinder über alles bunte Papierschlangen.

Bunte Wände sind nicht schwer herzustellen. Erwachsene nageln zwischen Wände und Decken Holzleisten, daran werden mit Reißzwecken buntes Papier oder Kreppapier oder dünner Ausverkaufsstoff befestigt. Auch andere Dekorationsteile oder Kulissen kann man mit Hilfe von Bindfäden oder Bändern an diese Leiste nageln. Man kann auch regelrechte *Kulissenwände* anfertigen, indem man an die Leisten (auf Makulaturpapier) gemalte Kulissen heftet. Papphäuser, Gebäude aus angemalten oder rohen Gemüse- und Apfelsinenkisten, spanische Wände, Balkonschirme, Höhlen aus Decken und Kreppapier, Sitzgelegenheiten aus Holzklötzen, Kisten, Pappstühlen, festen Pappkartons, Campinghockern usw. sorgen für die weitere Illusion. Bei all diesen Arbeiten brauchen die Kinder Hilfe oder zumindest Anleitung der Erwachsenen. Die Arbeit geht meistens wesentlich leichter von der Hand, wenn es ältere Geschwister gibt, die ein gewisses Bastelgeschick besitzen.

Essen und Trinken werden improvisiert. Liegt die Küche in der Nähe des oder der Festzimmer, so wird sie ebenfalls umgeräumt, zur Wunderküche oder zur Großmutterküche verwandelt. Es gibt Säfte, frischen Kuchen vom Blech, Kekse aus einem großen Korb, zum Abschied einen Kinderpunsch oder eine Suppe direkt aus dem heißen Topf auf dem Herd. Ist der Flur groß genug, so kann man dort einen Keks-Kiosk, eine Eisbude, einen Obststand oder eine Würstchenbude aus Regalen, Kisten und Kreppapier aufbauen. Auch hier arbeiten Kinder und Erwachsene Hand in Hand. Die Großen konstruieren und bauen, die Kinder bemalen, kleben und richten ein.

Das Fest im Garten macht wesentlich weniger Mühe, steht jedoch unter dem Wetterrisiko. Es ist fast unmöglich, bis zum Nachmittag ein Kinderzimmer zur Schmugglerhöhle umzuräumen, wenn es mittags zu regnen beginnt.

Beste Voraussetzung: ein Geräteschuppen, ein Spielhaus oder Campingzelt im Garten, die von vornherein verkleidet und als Eßzentrum benutzt werden können. Beim Gartenkostümfest besonders auf Kostüme achten, in denen sich die Kinder gut tummeln können.

Das Essen im Garten schmeckt am besten, wenn die Kinder gegen Abend ein Feuer angezündet bekommen, dessen Brennmaterial sie selbst gestapelt haben, sich Kartoffeln oder Äpfel in der Glut rösten oder Würstchen grillen können.

Schnelle Grillgerichte sind Würstchen oder tiefgekühlte oder selbstgemachte Hacksteaks. Dazu gibt es Tomaten aus der Hand, Brötchen und Senf. Wichtig: Papierservietten nicht vergessen.

Die Unterhaltung ergibt sich aus dem Thema: Kommen lauter kleine Seeleute zusammen, so hat der Vater oder Großvater ein Schiff aus Kisten und Kasten und Besenstielen gebaut, das durch das Grasmeer oder über den Teppich segelt, von Seeräubern geentert werden kann oder von dem aus man mit Magnetangeln Gewinnfische aus großen Kisten angelt. Auf dem Schiff kann man auch Ziehharmonika spielen und sich wie die Matrosen während der langen Flautewochen Gespenster- oder Lügengeschichten erzählen. Die beste Geschichte wird prämiert. Das heißt: Jedes Thema wird zum Spiel, in das man ein paar altersgemäße Gesellschaftsspiele einbaut. Auch Seeräuber spielen zum Beispiel gern Karten (Quartett), und wenn sie an einer einsamen Insel anlegen, müssen sie sich die Füße vertreten (Sackhüpfen oder ein Staffelwettlauf) und nach frischem Fleisch jagen (Papptiere unter Büschen und Hecken verstecken, deren Nummer der Nummer auf einem Gewinn entspricht).

Zirkusfest

Es ist eine Kombination von Kostümfest und Theaterfest, denn jedes Kind sollte sich nicht nur als Seiltänzerin, Clown oder Seehund verkleiden, sondern seine Rolle zumindest auch mimisch darstellen können, so daß ein echter kleiner Kinderzirkus abrollen kann.

Die Vorbereitungen sind einfacher, als Sie denken. Ein runder Platz und ein oder zwei Reihen Sitzplätze sind im Garten leicht herzustellen. In der Wohnung braucht man viel Platz, also am besten einen Kellerraum oder die Garage oder den Dachboden dazu nehmen.

Wenn die Zirkuskünstler sehr gut oder sehr komisch sind, kann man auch Erwachsene mit einladen, zum Beispiel Nachbarn und andere Eltern und Großeltern. Dann muß die Zuschauertribüne entsprechend größer sein, und ein Kind könnte in der Pause mit der Kühlbox als Eisverkäufer auftreten.

Die Vorbereitungen verteilen sich, denn jedes Kind kommt fertig kostümiert zum Fest. Der Gastgeber stellt nur die Arena. Müssen Kinder als Jongleure oder Akrobaten vorher proben, so sollte man die Vorbereitungen gut einen Monat vor dem Fest beginnen, damit jedes Kind genug Zeit zum Üben hat.

Das Gastgeberkind macht sich als Zirkusdirektor einen Plan und notiert, wer was darstellt und was er dazu braucht. Werden Spielzeuglöwen für Dompteure, ein Tisch für den Zauberer, Steckenpferde für die Pferdedressur gebraucht, so sorgt es dafür, daß alles möglichst schon am Vortag, spätestens aber am Vormittag des Festes parat ist.

Die Unterhaltung wird lustiger, je besser oder ulkiger die Zirkusartisten sind. Die Kinder sollen von Anfang an begriffen haben, daß es bei diesem Fest nicht auf die fabelhafte und lebensechte Leistung ankommt, sondern auf das Spiel. Eine Seiltänzerin braucht nicht im geringsten an einem Schlappseil zu jonglieren, sondern sie kann sich ein breites weißes Band in die Arena legen und nur durch ihre Darstellung die Seiltänzerin kopieren. Dann gibt es auch keine Pannen, sondern nur Überraschungen.

Sie sollten vielleicht Ansagerin spielen, damit Sie kritische Situationen mit Humor und Geistesgegenwart überbrücken und gleich Vorschläge für die Rettung machen können, die Sie in eine witzige Ansage kleiden.

Essen und Trinken wird wie beim echten Zirkus in der Pause angeboten. Limonade, heiße Würstchen, Waffeln und Eis oder ähnliches lassen sich gut in mit Alufolie oder Buntpapier verkleideten Pappdeckeln ordnen, die am Band um den Hals getragen werden.

Die Erwachsenen können dem Fest einen besonderen Höhepunkt verleihen, wenn sie zufällig eine Zirkusnummer beherrschen, seien es ein paar einfache Zaubertricks oder ein echter Balanceakt als Überraschung serviert! Dies Fest verlangt nach Sommer, Sonne und einem Garten oder nach einem geräumigen Spielkeller.

Schulfeste – Jahrmarktfeste

Die Vorbereitungen sind schon Bastelfeste für sich, denn die Kinder müssen aus leeren Pappkartons (vom Supermarkt) oder Kisten, Brettern und Tischen Stände basteln. Das geht nicht an einem einzigen Nachmittag, und es ist gut, wenn man die halbfertigen Produkte in einem Keller oder in einem Schuppen stehenlassen kann.

Stände, die einfach zu bauen sind:

- Wurfstand 1: Als Rampe ein mit einer Decke umwickeltes Bügelbrett auf zwei Hocker legen, dahinter auf den Fußboden oder auf einen niedrigen Tisch leere Konservendosen stapeln. Drei Würfe für eine Spielmarke.
- Wurfstand 2: Auf den inneren Boden großer Kartons lustige Gestalten mit weitaufgerissenen Mäulern malen, die Münder als Loch ausschneiden, die Kartons auf Hocker stellen und davor eine Bügelbretttheke aufbauen. Man muß mit kleinen Bällen durch die Mundöffnungen werfen. Drei Würfe für eine Spielmarke, Trostpreis bei einem Treffer innerhalb von drei Würfen, normaler Preis bei zwei Treffern in drei Würfen, großer Hauptpreis bei drei Treffern mit drei Würfen.
- Ringwerfen: Mit Reifen um Gewinne auf runde Scheiben (Bierdeckel) werfen.
- Schießstand: Mit Gummipfropf- oder Magnetpistolen von einer Theke aus auf eine Scheibe schießen.

- Angelstand: Einen großen Karton auf Stuhl oder Tisch stellen, so daß man nicht hinschauen kann. Außenwände des Kartons mit Wasserpflanzen und Fischen bemalen, in den Karton bunte Pappfische mit Klammern aus Metall werfen, die mit Magnetangeln gefangen werden müssen. Die Anzahl der gefangenen Fische bestimmt den Gewinn.
- Verkaufsstand für Kuchen, Saft und Eis: Tisch oder zur Theke gestapelte Kartons mit Gemüserosten vom Gemüsehändler oder mit Backblechen oder mit Obstkörben voller Eßwaren. Bezahlung mit gewonnenen Spielmarken.
- Luftballon- und Andenkenstand: Ein alter Kinder- oder Leiterwagen wird mit Kreppapier geschmückt oder angemalt und mit gesammeltem Krimskrams und Souvenirs vollgeräumt. An Stäben oder am Griff wird eine große Traube mit aufgeblasenen Luftballons festgebunden. Bezahlung ebenfalls mit gewonnenen Spielmarken.

Alle Kinder bekommen zur Begrüßung ein Beutelchen mit Spielmarken und gewinnen beim Spiel unter Umständen noch mehr dazu. Das können sie für Essen oder für das Werfen ausgeben. Vorher ungefähr ausrechnen, wie viele Marken pro Nase gebraucht werden, damit die Kinder genug Spaß haben und alle Kuchen und Süßigkeiten auch gekauft werden können.

Standinhaber werden nach genauem Plan von anderen Kindern abgewechselt, damit jeder mal zum Spielen und zum Verkauf kommt.

Essen im Freien

Das Picknick, die Mahlzeit im Grünen, ist bei uns in der letzten Zeit etwas aus der Mode gekommen. Man picknickt, um sich auf einer langen Autofahrt die lästige oder teure Einkehr in eine Gaststätte zu sparen. In Wirklichkeit ist ein Picknick aber ein Fest für sich, und man fährt eigens in den Wald oder an das Ufer eines schönen Flusses, um dort zu picknicken.

Das Picknick kann einen Nachmittag, es kann aber auch einen ganzen Tag lang dauern. Man kann mit Familie und Kindern und mit allem Gerät und Geschirr gemütlich über Land fahren, mittags irgendwo picknicken, danach Spiele im Grünen spielen oder einen dörflichen Jahrmarkt besuchen und dann gemächlich wieder heimfahren. Oder man klemmt die Picknicktaschen auf die Fahrräder und radelt mit eigenen oder eingeladenen Enkelkindern zu einem Tempelchen im Park, zu einer Wanderhütte im Wald, zu einer Ruine auf einem benachbarten Berg. Nach dem Essen werden Räuber und Gendarm, Verstecken oder Völkerball gespielt, und dann radelt man mit herrlich leichten Körben wieder heim.

Die Vorbereitungen können die Kinder übernehmen. Sie erkundigen sich, wer mitfahren will, wann Busse fahren. Sie pumpen die Fahrräder auf und stecken Flickzeug und Pumpe ein. Außerdem legen sie Bälle oder andere Spielsachen zurecht, und sie helfen der Großmutter und anderen Erwachsenen, die Mahlzeit vorzubereiten. Wird ein Picknick mit einem größeren Ausflug verbunden, so wird einem Kind die Aufgabe übertragen, nach der Landkarte und nach eigener Erfahrung den schönsten und am wenigsten anstrengenden Weg auszusuchen. Großmutter sagt ihm nur, daß im Sommer der schattigste Weg für einen Ausflug der beste und schönste ist.

Zur Vorbereitung gehört auch, daß man sich vergewissert, ob man dort picknicken darf, wo man es gerne möchte.

Die Unterhaltung besteht darin, daß man die grüne stille Freiheit genießt und Spiele spielt.

Darüber hinaus kann man etwas Heimatkunde treiben, kann Kindern helfen, Pflanzen für das Herbarium zu sammeln, kann ihnen Tiere und ihre Fährten zeigen. Auch gibt es in Waldgebieten Tiergehege mit Rehen oder Wildschweinen, auf dem Land Freilichtmuseen oder an der See ein Aquarium. Das sind gute Ziele, die man nach der Mahlzeit ansteuern kann. Für *Essen und Trinken* braucht man eine große Decke oder ein riesiges Holzbrett für das Essen und möglichst noch eine Wolldecke oder ein paar Balkon- oder Gartenkissen, die auf den

Rasen oder auf den Nadelboden gelegt werden können. Keine komplizierten Gerichte mitnehmen, die viel Geschirr verlangen.

Gute Picknickgerichte: Gebratene Hähnchen, kalte Frikadellen, ein aufgeschnittenes gebratenes Kasslerfleisch, Hot dogs, Schinkenrollen. Das alles kann man mit den Fingern essen. Dazu gibt es Brötchen, ein ganzes frisches Bauernbrot, Tomaten, Gurken, Radieschen, Rettiche, Obst. Kuchen werden in der Backform mitgenommen, dann bröckeln und zerbrechen sie nicht.

Getränke: Limonade und Mineralwasser.

Den Kindern einschärfen, daß keine Abfälle weggeworfen werden. Leere Tragetüten mitnehmen, die alle Abfälle aufnehmen. Sie werden zu Hause oder beim nächsten Abfallkorb weggeworfen.

Nach dem Schema des Picknicks können größere Kinder Fest, Fahrt und Mahlzeit auf diese Art abwandeln:

- *Bootspicknick:* Herrlich für alle, die in der Nähe von Seen oder Teichen wohnen. In eigenen oder in gemieteten Booten wird alles zu dem Ort gerudert, den man schon vorher als Picknickplatz auserkoren hat.
- *Bergsteigerpicknick:* Wer in der Nähe von mehr oder weniger eindrucksvollen Bergen lebt, schickt die Erwachsenen mit Auto und Picknick zu einer vereinbarten Schutzhütte vor und klettert oder wandert mit den Freunden zum Treffpunkt.
- *Rallye Picknick:* Per Fahrrad oder mit den Großeltern im Auto geht es nach vorher ausgeklügeltem Plan durch die Stadt und über Land. An jedem Kontrollpunkt erhält der Fahrer neue Zettel mit neuen Aufgaben, und zum Schluß treffen sich alle zur Picknickmahlzeit im Grünen.

Advent

Je kleiner die Kinder sind, desto mehr Freude macht ihnen ein brennendes Licht, eine geheimnisvolle Stimmung festlicher Vorfreude. In den stürmischen späten Grundschuljahren sind sie meist viel zu sehr mit sich, mit Sachen und mit ihrer Clique beschäftigt, als daß sie noch viel für das Gemüt übrig haben. Das kommt dann erst in den letzten Schuljahren wieder, wenn die ersten Etappen der Pubertät überwunden und die Kinder fast schon keine Kinder mehr sind.

Deshalb sollte man diese kostbaren Jahre der Kleinkinderzeit wirklich nutzen. Man schenkt dem Kind damit auch die schönsten Erinnerungen an eine Zeit des Jahres, die wirklich die reichste und innigste des Kinderlebens werden kann. Sie befähigt das Kind später, wenn es selber Kinder hat, dazu, es diesen Kindern genauso friedvoll und vergnüglich zu machen. So eine Gelegenheit ist vor allem für Mütter und Großmütter wichtig und kostbar, und sie sollten sich die Zeit dazu nehmen und alles andere, oft überflüssige vorweihnachtliche Putzen und Hasten lieber zugunsten der Kinder lassen.

Die Vorbereitung und die Dekoration ist nicht anders als für jeden normalen Adventsnachmittag: Der Tisch wird mit den adventlichen Symbolen, mit Kranz und Kerzen geschmückt. Jede Familie hat ihre eigene Tradition und manchmal auch den Adventsschmuck, der seit Generationen benutzt und behütet wird. So klein das Kind auch ist: Hier darf es mithelfen, den gedrechselten Engel aus dem Karton zu holen, in dem er elf Monate hindurch geschlafen hat. Es darf Glaskugeln aufhängen helfen und Kerzen in Leuchter stecken. Gerade die besondere Stimmung dieser Zeit lehrt liebevolle Behutsamkeit mit Dingen.

Selbst wenn man einem Kind im allgemeinen klarmachen möchte, Sachen, Gegenstände, Material nicht zu überschätzen, so soll es doch auch lernen, bestimmte Dinge ihres Gefühlswertes wegen zu schätzen und weder derb noch achtlos zu behandeln. Wann kann das Kind das besser lernen als jetzt?

Vor allem, wenn die Großmutter bei den Vorbereitungen von jedem Ding die Geschichte erzählt: »Das Engelchen hab ich deiner Mutter in dem Advent geschenkt, bevor du geboren wurdest.« Oder: »Diesen Stern hat meine Mutter für mich ausgesägt, als ich noch ein so kleines Mädchen war, wie du es jetzt bist.«

Das Wichtigste bei den Vorbereitungen: Alle Utensilien für den Nachmittag bereitlegen, also Bastelsachen, eine Spieluhr mit einem Adventslied, Streichhölzer, Räucherstäbchen für das Räuchermännchen und ähnliches, weihnachtliche Kostproben zum Knabbern, außer den Adventskerzen noch ein paar andere Kerzen, denn nach der Mahlzeit und nach den Bastelarbeiten sollte das Zimmer nur von Kerzenlicht erfüllt sein.

Die Überraschung für die Kinder ist natürlich ein Adventssymbol, das sie auf ihrem Teller finden oder zum Abschluß – zierlich eingewickelt – bekommen. Selbstgebasteltes ist nicht nur billig, sondern gerade für diese Gelegenheit besonders gut. Jede Großmutter schafft es, ein kleines Transparent zu kleben oder einen Weihnachtsstern aus Metallfolie zu punzen, zu schneiden und zu falten.

Im Verlauf werden zuerst Adventsarbeiten gemacht. Lassen Sie sich beim Backen von den Kindern helfen. Kinder können fertige Plätzchen, die mit Zuckerguß überzogen werden, sehr gut mit Mandeln und Liebesperlen schmücken. Sie können auf Gebäck aus Lebkuchenteig Mandeln und Rosinen legen. Sie können aus einfachem Knetteig Brezeln und Kringel formen.

Genausogut können Sie mit ihnen ein paar Päckchenanhänger malen oder kleben, Karten oder Briefpapier für die Weihnachtsbriefe mit Sternen und Kerzen bedrucken oder bemalen, Papierservietten mit Kartoffelstempeln verzieren. Oder Sie knacken mit ihnen die Mandeln und Nüsse für den nächsten Backtag. Oder Sie schreiben die Wunschliste für das Christkind nach Diktat der Kinder.

Alle Arbeiten sollen leicht und zeitlich kurz bemessen sein, damit sie Spaß machen und nicht zur lästigen Pflicht ausarten.

Man kommt mit allen Arbeiten zu Rande, wenn man sie gut einteilt und rechtzeitig damit beginnt. Nach der Arbeit kommt das Vergnügen: Bei Kerzenschimmer Märchen oder eine Weihnachtsgeschichte vorlesen oder erzählen, Nüsse essen, Adventslieder singen, Weihnachtslieder üben, Musik machen, friedlich und herzlich zusammen sein.

Als Gäste kann das Kind zwei, höchstens drei gleichaltrige Freunde einladen. Wenn Großeltern am gleichen Ort leben, müssen sie unbedingt gemeinsam kommen. Niemand kann so schön von Weihnachtsfesten von früher erzählen wie sie.

Weihnachtliche Feste

Weihnachten hat sich zwar nicht auf einem so reichen Hintergrund örtlicher Traditionen entwickelt, es bietet dafür eine relativ lange Reihe von freien Tagen. Machen Sie sie den Kindern lebendig, indem Sie ihnen erlauben, Freunde einzuladen. Zum Beispiel zum

Besuch im Weihnachtszimmer am ersten Weihnachtstag, wenn der Weihnachtsbaum noch in vollem Glanz steht. Nachbarskinder kommen herein, bewundern Geschenke und Baum,

dürfen vom Weihnachtsgebäck naschen, bekommen ein Glas Kinderpunsch und verabreden sich für einen der nächsten Tage, zum Beispiel zum

Spieltag. Die Kinder räumen Spielgeschenke (Autos, Bahn, Puppen und Puppensachen, Lego) ins weihnachtlich aufgeräumte Kinderzimmer und dürfen dort den ganzen Tag lang spielen. Mittagessen gibt es auf Puppentellern oder im Indianerzelt, abends braucht nicht groß aufgeräumt zu werden, weil am nächsten Tag weitergespielt wird. Dazwischen möglichst einen

Schneetag (oder einen Nachmittag im Freien) einschieben. Alle Väter unternehmen mit allen Kindern etwas Amüsantes, und sei es eine Schnitzeljagd im Regen. Viele Kinder haben es gern, wenn ihre besten Freunde von Zeit zu Zeit bei ihnen übernachten dürfen. Weihnachten ist dazu eine gute Gelegenheit.

Weihnachten

Ein Fest der Kinder – und viele Erwachsene feiern es heute eigentlich nur noch der Kinder wegen.

Diese Kinder aber enttäuschen die Erwachsenen. Denn kaum dem Kleinkindalter entwachsen, belohnen uns viele nicht mehr mit Bravheit und Fröhlichkeit und Dank »für alles, was wir Weihnachten wieder für euch getan und gekauft haben«. Ganz im Gegenteil, sie kritisieren, sie quengeln, sie langweilen sich.

Die meisten dieser Kinder können noch nicht klar artikulieren, warum sie sich so anders benehmen, »als ich es als Kind getan hätte«, wie Großeltern und Eltern verbittert sagen. Aber ist der Protest der Kinder nicht ganz berechtigt? Durch den aufwendigen Trubel von Ende November bis zum Heiligen Abend werden sie meist stark überfordert. Ihr Unbehagen sucht sich einen Ausweg, und deshalb werden sie reizbar und zappelig.

Was können Großmütter tun, um Weihnachten zu retten,

das aus den verschiedensten Gründen verdient, immer wieder – und nicht nur für die Kinder – gerettet zu werden?

Erstens: Großeltern dürfen nicht die Wachheit und den gesunden Menschenverstand ihrer Enkel unterschätzen. Kinder sehen ganz genau, wie sinnlos es ist, auf Teufel komm raus zu backen und zu putzen, zu räumen und zu scheuern, nur weil Weihnachten vor der Tür steht. Was hat der Friede auf Erden mit Putzmitteln und Seife zu tun? Was die Geburt von Jesus mit einem Schrank voll teurer, oft überflüssiger oder gar unerwünschter Geschenke?

Zweitens: Die Erwachsenen sollten Mut genug besitzen, um ihr Weihnachten nach eigenem Muster zu feiern. Dazu gehört vor allem, daß man sich nicht vom allgemeinen »Kauft! Kauft!« anstecken läßt und diese Krankheit auch noch an die Kinder weitergibt. Daß man sich überlegt: Will ich wirklich mit meiner Familie so feiern, wie es mir von allen Seiten eingeredet wird? Muß ich eine Liste von Leuten aufstellen, die von uns ein Geschenk oder einen Weihnachtsgruß erwarten, obwohl sie mir vollkommen gleichgültig und nur auf meine Liste geraten sind, weil sie uns auch Geschenke und Grüße geschickt haben?

Ist es nötig, daß man ab Ende November durch das Umhergetriebensein in den Geschäften zu wenig Ruhe und Muße für die Kinder hat und die Kleinen mit durch den Trubel der Kaufhäuser schleift?

Ist es nötig, daß der Dezember ein Monat der Fragen wird: »Hast du auch an Onkel X geschrieben?« »Habt ihr ein Gedicht gelernt?« »Wer besorgt das Weihnachtspapier?« »Muß ich alles ganz alleine machen?«

Ist es nötig, daß der Frieden aus der Küche flieht, weil dort fieberhaft auch dann alles mögliche hergestellt wird, wenn die Zeit eigentlich gar nicht dazu reicht?

Vielleicht sollte man sich selber einmal fragen: Was möchte ich denn wirklich am liebsten mit Weihnachten anfangen? Und: Wie hat es denn wirklich das Kind am liebsten?

Eines mögen Kinder ganz gewiß nicht: sich in Hektik und Trubel überflüssig fühlen. Vielen Kindern macht es auch heute noch großen Spaß, beim Backen von Weihnachtskeksen und anderen Vorbereitungen mitzuhelfen, auch, sich von der Großmutter zum Basteln kleiner Geschenke anleiten zu lassen, aber nur, wenn dies in einem wirklich weihnachtlichen Rahmen, das heißt, in Ruhe und Frieden und nicht in Hetze und unter Druck geschieht. Unter dem Weihnachtsbaum wollen es Kinder gemütlich haben. Der innere Frieden ist auf jeden Fall die Hauptsache.

Den wird es aber nur geben, wenn sich die Erwachsenen darüber einig sind, wie sie das Fest feiern wollen, und wenn sie ältere Kinder mit an dieser Entscheidung teilnehmen lassen.

Sonderbarerweise fällt vielen die Entscheidung, wie sie Weihnachten feiern sollen, so schwer. Das liegt nicht am Mangel an Freiheit, es liegt an Weihnachten selbst. Da kommt die Kindheit wieder mit ins Spiel, alles steht auf, was einstmals war und was schöner und gesegneter war als das Jetzt – oder was schöner erschien. Auch wer an nichts mehr glaubt, möchte dieses eine Mal wieder so leben wie damals, als dem Kind das Christkind wie ein festlicher strahlender Bruder erschien. Und alles soll wieder in Ordnung sein, die Menschen gut, die Kinder brav, die Wohnung blank und die Vorratskammer gefüllt mit allem, was dazugehört.

Das ist natürlich eine Illusion, ein Traum, und den Kindern verschafft er Unbehagen. Sie sehen nicht die Tragik, die in solchen Träumen liegt, sie können noch nicht wissen, wie kostbar uns die Vergangenheit ist mit all ihrem Anfang, ihrer Hoffnung und Unschuld. Sie spüren vielmehr den Bruch zum alltäglichen Trott und nennen die Haltung der Erwachsenen verlogen und sentimental.

Kinder merken ganz genau, wenn die Großen nur unter dem Tannenbaum so tun, als ob sie einander und die Mitmenschen lieben. Sie merken, daß Weihnachten oft im Prestigedenken erstickt, im Kaufen und im Horten und im Zeigen-was-man-hat. Sie spüren den Bruch, und gerade weil das – auch – stimmt, verletzt es die Erwachsenen so tief, und der Christsegen hängt schief, ehe die erste Kerze am Tannenbaum brennt.

Manchmal ist es gerade die Großmutter, die instinktiv versteht, daß junge Menschen wie eh und je nach echtem Gefühl verlangen. Sie wird den Protest des Kindes nicht als Kritik an sich und an der Familie auffassen, sondern als Ausdruck einer Sehnsucht, die der der Erwachsenen ähnelt. Das kann sie dazu befähigen, mit dem Kind dafür zu sorgen, daß Weihnachten kein Pflaster auf die Wirklichkeit, sondern ein Fest für die Familie wird.

Anhang

Meine Buchempfehlungen

Beys, Barbara: Familienleben in Deutschland, Reinbek bei Hamburg 1980

Bröger, Achim: Oma und ich. Zürich-Frauenfeld 1995

Chidolue, Dagmar: Lady Punk 1994

Dahl, Roald: Das Wundermittel. Reinbek bei Hamburg 1992

Dirks, Ruth: Die Wiederentdeckung der Großeltern. Ravensburg 1976

Donnelly, Elfie: Servus Opa sagte ich leise. Hamburg 1985

Härtling, Peter: Oma. Weinheim/Bergstraße 1992

Kleberger, Ilse: Unsere Oma. München 1986

Kuijer, Guus: Erzähl mir von Oma. Hamburg 1986

Moser, Erwin: Großvaters Geschichte oder Das Bett mit den fliegenden Bäumen. Wien 1990

Preussler, Otfried: Der Räuber Hotzenplotz. Stuttgart 1995

Spillner, Wolf: Taube Klara. München 1992

Spyri, Johanna: Heidi. Lehr- und Wanderjahre. Hamburg 1993

Stark, Ulf: Kannst du pfeifen, Johanna? Hamburg 1993

Weber-Kellermann, Ingeborg: Frauenleben im 19. Jahrhundert. Reinbek bei Hamburg 1980

Willi, Andrea (Hrsg.): Im Reich der Großeltern. Geschichten und Erinnerungen deutschsprachiger Dichter. Zürich und München 1987

Durch das Jahr mit Großmutter

Familienfeste im Jahreslauf

Januar

1. Januar: Neujahrstag
Kinder besuchen ihre Paten: eine Schule der Dankbarkeit.
Rummelpott: bringt die ganze Familie, die Straße oder das Haus in Bewegung: Kinder sammeln gemeinsam Gaben zum Lärm des Rummelpotts.
Neujahrssingen: Kinder sammeln Gaben mit Musik: Das Gesammelte wird gemeinsam verzehrt.
Neujahrsfrühstück: ist in seiner Üppigkeit und Geselligkeit eine Beschwörung, damit man im ganzen Jahr genug Freunde und genug zu essen hat.

6. Januar: Epiphanias
Sternsinger ziehen umher, Dreikönigsspiele werden gespielt.

20. Januar: Großmuttertag
Ihr zu Ehren geschieht den ganzen Tag lang das, was sie sich wünscht.

22. Januar: St. Vinzenz
Am Tag der sogenannten Vogelhochzeit werden Vögel aus Hefeteig gebacken, immer paarweise.

28. Januar: Versöhnungstag
Ein Nachbarschaftsfest, bei dem alle Feindschaften und Streitigkeiten bei einem guten Essen begraben werden.

Februar

2. Februar: Lichtmeß
Kerzen werden geweiht, Kinder machen Laternenumzüge. Danach gibt es frisch gebackene Crêpes.

14. Februar: Valentinstag
Ein Fest der Jugend und der Liebe, man tauscht Geschenke aus, das Herz ist das Symbol des Tages.

Fastnacht und Karneval

März

12. März: Tag des Heiligen Gregorius
Er war ein großer Kinderfreund, gilt als Schutzherr der Schule und der Schuljugend. Früher bekamen die Kinder an diesem Tag zweierlei Speisen: trockenes nahrhaftes Schulbrot und süße Gregori-Zuckerln, Symbole für den Ernst und die Süßigkeiten des Lebens.

17. März: Tag des Heiligen Patricius
Am Tag des Schutzpatrons von Irland schenkt man sich Kleeblätter als Glückszeichen.

21. März: Frühlingsanfang
Frühlingsspiele

Zwischen 2. März und 25. April: Ostern

April

1. April: Der Narrentag
Jeder wird in den April geschickt.

2. April: H. C. Andersentag
Allgemeiner Kinderbuchtag
zur Erinnerung an den Dichter darf man sich Bücher schenken.

14. April: Tag des Heiligen Tiburtius
Tiburtius »bringt die Vögel wieder mit«, darum heißt sein Tag auch: Kuckuckstag. Man zieht mit den Kindern ins Grüne, um den ersten Kuckuck schreien zu hören.

22. April: Tag der Erde
Wurde 1970 in den USA »Zur Rettung des geschundenen Planeten« begründet.

23. April: Tag des Heiligen Georg
ist der Schutzpatron der Reiter und Ritter, deshalb gibt es überall Georgsritte, Pferdesegnungen und Umritte.

30. April: Walpurgisnacht
Kinder verkleiden sich und feiern das Hexenfest mit Krach und Zauberspielen.

Der vierzigste Tag nach Ostern: Christi Himmelfahrt: Vatertag.

Mai

1. Mai
Maibuschen, Maibaum, Maireigen

Zweiter Sonntag im Mai: Muttertag

Der fünfzigste Tag nach Ostern: Pfingsten

Donnerstag nach dem ersten Sonntag nach Pfingsten: Fronleichnam

4. Mai: Baum- und Vogeltag

Kinder und Schulklassen pflanzen an diesem Tag einen Baum in sogenannten Schulwäldern, wo früher gepflanzte Bäume begutachtet und praktische Erfahrungen über Pflanzen und Vögel gesammelt wurden.

5. Mai: Kindertag in Japan

Ein Fest, bei dem man nach Herzenslust spielt und ißt und trinkt.

12.–15. Mai: Eisheilige

Winterkleider werden eingemottet, Sommerkleider anprobiert: Passen sie noch?

16. Mai: Wurzel- und Unkrauttag

Der Garten wird zum ersten Mal gejätet, Kinder lernen, welche Unkräuter gut schmecken, und sammeln jungen Löwenzahn, Sauerampfer, Brennesselblätter und Ackersalat zum ersten grünen Frühlingsmus.

Juni

5. Juni: Tag des Heiligen Bonifatius

Der Apostel der Deutschen war ein gebürtiger Engländer und ein geduldiger Lehrer. Deshalb feiert man an seinem Tag gern Schulfeste oder macht Schulausflüge.

9. Juni: Tag der älteren Mitbürger

An diesem Tag soll man nicht nur seine alten Verwandten besuchen oder sie zu sich einladen, sondern vor allem daran denken, dies zu einer Alltagssitte zu machen.

13. Juni: Tag des Heiligen Antonius von Padua

Dieser große Wundertäter ist der Schutzheilige für alle, die etwas verloren haben.

21. Juni: Sommeranfang
Sommerspiele, Wanderungen, ein Picknick im Grünen

24. Juni: Tag des Heiligen Johann Baptist
Der Johannistag ist mit so viel Zaubermacht erfüllt gewesen, weil die Sonne am höchsten steht und darum dem Feuerzauber die größte Wirksamkeit verleiht. Johannisfeuer, Johannis-Segen, Brunnenfeste, Johannisorakel (Blumenorakel).

29. Juni: Tag der Apostel Petrus und Paulus
Petrus ist der Patron der Fischer: Petrizüge, Fischessen, Meeres- und Schiffsweihen

Juli

2. Juli: Fest Mariä Heimsuchung
An diesem Tag soll die Erdbeerernte beginnen.

13. Juli: Tag der Heiligen Margarethe
An diesem Tag soll die Birnenernte beginnen.

22. Juli: Beginn der Hundstage
Sie haben ihren Namen nach dem Sirius, dem Hundsstern, der in dieser Zeit gleichzeitig mit der Sonne aufgeht und die größte Sommerhitze bringt.

25. Juli: Tag des Heiligen Christophorus
Autofahrer schrauben sich eine Plakette des Riesen, der das Christkind durch das Wasser trug, ans Armaturenbrett, weil es heißt: Wer das Bild des Heiligen ansehe, der sterbe an diesem Tag keinen jähen Tod.
Tag des Heiligen Jakob
Erntebeginn, Kinder-Kirmes, Jakobs-Kindertag.

26. Juli: Tag der Heiligen Anna
Die Mutter der Jungfrau Maria ist die Schutzheilige der Ehe-

frauen, und man schenkt jeder Anna ein Sträußchen aus roten Nelken und roten Rosen.

August

Anfang August: die Woche des Lächelns

Kinder malen mit Kreide Grinsegesichter auf Mauern und Straßenpflaster, Mütter backen runde Kekse, die mit buntem Zuckerguß Grinsegesichter bekommen, und jeder soll merken, daß Lachen besser als Schimpfen ist.

10. August: Tag des Heiligen Laurentius

Nach diesem Patron der Bibliothekare heißen die Sternschnuppen Laurentius-Tränen, die ab Mitte August in Schwärmen über den Nachthimmel zischen. Zwei Möglichkeiten, den Tag zu begehen: Kindern Bücher schenken und mit Kindern die Nacht abwarten und die Sterne beobachten.

15. August: Mariä Himmelfahrt

Heißt auch Maria Würzweih oder Büschelfrauentag. Man sammelt ein Würzbüschel aus neunerlei Kräutern und geht zur Kräuterweihe.

Ende August: Erntefeste, Kirchweih, Kirmes

September

17. September: Tag des Heiligen Lambertus

Die ersten Lichtertage und Laternenfeste werden gefeiert.

27. September: Tag der Heiligen Kosmas und Damian

Sie sind die Schutzheiligen der Ärzte, und man sollte sich an ihrem Tag für den Winterschnupfen rüsten.

29. September: Tag des Erzengels Michael

Dem Schutzpatron Deutschlands zu Ehren wird die erste ge-

bratene Gans gegessen, die ersten Bratäpfel in den Ofen ge-
schoben, der erste Haferkuchen gebacken. In England heißt
der Tag Geh-Tag: Man macht die letzte große Wanderung mit
der ganzen Familie.

Oktober

*Oktoberfest (beginnt im September und endet stets mit dem
ersten Sonntag im Oktober)*

4. Oktober: Fest des Heiligen Franz von Assisi
Hat als erster eine Weihnachtskrippe gebaut, und da er die
Tiere als Geschöpfe Gottes sehr geliebt hat, liegt der Welttier-
schutztag in seiner Nähe: in der ersten Oktoberwoche.

1. Sonntag im Oktober: Erntedank

15. Oktober: Kürbisfest
Kinder schnitzen eine Kürbislaterne und spielen in der Dunkelheit Gespenster.

16. Oktober: Purzelfest
Bei diesem Fest zeigen die Kinder, was sie können: Sie spielen
Zirkus, veranstalten Ringkämpfe, führen Stegreifspiele auf.

Mitte Oktober: Kartoffelfeuer, Kartoffelfeste

18. Oktober: Tag des Evangelisten Lukas
Der Tag für ein Herbstfeuer, bei dem Laub oder Kartoffelkraut
verbrannt werden.

20. Oktober: Tag des Heiligen Wendelin
Der schottische Königssohn war ein Hirte und gilt deshalb als
Schutzpatron für das Vieh. An seinem Tag gibt es Wendelins-
ritte und Pferdesegen.

31. Oktober: Tag der Freundschaft
Alte Freundschaften werden mit einem Fest bestätigt und erneuert, neue in einer Freundesrunde beschlossen.

31. Oktober: Halloween
Das alte Herbstfest der Druiden. Die Nacht des Jahres, in der die Hexen und Geister für eine Nacht auf der Erde herumspuken können. Kinder verkleiden sich, machen Krach und sammeln Äpfel und andere Früchte und bekommen daraus ein leckeres Gericht bereitet.

November

1. November: Allerheiligen
Die Familiengräber werden gerichtet und mit Blumen oder Kränzen geschmückt.

2. November: Allerseelen
Der Tag des feierlichen Gedächtnisses aller verstorbenen Gläubigen. Den Toten wird eine Kerze als Symbol für das ewige Licht aufs Grab gestellt.

1. Novemberwoche: Internationale Katzenwoche
Soll daran erinnern, daß das Tier ein Geschöpf mit eigenen Ansprüchen und Rechten ist.

11. November: Tag des Heiligen Martin
Zu Martinsgans und Martinsfeuer nehmen Kinderfeste mit Bescherung im Namen des Heiligen Martin schon die Sitten und Spiele vorweg, die mit dem Nikolaustag verbunden sind.

19. November: Tag der Heiligen Elisabeth
Der Tag dieser mildtätigen ungarischen Königstochter heißt auch Vogeltag: die Kinder richten an diesem Tag den Vögeln den Winterfutterplatz wieder ein.

22. November: Tag der Heiligen Cäcilie

Die vornehme Christin aus Rom ist die Schutzpatronin der Musik. An ihrem Tag beginnt die Zeit der Hausmusik und der Hauskonzerte.

25. November: Tag der Heiligen Katharina

Sie gilt als Patronin der Philosophen, am Kathrinentag beginnt das Plätzchenbacken, und nach ihr heißen die Thorner Kathrinchen. Viele Frauen- und Mädchengeselligkeiten finden statt, das Kathrinengehen, bei dem sich die Mädchen gegenseitig besuchen. Brave Schülerinnen bekommen ein Kathrinengeschenk. Abends gibt es den Kathrinentanz.

30. November: Tag des Heiligen Andreas

Er ist der Landespatron der Bäcker, und an seinem Tag fanden Apfel- und Lichtorakel statt. Am Andreastag werden Zweige geschnitten und ins Wasser gestellt und verheißen, wenn sie Weihnachten aufgeblüht sind, Glück und Segen.

Adventszeit mit Adventskranz, Orakelspielen (Vielliebchen)

Knecht Ruprecht und Stutenfrau.

Dezember

4. Dezember: Tag der Heiligen Barbara

Man holt Zweige von Obstbäumen ins Haus, stellt sie in Wasser und hofft, daß die Barbarazweige bis Weihnachten aufblühen.

6. Dezember: Tag des Heiligen Nikolaus

Nikolaus zieht mit Engeln und Teufel, mit dem schwarzen Krampus, Knecht Ruprecht oder allein durch die Häuser mit Kindern.

13. Dezember: Tag der Heiligen Lucia

Lucienzweige werden wie Barbarazweige geschnitten und ins Wasser gestellt. Lucia-Bräute sind weißgekleidete Mädchen mit einem Immergrünkranz und brennenden Kerzen, die von Haus zu Haus ziehen und Gaben austeilen. Am Lucientag pflückt man sich bei einem langen Spaziergang Weihnachtssträuße oder stellt sie aus gekaufter Stechpalme und bunten Beeren zusammen.

24. Dezember: Heiliger Abend und Christmette

25. Dezember: Weihnachten

26. Dezember: Tag des Heiligen Stephanus
In vielen Ländern und Familien der Tag für Gäste, Spiele, Besuche und Geselligkeiten jeglicher Art.

28. Dezember: Tag der unschuldigen Kinder
Der Gedenktag für die Kinder, die König Herodes auf der Suche nach dem Christkind ermorden ließ, er weist aber auch auf den Schmerz der armen Mütter hin, die ihre Kinder durch Krieg oder Krankheit verloren haben.

31. Dezember: Silvester
Durch Lärm und Feuerwerk werden die bösen Geister vertrieben, durch Geselligkeit und gute Wünsche wird die Kraft der Freundschaft beschworen, in Orakeln wird ein Blick in die Zukunft versucht.

PIPER

Sybil Gräfin Schönfeldt
Die Jahre, die uns bleiben

Gedanken einer Alten über das Alter. 260 Seiten. Geb.

Ist man alt, so wird einem klar, wie wenig man sich in seiner
Jugend vorstellen konnte, was das Alter ist und wie alte
Menschen sind. Sybil Gräfin Schönfeldt, die sich selbst zu
den Alten zählt, bringt ihre eigene Erfahrung mit dem Alter
ein: Man wird dem Körper untertan, das Zeitgefühl ändert
sich, die ersten Freunde sterben, man trauert über Unwieder-
bringliches, man ist glücklich über die Kinder und Enkel,
man genießt es, außerhalb von Pflicht und Zwang zu stehen
und zu tun, was einen freut, so lange es einen freuen kann.
Ein anderer Ausgangspunkt für das Buch ist der Ärger: der
Ärger darüber, wie die Jungen über die Alten reden, daß sie so
tun, als könnten Alte mit ein bißchen Kosmetik, Gymnastik
und Diät wie Junge funktionieren; der Ärger über junge Ärzte
mit ihren unbeabsichtigten Grausamkeiten, über Profis, die aus
ihrer Besserwisserei über das Alter einen einträglichen Job
machen, über Politiker und Abzocker, die die Alten als Material für die eigene Karriere betrachten, und über die Werbung
mit ihrem Kult um die jungen Alten. Über ihre Erfahrung und
den Ärger ist die Autorin auf viele passende Geschichten aus
der Weltliteratur gestoßen, die sie hier zitiert und an die sie
ihre Gedanken über das Alter anschließt.

Sybil Gräfin Schönfeldt

Kinder brauchen Großmütter

191 Seiten. SP 2127

Sybil Gräfin Schönfeldt macht in diesem Buch Mut, als Großeltern sich einzumischen, sich der wichtigen Rolle bewußt zu sein und auf die Enkelkinder zuzugehen. Denn Mutter oder Vater können niemals bieten, was Großeltern voraushaben. Nicht nur mehr Zeit und Muße, sondern auch die Geschichte und die Geschichten der älteren Generation. Großmütter (und Großväter!) haben bekanntlich alles, was Eltern nicht haben: Zeit, Muße, tröstende Worte, Phantasie und jede Menge Geschichten und Geschenke, die es nicht überall zu kaufen gibt. Kinder brauchen heute mehr denn je die andere, die ältere Generation. Sie brauchen auch Menschen, nahe Menschen, die von einer anderen Zeit und einer anderen Welt erzählen können. Noch jedes Kind ist begeistert, wenn eine wirkliche Geschichte mit dem Satz beginnt: »Als dein Papi so klein war wie du, da ...« Sybil Gräfin Schönfeldt gibt in diesem Buch ein höchst persönliches, lebendiges und energisches Plädoyer für die Rückgewinnung der Großeltern, sie spricht sogar von der Pflicht und Verantwortung, sich in das Leben der Enkelkinder einzumischen. Was ein Kind von einer Großmutter und/oder einem Großvater bekommen kann, kann ihm niemals Mutter und/oder Vater geben.

»Die Autorin spricht nicht von Idealgestalten, sondern von lieben, aufgeschlossenen Großmüttern, die manchmal sogar den Unsinn der Enkel mitmachen.«
Welt am Sonntag

SERIE PIPER

Ein sehr persönliches Plädoyer für das aktive Miteinander der Generationen

Sybil Gräfin Schönfeldt
Glückliche
Kinder brauchen
Großmütter
Herbig

Sybil Gräfin Schönfeldt verbindet in diesem Buch ihre eigenen Kindheitserinnerungen mit engagierten Gedanken zu Erziehung und Familie. Sie macht Mut, den Dialog zu suchen, von früher zu erzählen, sich Zeit zu nehmen, zuzuhören und sich bewußt einzumischen. Und sie vertraut darauf: Wenn Enkelkinder erst erkannt haben, was Großeltern geben können, dann verlangen sie nach ihnen.

HERBIG